I0081843

10 centimes la Livraison.   50 centimes la Série.

LE RAPT

PAR

GUSTAVE AIMARD

PARIS

A. DEGORGE-CADOT, ÉDITEUR, 9, rue de Verneuil

ET CHEZ TOUS LES LIBRAIRES DE FRANCE ET DE L'ÉTRANGER

LES RÉVOLTÉS, Ire partie, par Gustave Aimard, 1 vol. grand in-8°.

Broché et *franco* . . . . 1 fr. 50

LE RAPT, IIe partie, se vendra également 1   50

Nous ne saurions trop recommander à nos amis et à notre clientèle cet excellent ouvrage de Cuisine *dont la vogue est aussi grande que méritée.*

Mention honorable à l'Exposition universelle de 1878

SUCCÈS TOUT A FAIT MÉRITÉ

LA

BONNE CUISINE

MANUEL COMPLET

PAR

E. DUMONT

Fort volume de 674 pages

CARTONNAGE SOIGNÉ — DOS EN TOILE

PRIX : 3 FRANCS

FRANCO, FRANCE ET ÉTRANGER 3 FR. 50

PARIS

DEGORCE-CADOT, ÉDITEUR

9, RUE DE VERNEUIL, 9

Le Catalogue général de la Librairie DEGORCE-CADOT, 9, rue de Verneuil, à Paris, est envoyé FRANCO en réponse à toute demande affranchie.

Tous les Ouvrages compris au Catalogue de la Librairie DEGORCE-CADOT peuvent être trouvés à tous les Libraires. A défaut, les demander à l'Éditeur DEGORCE-CADOT, qui les expédiera *franco* contre l'envoi préalable en un mandat postal du montant du prix indiqué au Catalogue.

Le MANUEL DE CUISINE sera expédié *franco* contre l'envoi préalable de 3 francs en mandat ou timbres poste.

LE RAPT

I

OU IL EST PROUVÉ QUE DANS LE JARDINS ON TROUVE
PARFOIS AUTRE CHOSE QUE DES FLEURS.

Dans les Antilles les jours sont à peu près égaux
aux nuits pendant toute l'année.

Au moins de mai, le soleil se couche vers six
heures du soir; à sept heures, la nuit est complète;
le crépuscule n'existe pas, ou, s'il existe, il est
presque insensible: c'est-à-dire que l'on ne s'aper-
çoit pas comme en Europe de la décroissance gra-
duelle du jour.

Mais il ne faut pas comparer les nuits de ces
régions intertropicales à celles de nos brumeux
climats du Nord, sombres, froides et éclairées seulement par les rayons pâles et blafards de la lune.

Aux Antilles les nuits sont claires, lumineuses,
étoilées; le ciel d'un bleu profond, sablé à profusion d'une poussière de diamants, forme une
voûte étincelante; l'atmosphère, d'une pureté et
d'une transparence inouïes, permet de distinguer,
à une très-longue distance, les moindres accidents
du paysage; les lucioles, comme des feux errants se
jouent et forment les plus étranges'et les plus bizar-
res paraboles dans l'éther; la brise, rafraîchie par
la mer, chargée d'âcres senteurs alcalines mêlées
aux suaves émanations des fleurs et des plantes
des savanes, murmure à travers les arbres dont
les branches et les feuilles frissonnent mysté-
rieusement.

Un monde d'insectes bourdonnent sur une basse
continue sous chaque brin d'herbe, et parfois le
cri rauque de l'oiseau-diable caché au sommet des
mornes, se mêlant aux plaintes quasi-humaines du
lamantin qui prend ses ébats sur la plage sablon-
neuse, forme un concert étrange, dominé par le
trille mélodieux de la hulotte et le bramement effrayant de la grenouille ou crapeau-bœuf.

Tous ces bruits composent une symphonie singulière en se fondant en un seul et résument, pour
ainsi dire, les inexplicables rumeurs de la nature
en travail, dont le labeur se poursuit sans cesse.

Il était environ onze heures du soir.

Depuis longtemps déjà les personnes de race
blanche, et même les planteurs de couleur, réfugiés
à l'habitation de la Brunerie, avaient pris congé,
pour la nuit, de leur hôte, et s'étaient retirés, les
uns après les autres, dans les chambres qui leur
avaient été assignées, et se livraient paisiblement
au sommeil; à part les hommes désignés pour la
garde nocturne des retranchements et chargés de
veiller à la sûreté commune, tout le monde dormait
ou semblait dormir sur l'habitation (1).

Une des portes de la maison s'ouvrit doucement;
trois hommes sortirent l'un après l'autre, et, après
avoir fermé derrière eux la porte qui leur avait
livré passage, ils se dirigèrent à grands pas, mais
sans que leur marche produisît le moindre bruit,
vers un épais massif situé à une courte distance et
un peu sur la droite de l'habitation.

Mais, arrivés à une dizaine de pas de ce massif,
sur un signe muet de l'un d'eux, ils s'arrêtèrent et
se confondirent dans l'ombre épaisse produite par
les hautes et larges ramures des arbres composant
le fourré dans lequel ils se préparaient à pénétrer.

Ces trois hommes étaient: l'OEil Gris, accompagné de ses fidèles ratiers, M. David, le commandant
de l'habitation, et le sergent Ivon Kerbrock, dit
l'Aimable.

Tous trois étaient armés, ce qui, vu les circonstances dans lesquelles on se trouvait, n'avait rien
d'extraordinaire.

— Avant d'aller plus loin, dit le Chasseur en posant la crosse de son fusil à terre et s'appuyant sur
l'extrémité du canon, double mouvement aussitôt
imité par ses compagnons, il est, je crois, important de convenir de nos faits.

(1) Voir *les Révoltés*, du même auteur, une brochure in-4°
illustrée. — Prix: 1 fr. 50.

— Je suis assez de cet avis, sans vous commander, dit le sergent avec un geste expressif; d'ailleurs que peu il m'importe!

— En effet, ajouta le commandeur, j'ai fait ce
que vous m'avez demandé, vieux Chasseur, parce
que je sais que vous êtes un homme d'expérience,
dévoué à mon maître et à sa fille; mais je vous
avoue que je ne serais pas fâché de savoir à quoi
m'en tenir sur vos projets.

— Peu m'importe, mais suffit; voilà qui est clair
et parler correctement, reprit le sergent. Allez-y
donc, mon vieux camarade, toujours sans vous
commander.

— Je vous ai priés de vous arrêter pendant un
instant afin de vous faire connaître mon projet.

— Alors, que peu m'importe, et je vous ouïs.

— Parlez, ajouta le commandeur.

— Je m'adresserai surtout à vous, monsieur David, parce que vous êtes créole et que vous possé-
dez une grande expérience du caractère des nègres
et de leur manière d'agir.

— De fait, que peu m'importe à moi; les moricauds sont, sans comparaison, plus laids que le diable et encore plus rageurs; mais que je les ignore
suffisamment pour me permettre d'en conserver
obstinativement devant des personnes qui savent la
chose de leur ficelle : allez-y donc avec congruité,
que n'a pas peur! je taperai quand faudra, et voilà?

Charmé sans doute de cette élégante profession
de foi, ainsi qu'on dirait aujourd'hui, le vieux sergent se prépara sérieusement à écouter, convaincu
que, par ces quelques paroles, il s'était beaucoup
relevé dans l'opinion de ses deux compagnons.

— Depuis mon arrivée à la plantation, reprit le
Chasseur qui avait écouté avec une patience exem-
plaire les radotages du soldat, je me demande
quelle peut être la cause de l'attaque si insensée et
si mal combinée des rebelles contre une propriété
comme celle-ci; vaste, très-bien fortifiée et surtout
défendue par une nombreuse troupe de serviteurs dévoués, bien armés et appuyés par un
détachement de soldats de l'armée française. Pourquoi cette attaque a-t-elle été tentée en plein
jour et de front, c'est-à-dire dans des conditions
tellement désavantageuses pour les assaillants
qu'elles rendaient toutes chances de succès impossibles? Cela me semble non-seulement n'être pas
naturel, mais encore cacher des projets inquiétants.
J'ai des soupçons qui, quoi que je fasse, persistent
dans mon esprit: je crois que les noirs, en agissant
ainsi, ont voulu détourner l'attention des défenseurs
de la plantation, concentrer cette attention sur un
seul point ; et profiter de ce que tous les autres se
trouvaient ainsi négligés, afin de tenter d'un autre
côté une surprise que la première avait seulement
pour but de masquer. Maintenant quelle est cette
surprise? Comment s'effectuera-t-elle? quel but se

proposent les rebelles en tentant ce coup de main?
Voilà ce que j'ignore ; mais j'ai la ferme conviction
que je ne me trompe pas, et que les rebelles dont
nous avons fait ce matin un si horrible carnage, et
qui nous ont opposé une si rude résistance, étaient
des victimes vouées, à l'avance, à la mort, et qui
nous étaient, pour ainsi dire, jetées en pâture, tandis
que leurs compagnons, embusqués je ne sais où,
préparaient silencieusement dans l'ombre la surprise réelle qui bientôt éclatera peut-être sur nos
têtes comme un coup de foudre, au moment où
nous nous y attendrons le moins. Que pensez-vous
de cette supposition, monsieur David?

— Je partage entièrement votre avis, vieux Chasseur ; ces soupçons que vous déduisez d'une manière si claire et si lucide m'étaient déjà venus aussi
à moi-même ; il n'est pas admissible pour tout
homme sensé, que cette échauffourée ait été ainsi
exécutée à l'aventure et pour le seul motif d'essayer
une surprise impossible ; donc, à mon avis, comme
au vôtre, il doit y avoir quelque chose sous jeu;
mais quel peut être ce mystérieux projet? Voilà ce
qu'il nous faut découvrir au plus vite; plus nous
tarderons, plus la situation deviendra grave pour
nous.

— Et vous, sergent, que pensez-vous de tout
cela? Donnez-nous votre avis.

— Péremptoirement et avant toute chose, répondit le sergent avec cette emphase qui lui était
habituelle, je concède que les moricauds sont ma-
lins comme des singes ; ceci est hors de discussion;
mais peu n'importe, faut faire attention à leur
manœuvres subreptices, et ne pas se laisser damer
le pion par ces lascars-là, ce qui serait, sans vous
commander, une infamie pour le soldat français,
et voilà! Peu n'importe comment, mais il faut les
pincer au demi-cercle et que ça ne fasse qu'un
pli, seul et unique.

— Veuillez maintenant nous dire, vieux Chasseur, ce que vous comptez faire, reprit M. David.

— En deux mots vous serez au courant. Je connais peu l'habitation, à la vérité, cependant j'ai pendant la journée qui vient de s'écouler, rôdé dans
le parc assez longtemp pour m'assurer qu'il ren-
ferme des refuges impénétrables et des fourrés où il
est facile de s'embusquer sans risquer d'être dé-
couvert, admettant toutefois qu'il soit possible de
s'introduire sans être aperçu dans l'intérieur de ce
parc. Admettez-vous cette possibilité, cher monsieur
David, vous qui devez, mieux que personne,
savoir à quoi vous en tenir à ce sujet.

— Quand il s'agit de faits de guerre, on doit admettre toutes les possibilités; n'est-ce pas votre
avis?

— Parfaitement, parce que tous les moyens sont
bons pour réussir, et que la ruse et la trahison sont
des armes terribles au moyen desquelles on peut

faire brèche dans les places les mieux défendues.

— Le soldat français... dit vivement le sergent.

— Il ne s'agit pas ici du soldat français, interrompit le Chasseur, mais des nègres révoltés, ce qui n'est pas du tout la même chose.

— Subsidiairement, c'est même complétement différent

— Nous agirons donc dans l'hypothèse d'une trahison, ou la découverte faite par l'ennemi, d'un passage quelconque pour s'introduire dans l'habitation.

— Pardon, sans vous commander, mon vieux, que je ne vois pas trop ce que l'hypothèse peut avoir à faire ici ; peu n'importe qui elle est, du reste.

— Vous n'avez pas compris, sergent, répondit en souriant le Chasseur, il s'agit d'une figure.

— Figure de quoi ?

— Figure de rhétorique, reprit le Chasseur sur le même ton.

— Connais pas.

— Je veux dire que c'est une simple supposition ; or, il me semble que nous devons procéder ainsi. Combien, avant tout, avons-nous d'hommes?

— Ceux que vous avez demandés.

— Deux cent cinquante, alors?

— Oui.

— Très-bien! Le sergent Ivon Kerbrock restera avec cinquante hommes près de la maison, dont il surveillera attentivement les abords ; il se placera de manière à tout voir sans être aperçu lui-même ; du reste, c'est un trop vieux soldat et il a trop l'expérience de la guerre pour ne pas comprendre l'importance sérieuse du poste qui lui est confié.

— Soyez tranquille, mon vieux, j'ouvrirai l'œil ; bien malin sera celui qui me mettra dedans; mais sans vous commander, il faut un mot d'ordre, peu n'importe lequel.

— Vous avez raison, sergent, le mot d'ordre sera : Basse-Terre.

— Compris, mon vieux brave, n'ayez peur.

— Quant à nous, monsieur David, si vous n'y voyez pas d'inconvénient, voici comment nous agirons ; j'ai remarqué que toutes les allées du parc, après des détours plus ou moins compliqués, aboutissent toujours à des centres généraux.

— En effet.

— Nous partagerons, ou plutôt nous diviserons les deux cents hommes restant, en détachements de cinq hommes commandés par un gaillard intelligent que vous choisirez vous-même ; ces détachements entreront dans le parc en prenant chacune une allée différente, ils feront une battue minutieuse des massifs, des halliers, des charmilles, des grottes et des broussailles; bien que divisés en apparence, rien ne sera plus facile que ces divers détachements que de se réunir au premier signal et de se soutenir les uns les autres en cas d'attaque ou de surprise de

l'un d'entre eux ; nous occuperons ainsi toute la largeur du parc ; il faudra absolument, pour réussir à franchir nos lignes sans être aperçu, être sorcier ou le diable en personne.

— Votre plan est excellent, vieux Chasseur.

— Alors, hâtons-nous de l'exécuter ; nous n'avons que trop perdu de temps déjà.

Les trois hommes abandonnèrent alors l'ombre protectrice sous laquelle ils s'étaient dissimulés jusque-là ; après avoir fait un léger crochet sur la droite, ils s'enfoncèrent dans un massif au centre duquel, dans une clairière adroitement ménagée, deux cent cinquante noirs de l'habitation, résolus et bien armés, étaient rassemblés et les attendaient, immobiles et silencieux.

Le plan si simple et si logique à la fois, arrêté entre les trois hommes, fut immédiatement mis à exécution ; cinq minutes plus tard, toutes les allées du parc étaient sillonnées par de silencieuses patrouilles.

Le sergent Ivon Kerbrock, dit l'Aimable, n'avait pas à surveiller l'intérieur de l'habitation, mais seulement l'extérieur ; il avait éparpillé avec beaucoup de discernement cinquante hommes dont il avait le commandement dans tous les fourrés à demi-portée de fusil autour des bâtiments.

Un silence profond, un calme parfait régnaient dans l'habitation : ainsi que nous l'avons constaté déjà, tous ses habitants dormaient ou semblaient dormir. Un temps assez long s'écoula sans que rien vînt éveiller les soupçons des sentinelles attentives qui se tenaient immobiles, l'œil et l'oreille au guet; le quart avant minuit sonna à la gran ———
placée au centre de la façade de la ma

Le sergent Kerbrok releva sa tête un peu appesantie par le sommeil, malgré tous ses efforts pour se tenir éveillé ; il se frotta les yeux, et comprenant que s'il ne réagissait pas énergiquement contre l'engourdissement qui s'emparait de lui, avant deux minutes il serait endormi, il se leva, frappa du pied, étira les bras, bâilla à deux ou trois reprises à se décrocher la mâchoire, déboucha sa gourde, but une gorgée de rhum et, plaçant son fusil sous son bras, il commença la visite de ses postes.

En ce moment, une porte basse de dégagement, située dans un des angles de la maison, s'ouvrit avec précaution sans produire le plus léger bruit.

Plusieurs ombres, quatre en tout, dont deux portaient une masse informe et indistincte, se glissèrent par l'entre-bâillement de cette porte et apparurent sur les premières marches d'un perron tournant descendant au parc.

Après une hésitation de quelques secondes à peine une de ces ombres fit un bond énorme et retomba sans bruit au milieu d'un épais massif de fleurs où elle disparut; cet exemple fut immédiatement suivi avec un égal succès par une deuxième;

mais les deux autres demeuraient immobiles sur le seuil de la porte, ainsi que l'espèce de paquet dont elles étaient chargées et dont, probablemnt, elles ne voulaient pas se dessaisir.

Alors il se passa une chose étrange :

Ces deux ombres semblèrent s'abîmer subitement dans la muraille et soudain, à une dizaine de pas de la maison, l'on aurait pu apercevoir deux arbres assez gros et fort touffus qui, cinq minutes auparavant, n'étaient certes pas à cette place.

Ces arbres aux larges et longues feuilles, aux jets nombreux reliés en gerbes, étaient des bananiers.

On connaît la rapidité de croissance de ces musacées ; cependant la germination de ceux dont nous parlons laissait bien loin derrière elle les prodiges accomplis par leurs congénères, puisqu'en moins de cinq minutes ils semblaient'avoir jailli de terre, avoir poussé leurs rejetons à une hauteur de près de trois mètres et, ce qui est plus singulier, juste au milieu d'une allée couverte d'une épaisse couche de sable.

Fait plus extraordinaire encore, ces deux produits excentriques de la flore intertropicale, paraissaient vouloir se joindre l'un à l'autre par un mouvement presque insensible, et, de compagnie, abandonner l'allée où ils avaient si singulièrement pris naissance, se rapprocher avec une lenteur calculée, mais cependant appréciable, des hautes futaies du parc, au milieu desquelles, sans doute, ils désiraient prendre définitivement racine.

Ce fait, si en dehors des conditions logiques de végétation, se serait probablement accompli sans protestation et sans commentaires de la part des sentinelles noires embusquées autour de la maison, dont une partie, alourdie par le sommeil, voyageait au pays des rêves et ne l'avait même pas remarqué, et dont les autres, bien que s'en étant aperçues, se seraient bien gardées d'en souffler mot, à cause de la frayeur superstitieuse que leur inspirait ce prodige.

Malheureusement ou heureusement, suivant le point de vue auquel il plaira au lecteur de se placer, le sergent Kerbrock, dit l'Aimable, bien que Breton renforcé, était un de ces vieux soldats des guerres de la République, que l'habitude du danger avait rendus complétement sceptiques et incrédules, et qui en étaient arrivés à nier jusqu'à la mort même, en soutenant que la preuve de la non-réalité de la mort était que jamais ils n'avaient été tués.

Le sergent, tout en faisant sa ronde, regardait consciencieusement autour de lui ; tout à coup il s'arrêta en poussant une exclamation étouffée : il venait d'apercevoir la grande ombre projetée par les bananiers jumeaux, au milieu d'une allée où un quart d'heure auparavant, il était certain qu'il n'y avait même pas un brin d'herbe.

Le digne sergent se figura d'abord avoir la berlue ; cela lui paraissait si extraordinaire qu'il ne savait qu'en penser ; mais bientôt il se remémora toutes les ruses des guerres de la Vendée ; les stratagèmes plus ou moins spirituels, plus ou moins audacieux, que lui-même avait pratiqués en diverses circonstances, soit pour surprendre l'ennemi, soit pour lui échapper ; alors il redressa fièrement la tête et caressa sa longue moustache.

— C'est une blague, murmura-t-il en fronçant le sourcil ; peu n'importe qu'un Français n'est ni un chouan, ni un kaiserlick et qu'on ne lui fait pas avaler nonobstant des pilules de cette dimension exagérée. Nom de nom d'un nom ! que c'est drôle tout de même ; mais que je veux savoir de quoi qu'il retourne, et ça pas plus tard que tout de suite !

En parlant ainsi, le brave sergent avait rudement caressé avec la crosse de son fusil les reins de ses sentinelles, afin de les rappeler au sentiment du devoir, et après s'être assuré que les noirs étaient enfin bien éveillés, en état de le comprendre et de le soutenir si le cas l'exigeait, il leur dit quelques mots à l'oreille, changea l'amorce de son fusil, et sortit résolûment du massif, au milieu duquel il était jusqu'à ce moment demeuré caché.

Il marcha droit au couple de bananiers vagabonds, dans le feuillage desquels sembla courir un frémissement mystérieux, et, armant son fusil et le portant à son épaule :

— Qui vive ? cria-t-il d'une voix ferme ; homme, ou arbres que peu n'importe, répondez ou je tire, sacrebleure !

Un silence profond fut la seule réponse que reçut cette sommation.

Mais un mouvement presque imperceptible s'opéra dans le feuillage.

— Segondo, qui vive ? en réitérant, ou je tire !

Cette deuxième sommation n'obtient pas plus de succès que la première ; seulement, le mouvement du feuillage parut s'accentuer davantage.

Le digne sergent était exaspéré ; ce mutisme obstiné le confondait.

— Troisième et dernier dos, qui vive ? cria-t-il d'une voix étranglée par la colère. Tu ne réponds pas ? ajouta-t-il en mettant en joue ; alors, à toi za moi la paille de fer !

Et il lâcha la détente.

Un cri de douleur déchirant se mêla au bruit de la détonation.

Les deux bananiers s'abattirent à la fois sur le sable comme frappés de la foudre, et on aperçut alors deux hommes chargés d'un lourd fardeau, qui s'élancèrent en courant avec une rapidité vertigineuse vers les massifs les plus rapprochés, au milieu desquels ils disparurent presque instantanément.

— A moi ! cria le sergent.

Et il s'élança, tout en rechargeant son fusil, à la poursuite des fugitifs.

Les noirs, certains maintenant de n'avoir affaire qu'à des hommes comme eux bondirent bravement derrière le sergent.

Ils entendaient devant eux un bruit de broussailles froissées, de branches brisées et de feuilles sèches foulées par une course rapide, ce qui leur prouvait qu'ils étaient sur la bonne voie.

Cependant le coup de feu tiré par le sergent avait jeté l'alarme, non-seulement dans le parc que sillonnaient des patrouilles dans tous sens, mais encore dans la maison.

En moins d'un instant tout le monde avait été debout, courant, gasticulant, demandant des nouvelles ou jetant des cris de frayeur.

Les plus braves, et le marquis de la Brunerie était du nombre, avaient saisi leurs armes et s'étaient élancés au dehors à la recherche de l'ennemi qui à l'improviste, troublé leur repos.

... du lieutenant Dubourg, la défense de l'habitation avait été organisée en quelques secondes puis, lorsque le calme se fut enfin, un peu rétabli, on se compta, les postes furent distribués et on attendit le rapport de ceux qui s'étaient élancés au dehors pour apprendre des nouvelles.

Dans le parc, la poursuite continuait toujours, incessante, acharnée; le sergent Kerbrok avait atteint un buisson au pied duquel un homme se tordait dans les dernières convulsions de l'agonie; cet homme était un noir révolté.

— Sacrebleure! s'écria le sergent en fracassant d'un coup de crosse la tête du blessé; peu n'importe qu'il ait eu subséquemment raison, le vieux Chasseur... En avant, vous autres!

Et il reprit sa course qu'il avait un moment interrompue pour accomplir ce qu'il regardait comme un acte de justice.

Ce nègre était celui qui avait reçu presque à bout portant le coup de fusil du sergent ; sa blessure était affreuse ; en atteignant le buisson, il s'était affaissé sur lui-même, et était resté là pour mourir.

Le commandeur et son compagnon avaient concentré leurs forces et formaient un cercle immense autour du sergent, de façon à converger tous vers le même point et à prendre les fugitifs comme dans un énorme filet.

Ceux-ci cependant ne semblaient pas désespérer encore de leur salut.

Ils continuaient à fuir à travers les halliers, malgré le fardeau pesant dont ils étaient chargés et qu'il ne voulaient point abandonner, avec une rapidité et une adresse témoignant de la connaissance approfondie qu'ils possédaient des lieux qu'ils parcouraient en ce moment.

Mais bientôt, malgré toute leur finesse de bêtes fauves, ils sentirent qu'ils étaient serrés de si près qu'ils ne tarderaient pas à être rejoints par ceux qui les poursuivaient et dont ils entendaient, non-seulement les pas pressés se rapprocher de plus en plus, mais encore les cris et les menaces.

— A toi, Pierrot! dit un des rebelles.

— Oui, massa Télémaque, répondit laconiquement le noir que déjà nous avons entrevu au commencement de cette histoire.

Pierrot s'arrêta.

Télémaque, et son dernier compagnon, chargé du fardeau qu'il avait jeté sur son épaule, reprirent leur fuite sans ajouter un mot.

— Allons, il faut mourir! murmura tristement le pauvre Pierrot.

Il fit le signe de la croix, balbutia une courte prière et au moment où les canons de fusils commençaient à reluire à travers les branches des arbres, à quelques pas de lui seulement, le nègre s'élança soudain d'un buisson derrière lequel il était embusqué, et partit avec une rapidité incroyable dans une direction diamétralement opposée à celle que suivaient ses compagnons.

Pierrot avait calculé sa fuite de façon à être aperçu par ceux arrivant derrière lui; son stratagème obtint un plein succès; tous les noirs s'élancèrent à sa poursuite en poussant de grands cris.

Cette manœuvre se nomme, en termes de haute vénerie, donner un change.

Ce change, nous devons le constater, avait été très-habilement donné; tous les poursuivants s'étaient fourvoyés sur la fausse piste et avaient abandonné la véritable.

Le nègre bondissait, agile comme un cerf, au milieu des noirs créoles lancés à sa poursuite ; il faisait de fréquents crochets, revenait sur ses pas, puis, tout à coup, il repartait avec une rapidité désespérante dans une nouvelle direction.

Déjà plusieurs coups de feu avaient été tirés sur lui sans l'atteindre, il avait tourné la maison et entraîné toute la meute hurlante de ses persécuteurs du côté des barricades et filait, avec un instinct que rien ne semblait devoir mettre en défaut, à travers les arbres tombés et les fossés par lesquels il aurait dû être arrêté; peut-être aurait-il réussi à sauver ses compagnons, si parmi ceux qui suivaient la poursuite, nous allions dire à la chasse, avec le plus d'acharnement, ne s'était trouvé un limier trop fin pour se laisser entraîner sur une fausse piste.

L'individu dont nous parlons n'était autre que l'OEil-Gris.

Le vieux Chasseur, à la vue d'une si belle poursuite, avait senti tout à coup se réveiller en lui ses instincts de coureur des bois; tandis que tous les noirs se lançaient à corps perdu sur les traces du nègre marron, seul il s'était obstiné, malgré les remontrances faites par ses compagnons, à suivre pour son propre compte la piste qui lui paraissait être la seule bonne.

Son instinct de Chasseur ne l'avait pas trompé ; bientôt il acquit une preuve irrécusable que les rebelles avait sacrifié l'un des leurs, chargé au péril de sa vie de donner un change d'où, sans doute, dépendait le succès de leur mystérieux expédition.

Mais quelle était cette expédition ? Voilà ce que le vieillard se demandait sans cesse, ce qu'il ignorait, et ce qu'il prétendait savoir à tout prix.

Les ratiers, lancés sur la piste par le Chasseur, n'avaient pas tardé à prendre la voie.

Les intelligentes petites bêtes ne pouvaient plus être mises en défaut ; la besogne du Chasseur était simple désormais ; il lui suffisait de suivre ses chiens.

Bientôt il entrevit, à travers les arbres, deux hommes dont l'un portait un fardeau de forme oblogue sur l'épaule ; il redoubla ses efforts déjà gigantesques pour atteindre ces individus ; les fugitifs, de leur côté, se sentant suivis de près, bondissaient comme des chevreuils à travers les halliers.

Ils avaient atteint, tout en courant, Dieu sait au prix de quels efforts surhumains, l'extrémité du parc, et gravissaient les pentes abruptes des contre-forts du morne ; ils atteignirent ainsi la haie de cactus cierges formant de ce côté l'enceinte du parc.

Les ratiers soufflaient aux talons des deux nègres marrons, courant toujours, malgré la raideur de l'ascension ; sans se retourner, ni même s'arrêter une seconde pour reprendre haleine, bien que le Chasseur de rats entendit distinctement, tant il s'était rapproché des fugitifs, les ahans de leurs poitrines haletantes.

Tout à coup, un des deux fugitifs s'arrêta, fit volte-face, épaula son fusil et fit feu ; mais le Chasseur avait, lui aussi, mis en joue ; les deux détonations se confondirent en une seule.

L'homme blanc ne fut pas touché ; le noir marron, au contraire, laissa échapper un cri étouffé, en même temps qu'un mouvement nerveux crispait les muscles de sa face ; pourtant il saisit son fusil par le canon et attendit bravement l'attaque de son ennemi.

Le Chasseur n'hésita pas ; il s'élança, évita le coup de massue que lui portait le nègre, le saisit à bras-le-corps et lui plongea son couteau, jusqu'au manche, dans la poitrine.

Le malheureux nègre poussa un cri horrible, battit l'air de ses bras, et lorsque son adversaire le lâcha enfin, il tomba à la renverse et roula, sans essayer de se retenir, du haut en bas de la pente.

Il était mort.

Le vieillard, sans même regarder ce que devenait son ennemi : reprit sa course tout en rechargeant son fusil ; au moment où il atteignait le pied de la haie, le fardeau que portait Télémaque, car seul le mulâtre survivait à ses compagnons, le fardeau, disons-nous, achevait de disparaître dans une large ouverture béante pratiquée dans la haie, et le Chasseur se trouva à l'improviste, lui seul, en présence de trois hommes l'attendant de pied ferme, le fusil à la main.

On entendait, à une courte distance, la course précipitée de plusieurs personnes qui se hâtaient d'accourir.

Le Chasseur, certain d'être bientôt secouru, ne se découragea pas ; d'ailleurs, il était doué d'un courage de lion et, de plus, il professait, à tort ou à raison, un profond mépris pour ces malheureux nègres qu'il avait constamment battus ; si nombreux qu'ils se fussent trouvés contre lui ; il n'y avait donc dans la circonstance présente, rien d'assez sérieux pour l'étonner ; seulement, comme il voyait les fusils des nègres s'abaisser dans la direction de sa poitrine, et que quelques pas à peine le séparaient de ses farouches adversaires, il se jeta derrière le tronc d'un énorme fromager, et, couchant à son tour ses ennemis en joue :

— Rendez-vous, misérables rebelles ! leur cria-t-il d'une voix retentissante.

Un éclat de rire moqueur fut la seule réponse qu'il obtint.

La situation du Chasseur était des plus critiques, il ne se le dissimulait nullement ; tout autre que lui se fût certainement considéré comme perdu ; les noirs marrons semblaient hésiter ; eux aussi ils entendaient maintenant le bruit des pas qui se rapprochaient rapidement ; la partie leur semblait mauvaise, ils avaient fait quelques pas en arrière.

Le Français épaula son arme, visa un instant, le coup partit.

Un homme tomba.

Les deux survivants poussèrent un hurlement de rage et ils s'élancèrent sur le Chasseur, prêts à faire feu.

Celui-ci ne recula pas d'un pouce ; soudain plusieurs coups de feu éclatèrent ; les deux noirs marrons vinrent tomber, en rugissant de fureur impuissante, aux pieds même de l'implacable Chasseur, qui leur fracassa le crâne à coups de crosse.

— Bien tiré ! s'écria le sergent Kerbrock en apparaissant alors suivi d'une dizaine de noirs de l'habitation ; Chasseur, que vous êtes un rusé lapin tout de même et que vous ne vous êtes pas laissé subrepticement dindonner comme nous autres, sans vous commander ; c'est entre nous, la vie, à la mort ! Vous êtes un vrai lapin, sacrebleure !

— Il est évident, murmura le Chasseur qui n'avait pas entendu un mot de ce que lui avait dit le ser-

Passe de la Pointe-à-Pitre.

gent, et selon son habitude se parlait à lui-même, il est évident que ces misérables avaient des complices embusqués et les attendant au dehors, et qu'ils leur ont fait passer la personne qu'ils ont enlevée; mais quelle est cette personne?

— C'est ma fille! s'écria le planteur avec désespoir.

— Renée!... dit le vieillard avec stupeur en s'élançant au-devant de M. de la Brunerie, qui accourait, pâle, défait, en proie à une douleur terrible.

— Oui, murmura le planteur d'une voix étranglée. Sauvez-la! Vengez-moi!

Et il tomba évanoui dans les bras du Chasseur.

— Ah! s'écria celui-ci avec un accent de haine implacable, ils ont osé s'attaquer à cette enfant, mon seul bien, ma seule joie sur terre! C'est bien!... Je la sauverai ou j'y laisserai la vie! C'est pour ma cause que je vais combattre maintenant.

Et, s'adressant d'une voix douce au planteur, qui commençait à reprendre connaissance, et

tendait les bras vers lui en le regardant avec des yeux pleins de larmes:

— Courage, pauvre père! lui dit-il, vous serez vengé, je vous le jure!

Il siffla ses chiens, qui vinrent aussitôt se ranger derrière lui.

— En route! dit-il d'une voix sourde.

— Où allez-vous, camarade? demanda le sergent.

— Chercher l'enfant, répondit simplement le vieillard.

— Parbleure! moi aussi, j'y vais, ou que le diable m'enfourche, que peu m'importe!

Le Chasseur l'examina pendant un instant avec une expression singulière,

— Soit, dit il enfin. Venez, vous êtes un brave.

— Merci, s'écria joyeusement le sergent. Nous la trouverons, la belle demoiselle, ou j'y laisserai mes os, foi d'Ivon Kerbrock, dit l'Aimable!

— Bien. Venez, compagnon,

Et après avoir confié à ses noirs, M. de la Brunerie, retombé en faiblesse, le Chasseur de rats fit signe au sergent de le suivre.

Les deux hommes se glissèrent alors en rampant dans la brèche faite à la haie de cactus cierges, où ils ne tardèrent pas à disparaître.

II

L'ŒIL GRIS ET LE SERGENT KERBROCK VOYAGENT DE COMPAGNIE DANS DES CHEMINS TRÈS-PEU FRAYÉS.

Les hautes montagnes qui occupent le centre de l'île de la Guadeloupe et vers lesquelles, depuis le bord de la mer, le terrain s'élève peu à peu par marches immenses et magnifiques comme un escalier de géant, ont toutes été, à une époque reculée, des volcans redoutables.

En effet, leurs laves sont encore amoncelées par blocs noirâtres et monstrueux, depuis leurs cimes chenues jusqu'au sable du rivage.

Ces hautes montagnes de la Guadeloupe sont toutes couvertes de forêts; forêts séculaires, primitives, où n'a jamais retenti le bruit de la cognée des bûcherons; que seuls connaissent les nègres marrons qui s'y réfugient, et quelques rares chasseurs de grives et d'agoutis.

L'homme perdu dans ces solitudes, peut être considéré comme mort; jamais il ne parviendra à en sortir; les murailles mouvantes dont il est entouré lui forme un vert linceul qui l'enveloppe de toutes parts et dont il lui est impossible de soulever le poids, pourtant si léger en apparence, mais si lourd en réalité; tous ses efforts pour sortir des réseaux immenses qui l'enlacent ne font qu'en resserrer davantage les flexibles anneaux; ses forces s'épuisent dans une lutte insensée, il chancelle, veut résister encore, tombe et ne se relève plus; c'en est fait; la mort implacable étend vers lui sa main de squelette, et lui, ce vivant, si plein de jeunesse, de sève, de courage, de volonté, il est vaincu; il se couche haletant et succombe aux d'horribles souffrances, au milieu de cette luxuriante et puissante végétation qui semble lui sourire railleusement, à quelques pas à peine du but qu'il voulait atteindre, sans se douter que, pendant de longues heures, il a vainement consumé toute son énergie à tourner toujours dans le même cercle, sans avancer d'un pas vers la délivrance.

Dans une de ces clairières, quatre hommes, assis sur des troncs d'arbres renversés, causaient entre eux à voix basse, tout en mangeant de bon appétit un agouti à demi grillé sur les charbons, et buvant à longs traits du tafia renfermé dans une gourde, qu'ils se passaient de main en main.

Ces quatre hommes étaient des noirs; un cinquième, assis un peu à l'écart, le coude sur le genou et la tête dans la main, dormait ou réfléchissait; l'immobilité de statue dans laquelle depuis longtemps il demeurait et ses yeux fermés, prêtaient également à ces deux suppositions.

Les noirs, n'étaient autres que des nègres marrons; ils avaient chacun un fusil appuyé contre la cuisse et une hache passée dans la ceinture; hache dont ils se servaient pour se tracer une route à travers ces fouillis de lianes si étroitement enchevêtrées les unes dans les autres; près d'eux, sur le sol, se trouvaient des régimes de bananes, des sapotilles, plusieurs noix de coco et une quantité d'autres fruits de toutes sortes, dont ils paraissaient apprécier beaucoup la saveur...

A quelques pas de là, dans un hamac en fils d'aloès de plusieurs couleurs, suspendu entre deux énormes fromagers, une jeune femme était couchée et dormait.

Cette jeune femme, dont la respiration douce et régulière et le sommeil calme et paisible ressemblaient à celui d'un enfant, était mademoiselle Renée de la Brunerie, enlevée la nuit précédente dans l'habitation de son père, au milieu de ses amis et de ses défenseurs.

Il était un peu plus de cinq heures du soir, le soleil baissait rapidement à l'horizon; l'ombre des arbres grandissait en s'allongeant d'une façon démesurée, le ciel commençait à prendre une teinte plus sombre; à l'approche de la nuit, les grondements rauques de la Soufrière, sur les pentes de laquelle courait cette forêt vierge, devenait plus distincts et plus menaçants.

Soudain, par un mouvement brusque, mais parfaitement calculé, les nègres se couchèrent le fusil en avant, derrière les énormes troncs d'arbres qui, un instant auparavant, leur servaient de sièges.

Leurs oreilles félines avaient perçu un bruit faible, à peine appréciable. mais se rapprochant rapidement de l'endroit où ils étaient campés, et sur la cause duquel il fut bientôt impossible de se tromper.

Seul, l'homme dont nous avons parlé, un mulâtre, n'avait pas fait un geste, ni semblé attacher la plus minime attention à ce qui inquiétait si fort les nègres marrons.

Bientôt on aperçut un noir se glissant avec précaution entre les arbres ; ce noir portait un bandeau sanglant autour de la tête, il en avait un second sur la poitrine et enfin un troisième enveloppait son bras au-dessus du coude.

Malgré ces trois blessures, ce nègre paraissait frais et dispos; son visage était souriant; il marchait avec légèreté au milieu de débris de toutes sortes qui, à chaque pas entravaient sa marche; son fusil était rejeté en bandoulière et il tenait à la main une hache avec laquelle, probablement, il avait taillé un chemin pour parvenir jusqu'à l'endroit qu'il venait enfin d'atteindre.

Ce nègre était Pierrot, que nous avons vu si chaudement poursuivi pendant le change audacieux qu'il avait donné ; il avait réussi à s'échapper par miracle, mais non sans emporter avec lui le plomb des chasseurs.

En le reconnaissant les nègres avaient repris leur place et s'étaient tranquillement remis à manger.

— Bonjour, dit le noir en s'approchant.

— Bonjour, répondirent laconiquement les autres.

— Où est massa Télémaque ?

— Là. Est-ce qu'il y a du nouveau ? demanda curieusement un des marrons en étendant le bras dans la direction où se trouvait le mulâtre.

— Cela ne te regarde pas, fit Pierrot.

L'autre haussa les épaules avec dédain et se remit à manger.

Pierrot s'avança alors vers Télémaque ; mais celui-ci sembla alors se réveiller tout à coup, il se leva et lui fit signe de le suivre dans une direction opposée.

— Eh bien ? lui demanda-t-il lorsqu'ils se trouvèrent placés à égale distance des noirs et du hamac ; as-tu des nouvelles ?

— Oui, massa.

— Tu as fais tes courses ?

— Toutes.

— Parle, je t'écoute.

— Tout est en rumeur là-bas ; ils font des battues de tous les côtés ; le marquis a expédié plusieurs courriers à la Basse-Terre ; puis il s'est résolu à s'y rendre lui-même. Le commandeur, M. David est maintenant le chef de l'habitation ; des postes nombreux ont été établis du côté de la haie ; toute surprise serait désormais impossible.

— A présent, cela m'est égal.

— C'est juste, fit le nègre en jetant un regard du côté du hamac, mais cela nous a coûté cher.

— Possible, mais nous avons réussi. Et le Chasseur de rats ?

— Il a disparu depuis cette nuit.

— Seul ?

— Non, en compagnie d'un sergent français.

— Cela ne vaut rien. Personne ne sait où il est allé ?

— Personne.

— Ce vieux diable doit être sur nos traces ; il connaît nos repaires aussi bien que nous.

— C'est probable ; cet homme est notre mauvais génie ; nous ferons bien de nous tenir sur nos gardes.

— Ah ! ici je ne le crains pas.

— C'est égal, massa, on ne se repent jamais d'avoir été prudent ; cet homme est bien fin.

— Tu as toujours peur, toi ! ⬅

— Ce n'est pas ce que vous disiez ce matin, massa.

— J'ai tort, excuse-moi, Pierrot ; c'est grâce à toi seul que nous avons réussi ; mais, sois tranquille, mes précautions sont prises ; si rusé que soit le Chasseur, cette fois son flair de limier sera mis en défaut.

— Je le désire vivement, massa ; cependant, je vous avoue que je n'ose l'espérer.

— Continue.

— De l'habitation je me suis rendu, selon vos ordres au fort Saint-Charles.

— Ah ! ah ! As-tu réussi à y pénétrer ?

— Certes, et cette blessure au bras en est la preuve.

— Qu'est-ce que c'est que cela ?

— Une balle qu'un grenadier français m'a envoyée, et qui m'a traversé le bras au moment où, après avoir trompé les sentinelles, je frappais à la poterne de l'est, pas autre chose.

— Enfin, tu es entré, c'est le principal.

— Je suis entré, oui, massa.

— As-tu vu le capitaine Ignace ?

— Oui ; il m'a interrogé ; je lui ai raconté tout ce que nous avons fait.

— Que t'a-t-il répondu ?

— Il a froncé le soucil et il a grommelé je ne sais quoi entre ses dents ; j'ai cru entendre : « c'est cher ; cette péronnelle ne vaut pas le quart du sang généreux qu'elle a fait verser. »

— Est-ce tout ? fit Télémaque avec un mouvement d'épaules.

— Non, massa. Massa Ignace s'est enfermé seul avec moi dans une chambre, il m'a fait boire un verre de bon tafia et il m'a donné quatre gourdes, des belles gourdes toute neuves.

— Passe ces détails.

— Puis il m'a dit, continua imperturbablement Pierrot : « Je suis content de toi, tu es un brave. »

— C'est convenu ! mais au fait ! au fait ? dit Télémaque en frappant du pied avec impatience.

— J'y arrive, massa. Alors massa capitaine Ignace a ajouté : « Tu vas retourner tout de suite auprès de Télémaque, tu lui diras que je suis très-satisfait de lui, qu'il faut qu'il se hâte ; que ce soir à dix heures je ferai une sortie sur les lignes du côté du Galion, afin de faciliter son entrée dans le fort ; Télémaque se tiendra prêt ; il passera à travers les lignes et filera rapidement sur nos derrières pendant que nous protégerons son entrée dans Saint-Charles.

— Hum ! ce ne sera pas facile, cela.

— C'est ce que j'ai fait observer à massa Ignace.

— Ah ! et il ne t'a pas rompu les os ?

— Non, mais il a ajouté : « Tu diras à Télémaque que je le veux. »

— Il le veut ! il le veut ! tout cela est bel et bien, mais la besogne est rude.

— Beaucoup ; les Français enveloppent complétement le fort ; ils ne laissent pénétrer personne dans leurs retranchements.

— Cependant tu les a traversés deux fois, toi ?

— Oui, mais j'étais seul, et malgré cela j'ai attrapé une balle.

— Enfin, nous essayerons : à l'impossible nul n'est tenu.

— Un homme n'est pas de fer.

— De quel côté se fera la sortie ?

— Par la courtine de l'ouest, du côté du Galion.

— C'est, en effet, l'endroit le plus propice.

— Oui.

— Et tu m'as dit à dix heures ?

— A dix heures, oui, massa.

— A la grâce de Dieu ! nous tenterons l'affaire ; ce qui m'inquiète surtout, c'est ce vieux démon de Chasseur.

— L'Œil Gris ?

— Oui ; s'il a suivi notre piste, comme j'ai tout lieu de le supposer, puisqu'il a quitté cette nuit l'habitation, il pourra nous causer bien de l'embarras.

— Ah ! cela est malheureusement possible.

— Bah ! ne nous décourageons pas ainsi à l'avance. Tu dois être fatigué et avoir faim, repose-toi et mange ; chaque heure amène avec soi ses ennuis ; profitons des quelques moments de tranquillité qui nous restent encore ; après, eh bien, nous verrons !

— Tout cela n'est pas rassurant, grommela à part lui Pierrot en se dirigeant vers ses compagnons. C'est égal, je regrette beaucoup de m'être jeté si sottement dans cette bagarre, et surtout d'avoir quitté l'atelier où j'étais si heureux, ajouta-t-il en poussant un énorme soupir.

Et le pauvre diable alla s'asseoir tout pensif.

Télémaque était assez contrarié de l'ordre que lui faisait donner le capitaine Ignace ; il comprenait fort bien toutes les difficultés presque insurmontables de cette expédition ; il en calculait toutes les chances dont bien peu, évidemment, étaient en sa faveur ; seul, cette affaire, tout en lui présentant d'énormes difficultés, ne lui paraissait cependant pas impossible ; mais, en compagnie d'une femme à laquelle il lui était enjoint péremptoirement de témoigner les plus grands égards et le plus profond respect, les conditions changeaient complétement ; l'affaire se présentait sous un jour tout différent et qui était loin de diminuer les difficultés, si nombreuses déjà, de cette audacieuse entreprise.

Le mulâtre en était là de ses réflexions qui n'avaient rien de positivement gai, lorsque mademoiselle de la Brunerie ouvrit les yeux, se redressa sur son hamac, et, après avoir jeté un regard triste, presque désespéré, autour d'elle, lui adressa doucement le parole.

— Monsieur, lui demanda-t-elle, prétendez-vous donc me faire errer ainsi, longtemps en votre compagnie, à travers ces inextricables forêts ?

— Mademoiselle, lui répondit-il respectueusement ce soir même nous arriverons.

— Dans quel endroit, s'il vous plaît ?

— Dans celui où j'ai reçu l'ordre de vous conduire.

— Toujours les mêmes réponses, toujours le même système de mystères et de réticences. Prenez-y garde, monsieur, tout cela finira peut-être plus tôt que vous ne le supposez, et vous payerez cher le crime que vous avez commis en m'enlevant violemment et d'une façon si odieuse à ma famille.

— Mademoiselle, j'ai déjà eu l'honneur de vous le dire, je ne suis qu'un instrument entre les mains bien plus puissantes que je sers ; une machine qui ne raisonne, ni ne discute ; je reçois des ordres, j'obéis ; mon rôle se borne là ; il serait souverainement injuste à vous, mademoiselle, de vous en prendre à moi de ce qui vous arrive, lorsque, au contraire, la responsabilité en doit remonter tout entière à ceux qui m'emploient.

— Est-ce aussi à ces personnes, dont vous vous obstinez à taire le nom, dit-elle avec ressentiment, que je dois attribuer les procédés humiliants et surtout arbitraires dont vous usez envers moi ?

— Je ne crois pas, sur l'honneur, mademoiselle, m'être un seul instant écarté du respect que je vous dois.

— En effet, monsieur, je le constate ; vous êtes très-respectueux en paroles, mais malheureusement vos actes forment un complet contraste avec ces paroles mielleuses ; je vous le répète une fois encore, je ne suis pas aussi abandonnée que vous feignez de le supposer ; j'ai des amis nombreux, dévoués, ils me cherchent, ils approchent ; peut-être même en ce moment sont-ils beaucoup plus près de nous que vous ne le croyez.

Au même instant, comme pour affirmer la réalité des paroles ou plutôt des menaces de la jeune fille, un bruit assez fort se fit entendre dans les halliers ; mais ce bruit, qui frappa distinctement l'oreille exercée des nègres marrons, ne parvint pas à celle de mademoiselle de la Brunerie.

Le mulâtre essaya de sonder les masses de verdure qui l'entouraient, mais l'obscurité déjà assez épaisse sous le couvert de la forêt ne lui permit de rien distinguer.

— Mademoiselle, reprit-il avec vivacité, l'heure est venue de nous remettre en route.

— Encore ? dit-elle avec découragement.

— Un peu de courage, mademoiselle ; cette fois

est la dernière, mais la marche que nous avons à faire est longue, hérissée de dangers ; il nous faut partir à l'instant.

— Et si je refusais de vous suivre ? reprit-elle avec hauteur.

— Je serais, à mon grand regret, forcé de vous y contraindre, mademoiselle, répondit Télémaque d'une voix à l'accent de laquelle il n'y avait pas à se méprendre.

— Oui, voilà les procédés généreux dont vous faites un si bel étalage, et le respect dont vous prétendez ne jamais vous écarter envers moi, monsieur.

Télémaque et les nègres étaient de plus en plus inquiets ; ils sentaient qu'un danger s'approchait ; ils jetaient autour d'eux des regards anxieux ; le bruit que déjà ils avaient entendu se renouvelait plus intense et semblait être beaucoup plus rapproché de leur campement.

Le mulâtre fronça le sourcil.

— Mademoiselle, dit-il froidement mais nettement, voulez-vous, oui ou non, consentir à nous suivre ?

— Non, dit-elle avec force.

— Vous y êtes bien résolue ?

— Oui !

— Alors, excusez-moi, mademoiselle, et n'imputez qu'à vous-même ce qui arrive. Je suis obligé d'exécuter les ordres que j'ai reçus. Faites, vous autres !

En moins d'une minute, la jeune fille fut enveloppée dans son hamac, solidement garrottée, sans cependant qu'on lui fît le moindre mal, et deux nègres s'emparèrent d'elle après que Télémaque lui eût enveloppé la tête d'un voile de gaze qui, sans gêner la respiration, l'empêchait cependant de voir.

— Il était temps, murmura le mulâtre en passant la main sur son front inondé d'une sueur froide. Allons, en route, vivement ! ne voyez-vous donc pas que nous sommes suivis ? ajouta-t-il avec colère.

Les nègres ne se firent pas répéter deux fois cet avertissement ; ils disparurent sous les taillis.

Presque aussitôt les branches s'écartèrent, et deux hommes, précédés d'une meute de chiens ratiers, firent irruption dans la clairière.

Ces deux hommes étaient le Chasseur et le sergent Ivon Kerbrock, dit l'Aimable.

Les chiens allaient et venaient le nez à terre, sentant et furetant dans toutes les directions.

— Ils ont campé ici, dit le Chasseur ; à peine sont-ils partis depuis cinq minutes.

— Nonobstant, comment pouvez-vous savoir cela, vieux Chasseur ? répondit le sergent.

L'Œil Gris haussa les épaules.

— Regardez le feu, dit-il.

— Je le vois, vieux Chasseur, même qu'il me semble ardent ; mais, peu n'importe.

— Eh bien ? vous ne comprenez pas ?

— Parbleure ! je comprend que c'est un feu, et que probablement, il ne s'est pas allumé tout seul ; peu n'importe d'ailleurs par qui il a été allumé.

— Au contraire, cela importe beaucoup ; les hommes qui l'ont allumé se sentaient suivis de si près qu'ils sont partis sans prendre la peine de l'éteindre.

— Au fait, que je considère que vous avez subreptissement raison ; les moricauds ont filé en nous entendant venir.

— Grâce à vous, qui faites en marchant un bruit d'enfer ; sans cela nous les surprenions.

— Ah dame ! camarade, que j'entrevois du vrai dans ce que vous dites ; les routes sont si mal entretenues dans ces parages déserts et sauvages qu'il est très-difficile foncièrement parlant, pour un homme civilisé, de les parcourir sans se casser les reins.

Le Chasseur se mit à rire.

— Êtes-vous fatigué ? lui demanda-t-il.

— Moi, un ancien de la Moselle, fatigué ? Jamais ! vieux Chasseur !

— Alors reprenons la chasse ; voyez, les chiens sont inquiets.

— Pauvres petites bêtes, elles ont, sans vous commander, beaucoup plus d'intelligence que bien des gens que je connais ; que peu n'importe de qui je parle.

— En effet, cela ne fait rien. Partons-nous, sergent ?

— Un modeste instant, simplement pour allumer Juliette.

— Qu'est-ce que c'est que cela, Juliette ?

— C'est ma pipe, vieux Chasseur.

— Êtes-vous fou ? Allumer votre pipe ? Il ne manque plus que cela pour nous faire découvrir.

— De vrai ?

— Pardieu ! vous devez le comprendre.

— Sacrebleure ! En voilà, par exemple, un chien de métier, qu'on ne peut pas tant seulement griller une bouffarde à sa convenance ; peu n'importe, il me payera ce désagrément fastidieux plus cher qu'à la cantine, le premier qui me tombera dessous la patte.

Et le sergent serra sa pipe d'un air tragique.

— Tombons dessus en double et pinçons-les le plus tôt possible ! ajouta-t-il ; je fumerai ensuite ; peu n'importe ce qui surviendra.

— Allons, mes bellots ! allons, en chasse ! dit le Chasseur à ses chiens.

Ceux-ci partirent aussitôt sous bois ; les deux hommes les suivirent.

— Surtout, je vous en supplie, sergent, pas un mot, même à voix basse.

— Sans vous commander, vieux Chasseur, je serai muet comme un phoque; as pas peur! je connais la consigne aussi bien que quiconque; voilà qui est dit.

La nuit était complétement tombée; les ténèbres si épaisses dans ces inextricables fourrés de verdure, qu'à moins de quatre pas de distance, il était impossible de distinguer le moindre objet.

Mais à part le danger de se casser le cou à chaque minute ou de tomber brusquement à la renverse en buttant contre une racine, ou de se jeter sur un arbre placé par hasard en travers du passage, il était impossible de s'égarer; les nègres ne pouvaient dissimuler leurs traces, car ils étaient eux-mêmes contraints de tracer leur chemin au milieu de cet impénétrable fouillis, la hache à la main; ceux qui venaient ensuite n'avaient plus qu'à suivre cette voie.

Cependant plus les deux hommes avançaient, plus la forêt s'éclaircissait; les buissons et les halliers se faisaient moins serrés, les arbres s'écartaient à droite et à gauche : selon toutes probabilités, ils n'allaient pas tarder à déboucher dans la savane à la grande satisfaction du sergent Kerbrock, dont la marche n'était qu'une suite de culbutes, plus ou moins risquées; ce qui, malgré les observations réitérées du Chasseur, lui faisait pousser des exclamations retentissantes qui s'entendaient au moins à cent pas à la ronde.

Tout à coup ils se trouvèrent sur une déclivité assez rapide; la forêt ne présentait plus alors qu'un bois assez facile à traverser; au bout d'un instant, ils émergèrent sur une savane immense couverte de bruyères assez hautes au milieu de laquelle, à une portée de fusil à peu près devant eux, ils virent bondir, comme une bande de daims effarouchés, les ombres noirs des marrons que depuis si longtemps, ils suivaient à la piste.

Ils avaient descendu ainsi, sans s'en douter, jusqu'à deux cents mètres au plus du rivage de la mer, et ils se trouvaient à une assez courte distance des retranchements du Galion.

Le Chasseur comprit aussitôt la tactique des noirs; avant un quart-d'heure, abrités par les fortifications du fort Saint-Charles, où maintenant il était évident pour lui qu'ils se rendaient, ils lui échapperaient sans retour.

Il redoubla d'efforts et courut avec une rapidité extrême, suivi pas à pas par le sergent qui se piquait d'honneur et préférait de beaucoup cette course plate à travers la savane, à celle si désagréablement accidentée que, pendant de longues heures, il avait faite dans la forêt.

Les nègres, embarrassés par la jeune fille qu'ils étaient contraints de porter sur leurs épaules, perdaient peu à peu du terrain, malgré l'agilité avec laquelle ils dévoraient l'espace; ils sentaient l'ennemi sur leurs pas.

— Y sommes-nous? demanda tout à coup l'Œil Gris sans ralentir sa course.

— Parbleure! répondit le sergent, toujours courant.

— Alors en joue, et visons bien : Feu !

Les deux coups éclatèrent à la fois.

Sans s'être communiqué leurs intentions, les deux hommes avaient visé les noirs porteurs du hamac.

Les pauvres diables roulèrent foudroyés sur le sol.

Deux autres remplacèrent aussitôt les morts; et la fuite recommença, plus rapide et plus échevelée que jamais.

Cependant, ces deux coups de feu avaient donné l'éveil tout le long de la ligne; maintenant c'était à travers une fusillade soutenue que les fugitifs étaient obligés de passer.

Bientôt, des cinq hommes, deux seulement restèrent debout.

Ils continuèrent à pousser hardiment en avant.

A ce moment, une violente canonnade éclata sur les parapets du fort, et de nombreuses troupes de révoltés sortis par deux poternes secrètes se ruèrent, la baïonnette en avant, sur les glacis.

Il y eut alors une mêlée sanglante et acharnée entre les assiégeants et les assiégés; mêlée d'autant plus terrible qu'elle avait lieu dans les ténèbres et à l'arme blanche.

Le Chasseur et le sergent n'avaient point abandonné la poursuite des noirs de Télémaque.

Tout en courant, ils avaient rechargé leurs armes, et malgré les péripéties du combat dont les glacis étaient en ce moment le théâtre, ils n'avaient pas perdu de vue une seconde ceux que depuis si longtemps ils chassaient; deux nouveaux coups de feu éclatèrent; l'un des deux derniers nègres tomba comme une masse, le second chancela, mais, par un effort suprême de volonté, se raidissant contre la douleur et réunissant toutes ses forces, il enleva le hamac, le jeta résolûment sur son épaule et recommença à fuir.

Soudain, sans qu'il pût se rendre compte de la façon dont cela était arrivé, il reconnut avec effroi que ses deux ennemis étaient près de lui, qu'ils se tenaient à ses côtés.

Il y eut de part et d'autre une seconde d'hésitation, puis comme d'un commun accord, les deux hommes fondirent, la baïonnette en avant, sur le nègre.

Il leur fit bravement tête.

Les deux baïonnettes s'étaient enfoncées à la fois dans son dos et dans sa poitrine.

Cependant, par un effort surhumain, il posa son lourd fardeau à terre, et saisissant, malgré sa double blessure, son fusil par le canon, il le brandit au-dessus de sa tête en criant d'une voix vibrante :

— A moi, Ignace ! à Télémaque !

— Ah ! chien marron ! s'écria le Chasseur en redoublant ses coups.

— A moi, Ignace ! à moi ! cria de nouveau le mulâtre en portant au sergent Kerbrock un coup d'assommoir terrible que celui-ci évita à moitié, mais qui cependant le fit rouler étourdi sur le sol.

En ce moment, une foule de révoltés se rua de ce côté, ayant le capitaine Ignace à leur tête.

— Ah ! tu ne m'échapperas pas, cette fois ! je te tuerai, chien ! s'écria le Chasseur exaspéré par la chute de son compagnon.

Et d'un dernier coup de baïonnette, il cloua le mulâtre sur le sol.

Mais le fruit de sa victoire lui échappa.

Seul, et n'ayant en main que son fusil déchargé, au moment où il se baissait pour s'emparer du hamac, il fut brusquement repoussé par le capitaine Ignace qui enleva le précieux fardeau sur ses puissantes épaules.

Le Chasseur fut, malgré lui, contraint de reculer devant la masse des révoltés qui se précipitaient sur lui.

Mais il ne voulut pas abandonner son pauvre compagnon à la barbarie des noirs ; il le chargea sur ses épaules, et alors seulement il consentit à rétrograder, mais pas à pas, comme un lion vaincu, et sans cesser de faire face à ses ennemis.

Il est vrai que ceux-ci ayant atteint le but qu'ils se proposaient, c'est-à-dire s'emparer de la jeune fille, ne poussèrent pas la sortie plus loin ; au contraire, ils regagnèrent en toute hâte le fort, sous la protection de leurs canons, tirant à pleine cible.

III

CE QUE L'ŒIL GRIS APPELLE TRANCHER UNE QUESTION.

Le premier soin du Chasseur, après s'être ouvert passage à travers les rangs des révoltés et avoir, à grand'peine, regagné les lignes de l'armée française, avait été de porter le sergent Ivon Kerbrock à l'ambulance.

Le sergent avait bientôt repris connaissance ; les parbleure et les sacrebleure s'échappaient de ses lèvres avec une volubilité et un retentissement de bon augure pour sa prochaine guérison.

Cependant la crosse du fusil de Télémaque, en retombant sur sa tête, la lui avait horriblement fendue.

Mais une tête cassée, ce n'est rien pour un Breton, et le sergent Ivon Kerbrock soutenait avec cet entêtement et cet aplomb particuliers aux fils de la vieille Armorique, que le mulâtre n'était qu'un maladroit, que son coup de massue n'était qu'une égratignure et que les *pen-bas* des gars de Landivisiau, pays qui lui avait donné le jour, faisaient de bien autres blessures, lorsqu'ils se chamaillaient après boire et se rossaient de bonne amitié ; que cela n'était rien du tout, et que dès qu'il aurait bu un verre d'eau-de-vie, il serait parfaitement en état de suivre son compagnon, dont il ne voulait pas se séparer et à qui il devait la vie.

Le Chasseur eut une peine énorme à l'empêcher de mettre cette folle résolution à exécution ; il ne fallut rien moins que la toute-puissante intervention du chirurgien-major de l'armée, pour que l'entêté Breton consentît à se laisser panser, et que le Chasseur réussît à se débarrasser de lui ; mais ce ne fut que lorsqu'il lui eut solennellement promis qu'il reviendrait près de lui le lendemain matin, dès le point du jour, pour lui faire quitter l'ambulance et l'emmener.

Enfin, après avoir amicalement pressé la main du sergent qui lui dit avec émotion :

— Sacrebleure ! vieux Chasseur, que peu n'importe, que vous êtes un vrai homme !

L'Œil Gris s'était éloigné en toute hâte.

Il voulait se rendre à la Basse-Terre, où il avait appris par hasard d'un officier, que M. de la Brunerie, après avoir confié la défense de sa plantation à M. David, son commandeur, s'était retiré aussitôt après l'enlèvement de sa fille, afin de se concerter avec le général Richepance sur les moyens à employer pour retrouver les traces de son enfant et la reprendre à ses ravisseurs.

C'était le planteur que le Chasseur voulait voir.

Celui-ci était bien connu de tous les soldats de l'armée française dont il lui fallait traverser les lignes ; il leur avait servi de guide pendant leur trajet de la Pointe-à-Pitre aux Trois-Rivières, aussi lui fournit-on avec empressement tous les renseignements qu'il demanda sur l'arrivée de M. de la Brunerie ; personne ne s'opposa à son passage, et il arriva à la Basse-Terre sans avoir été inquiété.

Il était environ neuf heures et demie du soir, lorsque le Chasseur pénétra dans la ville.

La poursuite obstinée à laquelle il s'était livré contre les ravisseurs de Renée de la Brunerie, en contraignant ceux-ci à chercher le plus promptement possible un refuge dans la forteresse, avait donné l'éveil au camp, et obligé le capitaine Ignace, qui s'était tout de suite douté de ce qui se passait au dehors, à brusquer la sortie ; sans cet incident imprévu, elle n'aurait pas eu lieu avant dix heures, ainsi que, dans la forêt, Pierrot en avait prévenu Télémaque.

Où étaient maintenant Pierrot et Télémaque, ces séides si fidèlement dévoués au capitaine Ignace ?

Etendus morts sur les glacis du fort Saint-Charles, tués par l'implacable Chasseur, comme l'avaient été avant eux leurs autres compagnons.

Mais cela importait peu au capitaine, puisque son expédition avait réussi et qu'il tenait enfin la jeune fille en son pouvoir.

Le général Richepance, d'après l'invitation faite par M. de la Brunerie lui-même, lorsqu'ils avaient été présentés l'un à l'autre à la Pointe-à-Pitre, s'était installé sur la place Nolivos, dans la magnifique maison appartenant au planteur.

Peut-être, sans oser se l'avouer à lui-même, le général Richepance espérait-il que M. de la Brunerie, pendant le temps que dureraient les troubles, se retirerait à la Basse-Terre en compagnie de sa fille, et qu'il aurait alors l'occasion de voir, plus souvent qu'il ne l'avait pu jusque-là, celle qu'il aimait si ardemment et de lui faire sa cour.

Le général avait même écrit au planteur, en lui envoyant un détachement de soldats, une lettre dans laquelle il l'engageait fortement, par prudence, à ne pas persévérer dans son intention de défendre en personne la Brunerie, contre les attaques probables des insurgés.

Mais M. de la Brunerie, après avoir pris connaissance de la lettre du général qui lui avait été remise par le lieutenant Dubourg, y avait répondu immédiatement par une lettre dans laquelle il disait en substance que, tout en remerciant chaleureusement le général du bon conseil qu'il lui donnait et du secours qu'il lui envoyait, malheureusement il ne pouvait le suivre; plusieurs planteurs de ses voisins étant venus chercher un refuge à la Brunerie, il devait, par convenance, demeurer au milieu d'eux; non-seulement pour leur rendre le courage qu'ils avaient perdu, mais encore, ce qui était beaucoup plus grave, pour s'acquitter envers ses amis et voisins malheureux de ces devoirs d'hospitalité considérés dans toutes les colonies, comme tellement sacrés que nul, sous peine d'infamie, n'oserait se hasarder à s'y soustraire.

Le général Richepance ne voulut point insister; mieux que personne il comprenait la valeur de telles raisons, mais son espoir si tristement déçu, le rendit d'autant plus malheureux que sa position exigeait qu'il cachât son chagrin au fond de son cœur, et qu'il montrât un visage froid et impassible aux regards curieux et surtout scrutateurs des envieux et des ennemis dont il était entouré.

Aussi fut-ce avec une surprise extrême que, le jour dont nous parlons, vers onze heures du matin, le général vit arriver à l'improviste M. de la Brunerie, seul, à la Basse-Terre.

Le général, fort inquiet de ne pas voir mademoiselle de la Brunerie, s'informa aussitôt de la jeune fille auprès du planteur.

Alors M. de la Brunerie, avec des larmes de dé-

sespoir, lui rapporta dans leurs plus grands détails les événements affreux dont, le jour précédent et la nuit suivante, son habitation avait été le théâtre et l'enlèvement audacieux de sa fille.

En apprenant ainsi, d'une façon si subite, cette nouvelle terrible à laquelle il était si loin de s'attendre, le général fut atterré; sa douleur fut d'autant plus grande qu'il était contraint d'avouer son impuissance à tirer une vengeance immédiate de ce rapt odieux, et à venir en aide à ce père accourant vers lui, plein d'espoir, pour lui demander secours et protection contre les lâches ravisseurs de sa fille.

Mais ces ravisseurs, quels étaient-ils? Dans quel but avaient-ils enlevé Renée de la Brunerie? Où l'avaient-ils conduite?

A ces questions terribles, ni le père, ni le général ne savaient que répondre; ils ne pouvaient que confondre leurs larmes et attendre.

Attendre en pareille circonstance est un supplice cent fois plus affreux que la mort!

Ce supplice, ils le subissaient, et ils courbaient la tête avec désespoir, sans qu'il leur fût possible de prendre une détermination quelconque, puisqu'ils ne possédaient aucun renseignement pour guider leurs recherches.

Une seule lueur apparaissait pour eux dans ces ténèbres épaisses; lueur bien faible à la vérité, mais suffisante cependant pour leur rendre un peu d'espoir

Cet espoir reposait entièrement sur le dévouement sans bornes et tant de fois éprouvé de l'Œil Gris; cet homme mystérieux qui s'était, pour ainsi dire, constitué de sa propre autorité, le gardien de la jeune fille.

Immédiatement après l'enlèvement, le Chasseur s'était mis à la poursuite des ravisseurs; il avait juré qu'il les retrouverait, et jamais il n'avait failli à sa parole.

Tout, pour les deux hommes, se résumait donc, ainsi que nous l'avons dit plus haut, dans ce seul mot, d'une si désolante logique : attendre!

Le général, rentré tard dans la soirée d'une visite assez longue faite aux travaux de siège, par lui poussé avec cette ardeur qu'il mettait à toutes choses, achevait à peine de dîner; il avait congédié les officiers de son état-major et ses aides de camp et venait, en compagnie de M. de la Brunerie, de quitter la salle à manger et de passer au salon, lorsqu'un domestique lui annonça qu'un homme assez pauvrement vêtu, mais se disant batteur d'estrade de l'armée républicaine, insistait pour être introduit auprès du général Richepance, auquel, disait-il, il avait d'importantes communications à faire.

Richepance, occupé à s'entretenir avec M. de la Brunerie sur les mesures qu'il avait jugé nécessaire

... A lutter contre les soldats aguerris de la République (page 22).

de prendre pour la découverte des ravisseurs de la jeune fille, et fort contrarié d'être ainsi dérangé, en ce moment surtout, car il était près de dix heures, demanda d'un air de mauvaise humeur certains renseignements sur cet individu.

— Mon général, répondit le domestique, c'est un grand vieillard, tout vêtu de cuir fauve ; il porte un long fusil, et a sur ses talons toute une meute de petits chiens.

— C'est notre ami ! s'écria le planteur avec émotion.

— Faites entrer cette personne, ordonna aussitôt le général.

— Ici, mon général ? s'écria le domestique au comble de la surprise, en jetant un regard de regret sur les meubles et les tapis.

— Oui, ici, répondit en souriant le général, avec ses chiens et son fusil ; allez.

Le domestique sortit, stupéfait d'un pareil ordre.

Un instant plus tard, la porte se rouvrit et le Chasseur parut.

Il salua et demeura immobile au milieu du salon, appuyé sur son fusil ; ses chiens à ses pieds, selon leur habitude.

— Eh bien ? demandèrent à la fois les deux hommes.

— J'ai retrouvé mademoiselle Renée de la Brunerie, ainsi que je m'y étais engagé, messieurs, répondit le Chasseur d'une voix sombre et presque basse, avec une émotion contenue.

— Enfin ! s'écria avec un mouvement de joie le général dont le visage s'épanouit.

— Où est-elle ? ajouta le planteur en joignant les mains avec prière. Parlez, Chasseur, parlez, au nom du ciel !

— Ne vous réjouissez pas à l'avance, messieurs ; votre douleur en deviendrait bientôt plus amère.

— Que voulez-vous dire ? s'écrièrent à la fois les deux hommes.

— Ce que je dis, messieurs : j'ai retrouvé mademoiselle de la Brunerie, cela est vrai ; je sais où elle est. Mais, hélas ! malgré mes efforts désespérés, et Dieu m'est témoin que j'ai tenté l'impossible pour la délivrer, je n'ai pu y réussir ; la fatalité était sur moi.

— Mon Dieu ! s'écria douloureusement le planteur.

— Expliquez-vous, au nom du ciel, mon vieux camarade ? En quel lieu se trouve actuellement cette malheureuse jeune fille ? ajouta le général.

— Elle est entrée, il y a une demi-heure, dans le fort Saint-Charles, messieurs.

— Au fort Saint-Charles ?

— Au pouvoir de Delgrès !

— Alors elle est perdue !

— Oh ! le monstre ! Mais comment ce malheur est-il arrivé, mon ami ?

En peu de mots le vieux chasseur raconta ce qui s'était passé au général et il ajouta :

— Voilà ce que j'ai fait, monsieur de la Brunerie ; un homme ne pouvait, je crois, faire davantage.

— Non ! oh ! non ! s'écria le général avec élan.

— Je vous remercie du fond de mon cœur, dit tristement le planteur. Hélas ! si vous, si brave, si dévoué, vous n'avez pas réussi à sauver ma pauvre enfant, c'est qu'elle ne devait pas l'être ! Mon Dieu ! mon Dieu !

Il y eut un assez long silence, pendant lequel on n'entendait que les sanglots étouffés de M. de la Brunerie.

Le Chasseur se tenait toujours, froid et impassible en apparence, debout et immobile au milieu de la pièce.

Le général réfléchissait.

— Que faire ? murmura-t-il avec découragement au bout d'un instant ; tout nous échappe.

— Il nous reste un espoir, dit le Chasseur.

— Un espoir ? s'écria vivement le général.

— Oui, mon général ; je veux tenter un moyen suprême ; je réponds presque du succès.

— Parlez vite, mon ami, de quoi s'agit-il ! Puis-je vous être bon à quelque chose ?

— Certes, mon général, car l'exécution du projet que j'ai formé dépend de vous seul.

— Oh ! alors, s'il en est ainsi, soyez tranquille, mon brave, vous pouvez compter sur moi ; et, maintenant, dites-moi franchement ce que vous comptez faire.

— Une chose bien simple, mon général ; je veux, demain, me présenter en parlementaire aux rebelles, et cela de votre part.

— Vous feriez cela ?

— Je le ferai, je l'ai résolu.

— Folie !... murmura le planteur qui avait relevé la tête et écoutait anxieusement.

— Peut-être ! répondit le Chasseur. Me permettez-vous de faire cette dernière tentative, mon général ?

— Vous avez ma parole, mon brave ; seulement il est de mon devoir de vous faire observer que les rebelles ont déclaré que tout parlementaire serait considéré comme espion, et immédiatement fusillé par eux.

— J'ai fait toutes ces réflexions, mon général.

— Et malgré ce danger terrible, imminent, suspendu sur votre tête, vous persistez ?

— Je persiste, oui, mon général ; il serait oiseux d'insister davantage sur ce sujet ; de plus, je vous le répète, je réponds presque du succès de cette tentative.

Le général Richepance se leva sans répondre ; il fit quelques tours de long en large dans le salon ; marchant avec agitation et en proie à une émotion d'autant plus violente, qu'il essayait de la renfermer en lui.

Au bout de quelques instants il s'arrêta enfin devant le Chasseur dont le regard interrogateur suivait ses mouvements avec inquiétude.

— Mon ami, lui dit-il d'une voix profonde, vous n'êtes pas un homme ordinaire ; il y a en vous quelque chose de grand et de simple à la fois, que je ne puis définir ; je ne vous connais que depuis bien peu de temps, mais cela m'a suffi cependant pour vous apprécier à votre juste valeur ; renoncez, je vous en prie, à cette folle entreprise qui ne peut avoir pour vous qu'un dénouement terrible ; si grand que soit l'intérêt que je porte à mademoiselle de la Brunerie, et Dieu, qui lit dans mon cœur, sait quel ardent désir j'ai de la sauver ! eh bien ! je ne puis prendre sur moi la responsabilité d'un pareil acte ; vous laisser ainsi vous livrer à vos implacables ennemis et vous vouer à une mort inévitable et horrible.

Le Chasseur hocha tristement la tête.

— Mon général, répondit-il avec une émotion contenue, je vous rends grâce pour le grand intérêt que vous daignez témoigner à un pauvre diable tel que moi ; mais à quoi suis-je bon sur cette terre, où je pèse depuis si longtemps sans profit pour personne ? A rien. Une occasion se présente de me dévouer pour une enfant à laquelle j'ai dû la vie dans une circonstance terrible ; laissez-moi, je vous en supplie du fond de mon cœur, payer à elle et à son père la dette de la reconnaissance ; peut-être ne retrouverai-je jamais une aussi belle occasion que celle-ci pour m'acquitter.

— Mais, malheureux entêté que vous êtes ! s'écria le général, qui, sous une feinte colère, essayait de cacher l'émotion réelle qui le gagnait, c'est à la mort que vous marchez !

— Eh ! qu'importe, mon général ? qu'importe que je vive ou que je sois massacré par ces bêtes féroces, si en mourant j'ai la joie immense de sauver cette belle et chaste jeune fille, et de la rendre à son père que le désespoir de sa perte accable d'une douleur que seul son retour pourra consoler ?

— Je vous en supplie, mon ami, n'insistez pas davantage pour obtenir ce consentement que je ne veux et que je ne dois pas vous donner.

— J'insiste et j'insisterai, au contraire, de toutes mes forces, mon général, car il faut que vous m'accordiez ce que je vous demande.

— Jamais ! s'écria le général Richepance d'une voix ferme.

Il y eut un nouveau silence.

Le général avait repris sa promenade saccadée à travers le salon ; M. de la Brunerie pleurait ; le Chasseur semblait préoccupé.

Le général Richepance l'examinait à la dérobée.

— Voyons, dit-il au bout d'un instant en revenant à lui, toute question a deux faces, n'est-ce pas ?

— On le dit, mon général, répondit distraitement le Chasseur.

— Essayons de tourner la difficulté.

— Je le veux bien, mon général. A mon humble avis, il n'y a que deux moyens de sauver mademoiselle Renée de la Brunerie.

— Ah ! vous le voyez, mon ami, vous reconnaissez vous-même qu'il existe un autre moyen de sauver cette malheureuse jeune fille, que celui que vous me proposez.

— Je vous demande pardon, mon général, mais je n'ai jamais prétendu le contraire.

— Voyons donc ce moyen, mon brave ; je suis convaincu à l'avance qu'il est excellent.

— Il est excellent, en effet, mon général, répondit le Chasseur avec une pointe imperceptible d'ironie ; mais je vous confesse que je le crois d'une exécution très-difficile.

— La difficulté n'est rien, mon ami, c'est la réussite qui importe. Voyons, de quoi s'agit-il ?

— Tout simplement d'enlever cette nuit même le fort Saint-Charles par un coup de main, et cela si brusquement, que les rebelles, poussés l'épée dans les reins et contraints de fuir en toute hâte, n'aient point le temps, avant d'évacuer le fort, d'assassiner la malheureuse jeune fille, que j'ai juré, moi, de sauver à tout prix.

— Assassiner mademoiselle de la Brunerie !... s'écria le général avec une douloureuse stupéfaction ; ce serait un acte odieux, horrible !

— Croyez-vous donc, mon général, que des nègres révoltés soient bien délicats sur leurs moyens de vengeance, surtout lorsqu'ils se sentent à peu près vaincus ? Que veulent-ils, en somme, aujourd'hui que leur cause est perdue, que leur espoir est déçu ? Rendre le mal pour le mal, voilà tout ; et plus la douleur qu'ils causent à leurs ennemis est grande, plus ils sont satisfaits ; je les connais, moi, je ne me trompe pas sur leur compte ; croyez-

moi, mon général, ils possèdent des raffinements de cruauté dont vous êtes loin de vous douter.

— Mais alors, ce sont des barbares, des sauvages !

— Eh ! mon général, ce sont des gens réduits au désespoir.

— Oh ! quelle guerre ! s'écria celui-ci avec horreur.

— J'en reviens, mon général, à ce que j'avais l'honneur de vous dire : Pouvez-vous espérer enlever le fort Saint-Charles de la façon que je vous ai indiquée cette nuit même ?

— Vous savez bien, mon ami, que cela est complétement impossible ; c'est mal à vous de m'obliger à convenir de mon impuissance.

— Mon général, j'ai l'honneur de vous faire observer que vous vous méprenez complétement sur mes intentions ; telle n'a jamais été ma pensée ; je voulais seulement vous amener à convenir de ceci : à savoir que vous ne pouvez rien.

— Hélas ! ce n'est malheureusement que trop vrai, mon ami.

— Alors, puisqu'il en est ainsi, vous voyez donc bien, mon général, qu'il faut absolument nous en tenir à mon projet.

— Ne revenons plus là-dessus, je vous prie, mon ami.

— Vous êtes donc résolu, mon général, à me refuser cette permission ?

— Résolu, oui.

— Vous ne changerez point, quoi que je vous dise, ou quoi que je fasse pour vous fléchir ?

— Mon parti est pris d'une manière irrévocable ; ainsi, je vous le répète, n'insistez pas davantage sur ce sujet, tout serait inutile.

— C'est bien, mon général, je n'insisterai pas, puisque vous me l'ordonnez, mais je dois vous avertir que, moi aussi, j'ai pris une résolution irrévocable et pas plus que vous, lorsque je me suis engagé à faire une chose, je ne change, pour rien au monde je ne consentirais à manquer à une parole donnée, cette parole ne l'eussé-je donnée qu'à moi-même.

— Que voulez-vous dire, mon ami ?

— Je veux dire ceci, mon général : je me suis engagé envers M. de la Brunerie à lui rendre sa fille ; je la lui rendrai ou je perdrai la vie.

— Mais, mon ami, réfléchissez donc !

— Toutes mes réflexions sont faites, mon général ; je n'insisterai pas davantage sur ce sujet, on ne discute pas les partis pris ; vous et moi nous avons pris le nôtre.

— Que prétendez-vous faire ?

— Ce que je vous ai dit, mon général. Vous ne voulez pas ; je veux ; voilà toute la question ; il nous faut donc sortir au plus vite d'une situation qui, en se prolongeant, ne peut que devenir plus embarrassante ; pour cela il n'y a qu'un moyen.

— Lequel ? au nom du ciel ! Mieux que personne, mon ami, vous savez l'intérêt immense que j'attache à cette affaire ! Et si...

— Je le sais, oui, mon général, dit le Chasseur en interrompant Richepance ; aussi pour cela même n'hésiterai-je pas à trancher la question.

— Tranchez-la donc, je ne demande pas mieux, moi ! Mais comment ?

— Oh ! bien facilement, allez, mon général ; vous allez voir.

Le Chasseur se dirigea vers un piédouche, sur lequel était placée une grande pendule en rocaille, pur Pompadour ; devant cette pendule, le général Richepance, à son retour de la tranchée, avait déposé une magnifique paire de pistolets d'arçon.

Le Chasseur appuya tranquillement son fusil contre le piédouche, prit les pistolets et en fit jouer les batteries.

— Prenez garde ! dit le général qui suivait tous les mouvements du Chasseur, avec une extrême surprise, et cherchait à deviner ses intentions ; prenez garde, mon ami, ces pistolets sont chargés !

— Ah ! fit le chasseur en souriant avec une expression singulière ; vous en êtes sûr ?

— Pardieu !

L'Œil Gris passa la baguette dans les canons, et visita scrupuleusement les amorces.

— En effet, répondit-il, ils sont chargés ; vous ne vous étiez pas trompé, mon général.

— Je vous l'avais dit.

Le Chasseur arma froidement les deux pistolets et montrant le cadran de la pendule au général Richepance :

— Veuillez, je vous prie, mon général, dit-il, regarder l'heure à cette pendule.

— Il est onze heures moins le quart ; pourquoi me demandez-vous cela, mon ami ?

— Vous allez le savoir, mon général ; et vous me connaissez assez, je l'espère, pour comprendre que tout ceci est sérieux, et que ce que je vais vous dire, je le ferai sans hésiter.

— Mais enfin, expliquez-vous ; vos étranges manières, depuis un instant, me remplissent d'inquiétude. Que voulez-vous faire, au nom du diable ! et pourquoi jouez-vous ainsi avec ces armes ?

— Mon général, si vous ne m'accordez pas le consentement que je vous ai demandé...

— Encore !

— Toujours. Si vous ne m'accordez pas cette permission, lorsque la grande aiguille de la pendule sera sur le chiffre onze, au premier coup de onze heures, je me brûlerai la cervelle.

— C'est de la folie, cela !

— C'est tout ce que vous voudrez, mon général, mais je vous donne ma parole d'honneur que cela

sera ; maintenant, vous avez treize minutes devant vous pour accepter ou pour refuser.

— C'est cela, que vous appelez trancher une question, vous ?

— Oui, mon général. Nous sommes, vous et moi, doués d'une formidable dose d'entêtement, eh bien, d'ici à quelques minutes, on verra quel est celui de nous deux qui en possède davantage ; ainsi, d'une façon ou d'une autre, la question sera tranchée.

— Ah ! mon ami ! s'écria le planteur en se levant vivement et en accourant à lui ; songez que vous êtes le seul ami resté fidèle à ma pauvre enfant ! Seul, peut-être, vous pouvez la sauver ! Je vous en supplie, renoncez à ce fatal projet !

— Adressez-vous au général en chef, monsieur, répondit froidement le Chasseur ; lui seul est cause de tout ceci ; c'est lui qui s'oppose à la délivrance de votre fille.

— Moi ? s'écria le général avec force, moi ?

— Vous seul, oui, mon général, car, pour la dernière fois, je vous le répète, je l'aurais sauvée.

Et il leva lentement les pistolets en jetant un regard ferme sur la pendule.

Le général Richepance était en proie à une émotion étrange ; un combat terrible se livrait dans son cœur entre son amour et son devoir.

Sa position de commandant en chef lui défendait de laisser aller ainsi un homme à une mort certaine, sans aucune de ces raisons péremptoires où le salut d'une armée est en jeu et qui justifient le sacrifice en l'ennoblissant.

Mais une telle résolution brillait dans le regard calme et fier du Chasseur ; le général était si bien convaincu qu'il mettrait, sans hésiter, sa menace à exécution, qu'il se sentit vaincu, un refus de sa part devant immédiatement amener le résultat qu'il redoutait, c'est-à-dire la mort de l'homme qu'il voulait sauver.

— Désarmez et déposez ces armes, monsieur, dit-il d'une voix sombre ; puisqu'il n'est pas d'autre moyen de vous empêcher de commettre le crime que vous méditez, eh bien, soit ! je vous accorde ce que vous désirez si ardemment. Que votre sang retombe sur votre tête ! J'ai fait tout ce qui était en mon pouvoir pour vous empêcher d'accomplir ce projet insensé, équivalant pour vous à une condamnation à mort.

— Peut-être, mon général ! Je ne partage nullement votre opinion à ce sujet ; je suis même tellement convaincu du succès que je crois pouvoir vous affirmer que je sortirai sain et sauf de l'antre de ces tigres.

— Dieu le veuille ! fit le général Richepance en secouant la tête d'un air de doute.

— Quoi qu'il arrive, mon général, acceptez mes remerciements les plus sincères ; demain, à six heures du matin, je me présenterai aux avant-postes. Croyez-moi, général, ajouta le Chasseur avec mélancolie, je ne suis pas aussi près de la mort que vous le supposez ; peut-être se passera-t-il malheureusement bien des années avant qu'elle daigne, en me fermant enfin les yeux, terminer mes trop longues souffrances! Votre main, général. Merci encore et à demain!

— A demain, mon ami, répondit le général avec émotion en lui donnant une chaleureuse étreinte.

Le Chasseur prit son fusil, salua une dernière fois les deux hommes, appela ses chiens et sortit du salon d'un pas ferme.

IV

DANS LEQUEL LE COMMANDANT DELGRÈS ET LE CAPITAINE IGNACE CAUSENT DE LEURS AFFAIRES.

Il nous faut maintenant retourner sur les glacis du fort Saint-Charles, au moment où Télémaque, percé à la fois par les deux baïonnettes des ennemis auxquels, pendant si longtemps, il avait réussi à s'échapper, s'affaissa sur lui-même en appelant une dernière fois le capitaine Ignace à son secours.

Mademoiselle de la Brunerie, étroitement garrottée dans son hamac et qui, par un hasard providentiel, n'avait reçu aucune blessure au milieu de l'effroyable fusillade pétillant autour d'elle, avait roulé à terre auprès du cadavre du dernier de ses ravisseurs.

La jeune fille, à demi évanouie, à cause des poignantes émotions dont elle avait été assaillie depuis plusieurs heures, n'avait pas conscience des événements qui s'accomplissaient si près d'elle et dont, pour ainsi dire, elle était le centre ; elle se croyait en proie à un horrible cauchemar, et, mentalement, elle adressait à Dieu de ferventes prières.

Le capitaine Ignace était accouru en toute hâte, avec le gros des troupes composant la sortie, du côté où les appels répétés s'étaient fait entendre.

Il avait aperçu le hamac gisant sur le sol, s'en était emparé, puis il l'avait fait enlever par deux de ses soldats, et, tout en protégeant vigoureusement la retraite, il avait réussi à rentrer le dernier de tous dans le fort, maître de la précieuse proie qu'il payait si cher et que le Chasseur avait, un instant, espéré lui ravir.

La jeune fille avait été aussitôt transportée dans un appartement habité par le capitaine Ignace, sa femme et ses enfants.

Le mulâtre, après avoir instamment recommandé à sa femme de prendre les plus grands soins de la jeune prisonnière, s'était retiré afin d'aller rendre compte au commandant Delgrès, des événements qui achevaient de s'accomplir.

Le visage du féroce rebelle était radieux ; cet homme éprouvait pour Delgrès, dont la puissante intelligence l'avait subjugué, une admiration allant presque jusqu'au fanatisme.

Delgrès était tout pour lui.

Bien que l'intelligence étroite et même obtuse, sous certains rapports, du capitaine Ignace, ne lui permît pas toujours d'apprécier, à leur juste valeur, la profondeur de pensées et la grandeur de vues de cet homme réellement extraordinaire, dont le génie planait au-dessus de tous ceux dont il était entouré, et qui méritait mieux que d'être le chef de nègres souvent inconscients du bien comme du mal, Ignace, dompté et séduit par cette organisation d'élite si supérieure en tout à la sienne, en subissait le joug avec une docilité d'enfant, et, qu'on nous passe cette comparaison, peut-être triviale, mais qui rend parfaitement notre pensée, avec une fidélité de chien de Terre-Neuve, qui lèche la main qui le châtie et se sent tout heureux d'un regard ou d'une caresse.

Le capitaine Ignace avait deviné, depuis la fameuse soirée où Delgrès était arrivé si à propos au secours de Renée et du Chasseur de rats, bien que jamais le commandant n'en eût dit un mot ni à lui, ni à d'autres, l'amour profond de son chef pour mademoiselle de la Brunerie; le voyant triste, sombre, malheureux, une pensée avait germé dans l'esprit inculte du séide du chef des noirs de la Guadeloupe : s'emparer de la jeune fille quoi qu'il dût en coûter, et la livrer à Delgrès.

De la pensée à l'exécution, il n'y avait qu'un pas dans l'esprit du mulâtre.

Précédemment, on s'en souvient, il avait par deux fois tenté d'assassiner la pauvre enfant croyant que sa mort ne pouvait qu'être agréable à Delgrès, et aussi, disons-le, en haine du Chasseur de rats;

— sachant le commandant amoureux de mademoiselle de la Brunerie, il ne trouva rien de plus simple, rien de plus naturel, que d'enlever la jeune fille, la faire conduire au fort Saint-Charles, et la remettre à son chef, de l'assentiment duquel il se croyait assuré à l'avance, et auquel il s'imaginait faire une agréable surprise.

Ce projet une fois entré dans sa tête, il organisa avec cette astuce féline et cette patience cauteleuse innée chez la race noire, l'expédition chargée de mettre dans ses mains Renée de la Brunerie ; jamais, en effet, l'homme de couleur ne recule devant rien pour l'accomplissement d'un désir, si extravagant qu'il soit ; — puis, toutes choses réglées, l'expédition lancée, il attendit, calme et froid, le résultat de ses machinations.

Voilà pour quelles raisons, le capitaine Ignace se frottait joyeusement les mains et avait le visage radieux, en se rendant auprès de son chef bien-aimé auquel, au prix d'immenses sacrifices d'hommes et de sang, il avait, pensait-il, préparé une surprise devant le combler de joie.

Delgrès, retiré dans une salle de dimensions assez étroites ; meublée parcimonieusement d'une table, de quelques chaises et de rayons cloués au mur et sur lesquels étaient rangés une centaine de volumes traitant de stratégie militaire, était assis et écrivait à la lueur d'une lampe placée devant lui et recouverte d'un abat-jour qui, en concentrant toute la lumière sur la table, laissait le reste de la pièce dans une obscurité relative.

Cette chambre servait de cabinet à Delgrès ; c'était là que, loin des regards importuns, il se réfugiait pour se livrer au travail, combiner ses plans de défense et organiser la résistance.

Le mulâtre était bien changé, au physique et au moral, depuis le débarquement de l'armée française à la Basse-Terre.

A l'enthousiasme des premiers jours, avait succédé un abattement profond ; les premiers combats livrés par ses partisans aux Français, combats acharnés et si sanglants, lui avaient prouvé, par leurs résultats, l'impuissance des noirs, si grand que fût leur courage, à lutter contre les soldats aguerris de la République ; la défection presque générale des nègres des grandes habitations, qui avaient préféré se soumettre, à courir les risques d'une guerre impitoyable, avait ébranlé sa confiance dans la constance de ces hommes, incapables, il ne le savait que trop, de comprendre la grandeur du sacrifice qu'il leur avait fait.

Les nouvelles les plus tristes lui parvenaient incessamment de tous les points de l'île.

Les Français étaient partout reçu aux acclamations générales, et accueillis par les noirs eux-mêmes, non pas seulement comme des amis, mais encore comme des libérateurs.

Ses lieutenants ne pouvaient, en aucun endroit, parvenir à organiser une défense solide ou seulement réunir des forces capables, par leur nombre, de résister ou, tout au moins, de faire tête pendant quelques jours aux Français.

Delgrès, en moins de dix ou douze jours, en était arrivé à ce point terrible où un homme calcule froidement, quand il a un grand cœur, les quelques chances qui lui restent ; non pas de sortir vainqueur de la lutte qu'il a entreprise, mais de traîner la guerre en longueur, afin d'obtenir de bonnes conditions ; non pas pour lui, mais du moins pour les siens ; ces dernières chances, il sentait qu'elles lui échappaient les unes après les autres ; que bientôt il resterait, sinon complètement seul, entouré seulement de quelques hommes fidèles, ou trop compromis pour l'abandonner, et dont la résistance ne saurait être longtemps sérieuse.

En effet, il était trop habile pour se faire la moindre illusion sur les résultats du siége.

Le fort Saint-Charles, spécialement construit pour protéger la Basse-Terre contre l'ennemi du dehors, dominé de toutes parts, établi dans des conditions d'infériorité flagrantes, ne pouvait opposer une longue résistance à une armée brave, disciplinée, commandée par un général intrépide, célèbre, et qui, surtout, n'avait à redouter aucune attaque sur ses derrières, et avait ainsi toute facilité pour conduire les travaux avec sécurité.

La prise du fort Saint-Charles n'était donc qu'une question de temps ou, pour mieux dire de jours.

Chassé de Saint-Charles, quelle ressource restait-il à Delgrès?

La guerre des mornes.

Mais cette guerre, très-avantageuse aux noirs dans une île comme Saint-Domingue, dont l'étendue, d'au moins trois cents lieues de tour sur plus de soixante de large, est couverte d'épaisses forêts impénétrables, de mornes inaccessibles, où les noirs poursuivis trouvent un refuge assuré contre les ennemis, les harcèlent et les détruisent en détail, était impossible dans une île comme la Guadeloupe ; cette île n'ayant tout au plus que quatre-vingts lieues de tour, dont la moitié au moins, la Grande-Terre, n'est composée que de plaines basses, où, en quelques jours, les insurgés, retranchés dans les mornes et les bois, seraient cernés par l'armée française, et contraints à se rendre, ou à mourir de faim.

Le mulâtre ne se faisait donc aucune illusion sur les résultats d'une guerre entreprise dans une pensée noble et généreuse, il est vrai, mais où manquaient soldats et officiers habiles, et surtout cette foi qui souvent fait accomplir les prodiges contre un ennemi puissant, disposant de ressources immenses en armes et en soldats ; tandis que, lui au contraire, ne pouvant plus compter sur aucun secours de l'intérieur, se trouvait réduit à ses propres forces qui, par surcroît de malheur, diminuaient dans des proportions énormes, et semblaient fondre dans ses mains.

Le chef des révoltés sentait donc la terre trembler sous ses pas et prête à lui manquer totalement ; il envisageait bravement sa position en face, et calculait combien de jours, combien d'heures peut-être, lui resteraient encore pour soutenir cette lutte désespérée, avant de succomber, sans espoir de se relever jamais de sa chute.

Telles étaient les dispositions d'esprit dans lesquelles se trouvait Delgrès, au moment où le capitaine Ignace ouvrit la porte du cabinet et se présenta devant lui, le sourire sur les lèvres.

Delgrès fut intérieurement charmé de cette interruption ; elle l'enlevait pour un moment à ses tristes préoccupations ; par un effort de volonté, il rendit à son visage l'impassibilité froide qui lui était ordinaire, et après avoir indiqué un siége à son fidèle

— Soyez le bienvenu, capitaine Ignace, lui dit-il, quoi de nouveau ?

— Pas grand'chose, mon commandant, répondit respectueusement Ignace.

— Est-ce que le fort n'a pas tiré, il y a un moment ?

— Pardonnez-moi, commandant, nous avons eu une escarmouche du côté du Galion.

— Des détachements sont sortis ?

— Une centaine d'hommes, au plus.

— Vous savez, capitaine, que je vous ai prié de ne plus risquer de sorties ; elles ont le triple désavantage de fatiguer les hommes, de nous faire perdre du monde et d'être inutiles, maintenant surtout que l'ennemi a poussé ses tranchées presque sous le feu de la place.

— C'est vrai, commandant, mais cette fois il y avait urgence absolue.

— Comment cela ?

— L'ennemi avait occupé, au commencement de la soirée, une position assez forte, d'où il incommodait beaucoup la garnison ; il était donc important de le déloger, avant qu'il se fût solidement établi sur ce point.

— Et alors ?

— Alors, nous l'avons culbuté à la baïonnette et nous l'avons rejeté en désordre dans ses lignes, en bouleversant ses tranchées et en enclouant plusieurs pièces.

Ce récit, fait avec un si merveilleux aplomb par le capitaine, n'avait qu'un défaut, c'était d'être à peu près complètement faux ; mais le capitaine Ignace avait, on le sait, à justifier sa conduite.

— Très-bien, dit Delgrès en souriant ; mais mon cher camarade, il m'est permis de vous le dire à vous sur qui je puis compter, nous serons avant peu contraints, sinon de nous rendre, du moins d'évacuer le fort.

— Le croyez-vous réellement, commandant ?

— Je ne conserve, malheureusement, pas le moindre doute à cet égard.

— Diable ! la situation se complique, alors ?

— C'est selon le point de vue où l'on se place pour la juger, mon camarade, répondit Delgrès en souriant avec amertume ; d'autres diraient qu'elle se simplifie.

— Dans un cas comme dans l'autre, elle devient critique, n'est-ce pas, commandant ?

— Oui, très-critique, capitaine ; aussi, en y réfléchissant, m'est-il venu une idée que je crois bonne.

— Venant de vous, commandant, cette idée ne saurait être qu'excellente.

— Merci, dit froidement Delgrès, j'ai compté sur vous pour son exécution.

— Vous savez, commandant, que je vous appartient corps et âme.

— Voilà pourquoi je vous ai choisi, mon ami. En deux mots, voici ce dont il s'agit ; écoutez-moi bien.

— Je suis tout oreilles.

— Vous comprenez, n'est-ce pas, que je ne consentirai jamais à une capitulation, si avantageuse qu'elle soit.

— D'ailleurs, les conditions n'en seraient pas tenues par les Français.

— Peut-être ; mais là n'est pas la question. Je ne veux pas non plus risquer un assaut, qui nous causerait inutilement des pertes énormes, ni enfin, en dernier lieu, abandonner le fort aux ennemis.

— Cependant, il me semble qu'il est bien difficile de ne pas employer un de ces trois moyens, commandant ?

— Il vous semble mal, capitaine ; voici mon projet : demain ou cette nuit même, ce qui peut-être vaudra mieux, vous profiterez de l'obscurité pour sortir du fort.

— Moi !

— Vous-même. Vous emmènerez avec vous quatre ou cinq cents hommes ; vous aurez soin de les choisir parmi les plus résolus de la garnison. Vous m'écoutez avec attention, n'est-ce pas ?

— Oui, mon commandant.

— Très-bien. A la tête de cinq cents hommes vous tournerez, si cela vous est possible, les lignes françaises ; mieux vaudrait éviter le combat et opérer silencieusement et sans être aperçu votre retraite.

— J'essayerai, commandant ; bien que ce soit difficile de mettre en défaut la vigilance des Français, qui ne dorment jamais que d'une oreille et les yeux ouverts. Mais si je ne réussis pas ?

— Alors, capitaine, à la grâce de Dieu ! Vous croiserez la baïonnette et vous vous ouvrirez passage ; il faut que vous passiez n'importe comment.

— Soyez tranquille, commandant, je passerai.

— J'ai l'intention de me retirer à la Soufrière avec tout notre monde ; la position est formidable, nous pourrions y traîner la guerre en longueur, et surtout attendre en toute sûreté les secours qui ne sauraient manquer de nous arriver bientôt.

— Ah ! ah ! nous attendons donc des secours, commandant ? demanda le capitaine avec surprise.

— Des secours nombreux, oui. Mais, chut ! pas un mot à ce sujet : j'en ai peut-être trop dit déjà, mais je suis certain de votre silence, n'est-ce pas, capitaine ?

— Je vous le promets, commandant.

Delgrès n'attendait aucun secours, par la raison toute simple qu'il était impossible qu'il en reçût du dehors ou du dedans ; seulement il connaissait la crédulité des noirs, et il savait que le péché mignon du capitaine était une notable intempérance de langue ; il comptait sur cette intempérance même, pour que la nouvelle qu'il lui confiait à l'oreille, se répandit rapidement parmi ses adhérents, sur l'esprit desquels elle ne pouvait manquer de produire un excellent effet.

— Mais, continua-t-il d'un ton confidentiel, pour que notre position soit solidement établie à la Soufrière, il faut nous assurer de ses abords, afin surtout de tenir nos communications ouvertes avec la mer. Me comprenez-vous ?

— Parfaitement, oui, commandant ; répondit Ignace qui se gardait bien d'y voir malice et d'y comprendre un seul mot.

Delgrès comptait aussi sur le manque d'intelligence de son lieutenant.

Il continua : ·

— Il faut donc nous retrancher au Matouba.

— En effet, dit Ignace.

— Il y a là deux habitations situées dans des positions excellentes, fortifiées admirablement par la nature et d'où il nous sera facile de commander le pays à plusieurs lieues à la ronde.   ·

— Oui, commandant. Je connais parfaitement ces deux habitations, ce sont de véritables forteresses ; elles se nomment, attendez donc, oui, j'y suis : l'habitation de Vermont et l'habitation d'Anglemont.

— C'est cela même ; vous vous en emparerez ; de plus, il se trouve à une courte distance de là des fortifications à demi ruinées ; vous les relèverez et vous les remettrez, autant que cela vous sera possible, en état de défense.

— Soyez sans crainte, commandant, je ne perdrai pas une seconde ; vos ordres seront exécutés ponctuellement et à la lettre.

— J'en ai la conviction, mon cher capitaine. Il est inutile ; n'est-ce pas, de vous recommander de rallier autour de vous tous ceux de nos adhérents en ce moment disséminés dans les mornes et les grands bois, et de faire rassembler aux deux habitations le plus de vivres et de munitions de guerre qu'il vous sera possible de réunir ?

— Rapportez-vous-en à moi pour cela, commandant. Mais, vous, que ferez-vous ici pendant ce temps là ?

— Oh ! moi, je ne demeurerai pas inactif, soyez tranquille ; je préparerai tout pour faire sauter le fort, puis je l'évacuerai ; et je vous promets que, si vigilants que soient les Républicains, je réussirai à les tromper. Des hauteurs du Matouba où vous vous trouverez, vous serez avertis de ma retraite par l'explosion du fort à laquelle vous assisterez en spectateurs désintéressés.

— C'est vrai, dit en souriant le capitaine.

— Ainsi, mon cher camarade, voilà qui est bien convenu : vous garderez toutes les avenues de la Soufrière et vous vous emparerez des deux habitations Vermont et d'Anglemont.

— A quelle heure quitterai-je le fort commandant ?

— Voyons, il est dix heures et demie ; il vous faut partir entre minuit et demi et une heure du matin ; c'est le moment où la rosée commence à tomber ; les sentinelles sont engourdies par le froid et le sommeil ; vous ne sauriez choisir un moment plus favorable pour le succès de votre expédition. Et, maintenant, capitaine, voulez-vous souper avec moi, sans façon ?

— Vous me comblez, mon commandant.

— Allons, nous trinquerons une fois encore ensemble avant notre séparation qui, malheureusement, je le crains, sera de courte durée.

— Vous redoutez donc sérieusement, commandant, de ne pouvoir vous maintenir longtemps encore dans la place ?

— Avant trois jours, les batteries françaises auront éteint tous nos feux ; ils nous serreront de si près que l'assaut deviendra inévitable. Ah ! si nous n'avions affaire qu'aux troupes de la colonie, nous en aurions eu bon marché ! mais il se trouve en face de nous un général habitué aux grandes guerres européennes ; des soldats qui ont vaincu les meilleures troupes du vieux monde ; que pouvons-nous faire, nous chétifs, contre de pareils géants ? Mourir bravement, voilà tout, et, le cas échéant, nous saurons accomplir ce devoir suprême.

— C'est triste ! murmura le capitaine en hochant la tête.

— Pourquoi cela ? s'écria vivement Delgrès dont un éclair illumina subitement le regard ; nous aurons la gloire de leur avoir résisté ? N'est-ce donc rien, cela ? Nous succomberons, il est vrai, mais vaillamment les armes à la main, la poitrine tournée vers nos ennemis ; notre défaite même nous fera illustres, nous ne mourrons pas tout entiers ; nos noms nous survivront sur l'océan des âges ; nous léguerons notre exemple à suivre à ceux qui viendront après nous et qui, plus heureux que nous ne l'aurons été, conquerront, eux, cette liberté dont nous aurons été les précurseurs et que nous n'aurons fait qu'entrevoir ! Le siècle qui commence mon ami, est une de ces époques fatidiques dans l'histoire du monde, plus grandes encore par les idées généreuses qu'elles enfantent que par la gloire dont elles rayonnent ! et qui sont une date grandiose dans le martyrologe de l'humanité ; les semences d'une régénération universelle, éparpillées depuis deux siècles déjà sur tous les points du globe, commencent leur germination ; la faible plante grandira vite et se fera arbre pour abriter sous son ombre majestueuse, et cela avant soixante ans, la rénovation générale conquise, non par l'épée, mais par la pensée. Nous ne verrons pas cela nous autres, mais du moins nous aurons la gloire de l'avoir pressenti !

Oui, Ignace, mon fidèle ! continua-t-il avec une

La femme du capitaine Ignace, jeune et charmante mulâtresse (page 27).

animation croissante, je vous le prédis, avant soixante ans, l'esclavage, ce stigmate honteux, cette lèpre hideuse appliquée, verrue immonde, sur l'humanité, sera aboli à jamais et la liberté de la race noire proclamée hautement par ceux-là mêmes qui, aujourd'hui, sont les plus acharnés à maintenir son honteux asservissement !

Traçons donc courageusement notre sillon fécond ; accomplissons jusqu'au bout, et quoi qu'il advienne de nous, notre tâche pénible, et à nous reviendra l'honneur d'avoir les premiers affirmé glorieusement le droit de nos frères, de prendre la place qui leur est due au milieu de la grande famille humaine !

Mais pardonnez-moi, Ignace, de vous parler ainsi ; ajouta-t-il en changeant de ton. Je me laisse, malgré moi, entraîner au torrent d'idées qui m'emporte ! Ce qui doit être sera. Laissons cela.

Soupons, mon ami, et choquons nos verres à l'espérance, et surtout à de meilleurs jours !

Delgrès frappa alors sur un gong, point d'orgue terrible qui, accentuant les chaleureuses paroles du mulâtre, fit malgré lui, tressaillir Ignace.

Un moment après, une porte s'ouvrit et quatre noirs parurent, portant une table toute servie.

Les deux hommes prirent place et le repas commença.

Delgrès savait parfaitement, lorsque cela lui plaisait, faire les honneurs de chez lui ; cette fois il se surpassa et se montra charmant amphitryon et excellent convive.

Pendant le repas, la conversation entre les deux hommes fut vive, enjouée, pétillante même; nul n'aurait deviné, à les voir et surtout à les entendre, les dangers terribles qui planaient sur leurs têtes.

Lorsque le dessert eût été placé sur la table,

Delgrès fit un signe, les domestiques se retirèrent.

— A votre réussite! dit le chef des révoltés à son convive, en choquant son verre contre le sien.

— A votre succès au fort Saint-Charles, mon commandant! répondit Ignace.

Les cigares furent allumés.

— Voyons dit tout à coup Delgrès en regardant fixement le capitaine, expliquez-vous une fois pour toutes, mon ami, cela vaudra mieux.

— Moi, mon commandant, que je m'explique? fit le capitaine pris ainsi à l'improviste, avec l'expression d'une surprise feinte ou réelle, mais certainement parfaitement jouée.

— Oui, mon cher Ignace, depuis votre entrée dans mon cabinet, je vous examine à la dérobée, et je lis sur votre visage un je ne sais quoi de singulier, d'étrange même, s'il faut le dire, qui m'intrigue, et, pourquoi ne l'avouerais-je pas, qui m'inquiète; et tenez, en ce moment, vous détournez la tête; vous semblez embarrassé. Pardieu! mon camarade, si vous avez commis quelques-unes de ces excentricités parfois un peu fortes dont vous êtes coutumier, confessez-vous bravement, je vous donnerai l'absolution; je ne suis pas pour vous un juge bien sévère, que diable! plusieurs fois déjà vous avez été à même de vous en apercevoir.

— Ma foi, mon commandant, je ne sais pas comment vous vous y prenez, mais cette fois, comme toujours, vous avez deviné. J'ai quelque chose là! ajouta-t-il en se donnant une vigoureuse tape sur le front; quelque chose enfin qui me taquine. Je crains, depuis quelques instants, d'avoir commis une sottise, et cela avec les meilleures intentions du monde.

— C'est toujours ainsi que cela arrive, mon cher capitaine; mais si la sottise dont vous parlez est réparable, en somme le mal ne sera pas grand.

— Peut-être... Plus j'y réfléchis, mon commandant, et plus je suis forcé de reconnaître, à ma honte, que j'ai eu tort de faire ce que j'ai fait.

— Expliquez-vous franchement, sans arrière-pensée. Allez, capitaine, je vous écoute.

— Eh bien, commandant, puisque vous l'exigez, je vous avouerai tout, et cela maintenant avec d'autant plus d'empressement que, devant abandonner le fort dans une heure, j'aurais toujours été obligé de tout vous dire avant mon départ.

— Ceci est une raison, fit Delgrès en souriant.

Le capitaine Ignace détourna la tête, saisit une bouteille de rhum, vida plus de la moitié de la liqueur qu'elle contenait dans un grand verre qu'il avala d'un trait, aspira deux ou trois énormes bouffées de tabac, posa son cigare sur le bord de son assiette, et prenant enfin son parti:

— Commandant, s'écria-t-il d'une voix sourde, je suis un misérable!

— Vous en avez menti, capitaine! s'écria vivement Delgrès, qui connaissait son homme mieux que celui-ci ne se connaissait lui-même.

Le capitaine remua deux ou trois fois la tête d'un air de doute et de honte à la fois.

— Si, commandant, reprit-il, je suis un misérable, mais je le répète, mon intention était bonne, ma faute provient de mon dévouement.

— Vous savez, capitaine, que vous procédez par énigmes, et que je ne vous comprends pas du tout.

— Cela ne m'étonne pas, commandant, c'est à peine si je me comprends moi-même!

— Voyons, capitaine, finissons-en, expliquez-vous.

— M'y voici, puisqu'il le faut. Depuis quelques jours, commandant, je m'étais aperçu que vous étiez en proie à une tristesse sombre, que rien ne pouvait vaincre; cela me tourmentait, m'inquiétait même, de vous voir ainsi; cependant je n'osais vous interroger, d'ailleurs vous ne m'auriez pas répondu.

— C'est probable, murmura Delgrès.

— Alors, comme je vous aime et que je souffrais de vous voir malheureux, je cherchai quelle pourrait bien être la cause de cette tristesse.

— L'avez-vous trouvée?

— Je le crus, du moins.

— Quelle était cette cause?

— Pardonnez-moi, commandant, mais puisque vous l'exigez, je vous avouerai tout; je sais très-bien que jamais vous ne m'en avez rien dit; cependant j'ai deviné l'amour profond que vous avez au cœur pour la fille d'un des plus riches planteurs blancs; cette jeune fille...

— Ne prononcez pas son nom ici, capitaine! interrompit vivement le mulâtre.

— Soit, mon commandant, je me tairai même si vous le désirez, répondit humblement Ignace.

— Nullement, nullement, continuez, capitaine, continuez, au contraire. Quel parti prîtes-vous après cette découverte?

— Eh bien, commandant, je me dis alors que ce qui vous faisait ainsi souffrir, c'était d'être séparé de celle que vous aimez.

— Alors?

— Alors, commandant, je résolus de vous réunir à elle; comme il vous était impossible d'aller la rejoindre, il fallait que ce fût elle qui vînt vers vous. Vous savez, commandant, lorsque malheureusement une idée se glisse dans ma cervelle, à tort ou à raison, il faut que je l'exécute.

— Malheureux! s'écria le commandant, avec agitation, qu'avez-vous osé faire?

— Oui, je le reconnais maintenant, j'ai eu tort; murmura Ignace avec abattement.

— Parlez? mais parlez donc?

— J'ai... mais ne me regardez pas ainsi, je vous en prie, commandant, puisque je reconnais mes torts.

— Ah ! je comprends tout, maintenant ! s'écria Delgrès avec indignation. Vous avez enlevé cette jeune fille ?

— C'est vrai, commandant ; seulement, je ne l'ai point enlevée, je l'ai fait enlever par des hommes sûrs ; ils se sont introduits secrètement dans l'habitation de son père, sont parvenus à s'emparer d'elle et à la conduire ici.

— Ici ! elle est ici ?

— Oui, commandant.

— Oh ! malheureux, qu'avez-vous fait ? s'écria-t-il avec douleur. Vous m'avez déshonoré aux yeux de cette jeune fille !

— Moi, commandant ?

— Elle est convaincue que c'est moi qui l'ai fait enlever ; son estime, que j'avais eu tant de peine à conquérir, vous me l'avez fait perdre sans retour ; jamais elle ne supposera que la pensée de ce crime odieux soit venue à un autre qu'à moi !

— Commandant, je me suis conduit comme un scélérat, comme un misérable ! mais la faute que j'ai commise doit retomber sur moi seul ; jamais je ne consentirai qu'il en soit autrement. Cette jeune fille, je ne l'ai pas vue encore, je ne lui ai même pas adressé la parole, je l'ai confiée à Claircine, ma femme. Je vous jure que, avant de quitter le fort, je réparerai, autant que cela dépendra de moi, le mal que j'ai fait, sans le vouloir. Mais, je vous en supplie, commandant, nous allons, dans un instant, nous séparer, peut-être pour toujours, ne me laissez pas vous quitter ainsi, sous le poids de votre colère ; ne me pardonnez pas, ma faute est trop grande, ce serait trop exiger de vous, mais dites-moi un mot, un seul, qui me fasse espérer que vous me pardonnerez un jour ?

Delgrès, par un effort suprême de volonté, avait reconquis toute sa puissance sur lui-même ; son visage était redevenu de marbre ; il sourit tristement, et, tendant la main au capitaine :

— Puis-je vous en vouloir, mon ami ? lui dit-il d'une voix douce ; vous croyiez bien faire ! Allez, je parlerai à cette jeune fille, et peut-être ajoutera-t-elle foi à mes protestations lorsqu'elle verra ma douleur.

Ignace serra avec force la main de Delgrès ; il fit un mouvement comme s'il voulait parler, mais il se ravisa, se leva de table, et sortit d'un pas rapide, sans répondre un mot.

— Mon Dieu ! murmura le mulâtre lorsqu'il fut seul, cette douleur m'était donc réservée !

Et il laissa tomber tristement sa tête sur sa poitrine.

V

OU LE CAPITAINE IGNACE APPARAIT SOUS
UN NOUVEAU JOUR

Mademoiselle Renée de la Brunerie était évanouie.

Mais cet évanouissement n'avait rien de dangereux ; il était causé, et cela se comprend facilement chez une jeune fille frêle et délicate, accoutumée à toutes les recherches d'une existence luxueuse, bien plus par l'émotion qu'elle avait dû éprouver, la gêne affreuse à laquelle, pendant plus de deux heures, elle avait été soumise, torture physique à laquelle était venue se joindre une torture morale, l'ignorance du sort qu'on lui réservait, que par des souffrances maladives quelconques.

La femme du capitaine Ignace, jeune et charmante mulâtresse, aux traits doux et intelligents, au regard mélancolique, se hâta de prodiguer à la jeune fille que son mari lui avait confiée si à l'improviste, ses soins empressés et de lui témoigner cette touchante sollicitude dont les femmes ont seules le secret et que réclamait impérieusement l'état de la belle prisonnière.

Claircine, nous lui avons entendu donner ce nom harmonieux par son mari lui-même, avait fait transporter, par deux domestiques, la jeune fille dans une chambre assez petite, mais élégamment meublée, servant de chambre à coucher ; et là on l'avait étendue sur un lit fort propre.

Au bout de quelques minutes, mademoiselle de la Brunerie ouvrit les yeux et reprit connaissance. Ses regards se fixèrent d'abord sur ceux de madame Ignace qui, penchée sur elle, la contemplait avec une expression d'intérêt et de bonté touchante à laquelle il était impossible de se tromper.

— Vous êtes bonne et je vous remercie, madame, dit Renée d'une voix faible.

— Comment vous sentez-vous, madame ? demanda la créole avec une douceur dans la voix et l'accent, dont la malade se sentit émue au fond de l'âme.

— Mieux, bien mieux, madame ; dans un instant, je serai, je le crois, en état de me lever ; l'émotion, la frayeur, que sais-je ? m'ont fait perdre connaissance, mais à présent je suis bien.

— Ne vous levez pas encore, madame ; attendez pour le faire que vos forces soient complètement revenues.

— Je vous obéirai, répondit la jeune fille ; vous avez une si douce façon d'ordonner que je ne me sens pas le courage de vous résister.

— Allons, je vois avec plaisir que cette syncope

qui m'inquiétait si fort n'aura pas de suites dange-
reuses.

— Je vous assure que je me sens tout à fait gué-
rie ; si vous le permettez, je quitterai ce lit ?

— J'y consens ; mais à une condition : c'est que
vous vous placerez, ne serait-ce que pour quelques instants, dans ce fauteuil, là près de cette
table.

— Combien je regrette de ne pas être plus sérieusement indisposée ? dit la jeune fille en s'asseyant
sur le fauteuil ; c'est réellement un plaisir d'être
soignée par une si charmante garde-malade.

— Vous êtes une flatteuse, madame.

— Nullement ; je dis, je vous jure, ce que je
pense.

En ce moment, une servante vint annoncer à sa
maîtresse que le souper était servi et que le capitaine, retenu par le commandant, n'assisterait
point au repas.

— Avez-vous besoin de prendre quelque chose,
madame ? demanda Renée à sa gentille hôtesse.

— Me permettez-vous d'être franche, madame ?
répondit en souriant la jeune fille.

— J'exige la plus grande franchise.

— Eh bien, je vous avoue, puisqu'il en est ainsi,
que n'ayant rien pris ou du moins fort peu de chose
depuis hier soir, j'ai grand appétit.

— Tant mieux, alors ! dit galment la jeune femme ; mon mari est retenu par son service, nous
souperons toutes deux, tête à tête ; mes enfants
sont couchés et dorment, nous pourrons causer
tout à notre aise.

— Voilà qui est charmant, dit Renée en riant.

— Donnez-moi votre bras, ma belle malade,
et passons, s'il vous plaît dans la salle à manger.

Ce qui avait été dit fut aussitôt exécuté ; les
deux jeunes femmes prirent place à table en
face l'une de l'autre, et commencèrent leur repas.

Cependant Renée de la Brunerie avait sur les
lèvres une question que, depuis quelques instants, elle brûlait de faire sans oser s'y décider ;
de son côté, la belle créole était curieuse aussi de
connaître la personne que son mari lui avait amenée si inopinément.

A un certain moment du repas, les deux jeunes
femmes se surprirent à se regarder à la dérobée ;
la maîtresse donna un ordre muet auquel les domestiques obéirent en se retirant aussitôt.

— Maintenant, nous voici seules, rien ne vous
gêne plus ; vous désirez m'adresser une question,
n'est-ce pas, madame ? dit Claircine avec un sourire engageant.

— C'est vrai, répondit mademoiselle de la Brunerie ; mais votre accueil si affectueux m'a jusqu'à
présent empêché de le faire.

— Parlez donc, je vous prie, madame ; si cela
dépend de moi, je répondrai franchement à ce que

vous me demanderez et je vous apprendrai ce que
vous désirez savoir.

— Je vous rends mille grâces, madame ; sans plus
tarder, je mets votre complaisance à contribution ;
je voudrais savoir en quel lieu je me trouve ; quelle
est la personne que je ne connais pas, pour laquelle
cependant j'éprouve déjà une sympathie si vive, et
dont je reçois une si affectueuse hospitalité ?

— Hélas ! madame, vous êtes ici au fort Saint-
Charles.

— Au fort Saint-Charles ?

— Oui ; vous avez été amenée dans cet appartement, qui est le mien, par le capitaine Ignace.

— Oh ! cet homme ! s'écria la jeune fille en
cachant sa tête dans ses mains avec épouvante.

— N'en dites pas de mal, je vous en supplie,
madame ! murmura Claircine d'une voix douce et
câline, je suis sa femme !

— Vous ! madame ? s'écria mademoiselle de la
Brunerie en la regardant avec surprise ; oh ! non,
c'est impossible !

— Pourquoi donc ?

— Vous, si belle, si bonne, la femme de...

— Je me nomme Claircine Muguet, interrompit
doucement la créole ; depuis cinq ans j'ai épousé
le capitaine Ignace.

— Pauvre femme !

— Je ne me plains pas, mon mari m'aime, il est
bon pour moi.

— Pardonnez-moi, je vous prie, madame, je ne
sais ce que je dis, mais votre mari m'a fait beaucoup de mal ; en ce moment encore, vous le voyez,
je suis sa prisonnière ! ajouta-t-elle avec amertume.

— Oh ! madame, s'écria Claircine en lui pressant affectueusement les mains, l'amour et le respect que je dois à mon mari ne me rendent pas
injuste, croyez-le bien ; je compatis très-sincère-
ment à vos souffrances et, si cela ne dépendait que
de moi, je vous le jure, bientôt vous seriez rendue
à ceux qui vous aiment.

— Vous êtes bonne, bien bonne, madame. Quels
que soient mes griefs contre votre mari, je le sens,
ajouta-t-elle en souriant à travers ses larmes, je ne
pourrai plus maintenant m'empêcher d'être votre
amie.

— Mais comment se fait-il que vous ayez été
ainsi faite prisonnière ce soir ? C'est à peine si mon
mari s'est absenté pendant une heure du fort pour
faire une sortie.

— Ce n'est pas ce soir que j'ai été faite prisonnière, ma chère Claircine, répondit tristement Renée ; la nuit passée j'ai été enlevée pendant mon
sommeil dans l'habitation de mon père, au milieu
de mes amis.

— Mon Dieu ! que me dites-vous donc là ?

— Je ne sais pas moi-même comment cela s'est

passé, reprit la jeune fille ; les rebelles, pardon, les hommes de couleur, avaient le matin attaqué la Brunerie.

— La Brunerie ?

— Hélas ! chère madame, je suis mademoiselle Renée de la Brunerie.

— Ah ! vous m'êtes doublement sacrée, alors mademoiselle.

— Je ne vous comprends pas, madame.

— Je suis la fille de la sœur de M. David, le commandeur de votre habitation.

— Vous êtes la nièce de ce bon et cher David ? s'écria Renée en embrassant madame Ignace avec effusion. Ah ! la sympathie qui m'entraînait vers vous ne me trompait pas ; même avant de vous connaître, je devinais que vous étiez mon amie.

Les deux charmantes jeunes femmes confondirent un instant leurs caresses.

— Continuez, je vous prie, madame.

— Appelez-moi Renée, chère Claircine.

— Eh bien, Renée, ma mignonne, fit la jeune femme en l'embrassant, continuez. Vous disiez que les rebelles...

— Oui, reprit mademoiselle de la Brunerie, pendant la matinée, ils avaient attaqué l'habitation ; après un combat très-vif, les nôtres les avaient repoussés. Le soir, rentrée chez moi après avoir passé la journée à soigner et à panser les blessés, me sentant un peu fatiguée, je m'étais étendue sur un hamac afin de prendre quelques instants de repos ; peu à peu le sommeil ferma mes yeux, je m'endormis. Je ne saurais dire depuis combien de temps je dormais ainsi, lorsque tout à coup je fus éveillée en sursaut ; je voulus crier, appeler à mon secours, cela me fut impossible : j'avais été garrottée et bâillonnée dans mon hamac pendant mon sommeil. Je sentis que plusieurs hommes m'enlevaient dans leurs bras et m'emportaient rapidement ; puis je n'entendis et ne sentis plus rien, la terreur m'avait fait perdre connaissance.

— Pauvre chère enfant !

— Lorsque je revins à moi, je m'aperçus que j'étais libre, libre seulement de mes mouvements, bien entendu ; mon hamac était accroché à deux énormes fromagers dont la majestueuse ramure s'étendait au-dessus de moi ; j'étais au plus profond des mornes, dans une forêt vierge ; plusieurs hommes, mes ravisseurs probablement, buvaient et mangeaient à quelques pas de moi ; je ne reconnus aucun de ces hommes ; lorsqu'ils s'aperçurent que j'avais ouvert les yeux, celui qui semblait être leur chef s'approcha respectueusement de moi et me demanda si j'avais besoin de quelque chose ; j'acceptai deux ou trois oranges. Mes ravisseurs eurent entre eux une discussion assez longue à voix basse, dont je ne pus rien entendre, puis l'un d'eux s'é-

loigna et disparut au milieu des fourrés ; vingt minutes après le départ de cet homme, le chef s'approcha de nouveau de moi ; j'avais la gorge en feu, je suçai le jus des oranges pour essayer de tromper la soif qui me dévorait ; le chef m'annonça que nous allions nous mettre en route de nouveau ; j'essayai de l'interroger, ce fut en vain ; quoiqu'il fût poli, respectueux même, il éluda mes questions et se borna à me protester que je n'avais rien à redouter ni de lui, ni de ses compagnons, et que notre voyage serait de courte durée ; on repartit ; cette fois je voulus marcher, j'étais brisée d'être demeurée si longtemps couchée dans hamac.

— Pauvre demoiselle ! quelles angoisses vous avez dû éprouver, hélas ! murmura Claircine en essuyant ses yeux remplis de larmes.

— Plusieurs heures s'écoulèrent ainsi ; ces hommes se traçaient, la hache à la main, un sentier à travers la forêt ; nous marchions presque dans les ténèbres ; le chef me soutenait dans les passages difficiles. Vers trois heures de l'après-dîner, on fit une seconde halte ; mon hamac fut accroché, je m'étendis dessus et je ne tardai pas à m'endormir ; lorsque je rouvris les yeux, le noir parti le matin était de retour, mes ravisseurs semblaient inquiets, agités ; leur chef, en m'annonçant que nous allions repartir, jetait autour de lui des regards anxieux ; je voulus résister, il donna un ordre, je fus à l'instant enveloppée dans le hamac, mise dans l'impossibilité de faire un mouvement et de rien voir autour de moi ; la marche recommença, mais rapide, cette fois, et précipitée ; j'entendis des coups de feu, mes ravisseurs étaient poursuivis, serrés de près, sans doute ; j'eus un moment d'espoir ; puis la marche redoubla de rapidité ; je sentis mes porteurs s'affaisser ; d'autres prirent leurs places ; on repartit ; tout à coup la fusillade éclata de tous les côtés à la fois ; j'entendis les grondements terribles du canon, des clameurs horribles se mêlant au crépitement sinistre des coups de feu, puis je m'évanouis. Lorsque je repris connaissance, vous étiez là, près de moi, douce, souriante ; mes funèbres apparitions avaient disparu ; un ange les avait remplacées et veillait avec la sollicitude d'une sœur à mon chevet.

— Mais vous ne m'avez pas parlé de mon mari ?

— Je ne l'ai pas vu. Probablement les hommes qui m'ont enlevée ont agi par son ordre ; ou peut-être ! ajouta Renée avec ressentiment, est-ce par l'ordre d'un autre plus puissant et plus haut placé encore que votre mari, ma chère Claircine ?

— Je ne vous comprends pas, Renée.

— Hélas ! répondit la jeune fille avec un profond soupir, c'est à peine si j'ose m'interroger et me comprendre moi-même ; cette action est à la fois si honteuse et si horrible que je tremble à la pensée de désigner un coupable.

— Espérez, chère belle ; dit la jeune femme d'une voix calme ; peut-être bientôt serez-vous libre et heureuse ; mais vous n'êtes plus seule maintenant ; vous avez près de vous une amie dévouée pour vous consoler et vous aider à souffrir en partageant vos peines.

— Et cela m'est une grande joie, je vous l'assure, ma chère Claircine ; répondit mademoiselle de la Brunerie avec effusion.

— Maintenant que notre souper est terminé, chère Renée, nous repasserons dans votre chambre à coucher ; l'amie est remplacée par la garde-malade ; venez, ma mignonne, il est temps que vous preniez un peu de repos.

— J'obéis de grand cœur ; malgré mon courage de parade, je me sens brisée.

Elles se levèrent alors de table et se disposèrent à quitter la salle à manger.

En ce moment la porte s'ouvrit, et le capitaine Ignace parut.

Renée de la Brunerie tressaillit à la vue du capitaine ; Claircine la fit asseoir.

— Veuillez m'excuser, mademoiselle, dit le capitaine, si j'ose me présenter ainsi devant vous.

— Vous êtes chez vous, monsieur, répondit mademoiselle de la Brunerie avec une politesse glaciale ; libre d'entrer et de sortir à votre guise. D'ailleurs, ajouta-t-elle avec amertume, ne suis-je pas la prisonnière du capitaine Ignace ?

— Voilà précisément pourquoi je viens, mademoiselle, répondit celui-ci avec embarras ; je suis charmé, soyez-en convaincue, de vous voir aussi bien portante.

— Je vous remercie de l'intérêt que vous daignez me témoigner, monsieur ; je sais, depuis longtemps, combien votre sollicitude pour moi est grande.

— Accablez-moi, mademoiselle, adressez-moi les reproches les plus sanglants, je sais que je les mérite ; je vous le jure, vous ne m'en adresserez jamais autant que je m'en adresse à moi-même.

Renée de la Brunerie le regarda avec surprise.

— Cela vous étonne de m'entendre parler ainsi, n'est-ce pas, mademoiselle ? fit Ignace ; je conçois cela. Que voulez-vous, mademoiselle, c'est ainsi. Je ne suis qu'un mulâtre grossier, brutal, féroce, sans éducation, je le sais ; j'ai de plus cette fatalité que, chaque fois que je veux bien faire, il paraît que mes bonnes intentions n'aboutissent qu'à des sottises ; il est vrai que, presque toujours je m'en aperçois aussitôt après ; mais c'est égal, la sottise est faite.

Ces paroles furent prononcées par le capitaine avec un si singulier accent de conviction et de franchise, que la jeune fille en fut toute décontenancée ; elle ne sut plus à quoi s'en tenir sur le compte de cet homme qui faisait si bon marché de lui-

même ; elle se demandait si elle devait prendre ce qu'il lui disait au pied de la lettre.

— Je vous avoue, monsieur, répondit-elle avec hésitation, que...

— Vous ne me comprenez pas, mademoiselle, interrompit-il vivement ; rien n'est plus simple pourtant. J'ai deviné, maladroitement, une chose dont je n'aurais même pas dû m'apercevoir ; alors, voyant constamment triste et désespéré un homme pour lequel j'éprouve un respect et un dévouement sans bornes, je me suis sottement fourré dans mon étroite cervelle, que la présence près de lui d'une certaine personne lui rendrait sinon le calme et la tranquillité, du moins amènerait peut-être un sourire sur ses lèvres.

La jeune fille lui lança un regard d'une fixité étrange.

— Je vous dis la vérité, mademoiselle, répondit-il nettement à cette interrogation muette ; ce que j'ai fait a failli me coûter assez cher, pour que je n'essaye pas de vous tromper.

— Continuez, monsieur, répondit froidement mademoiselle de la Brunerie.

— Que vous dirais-je de plus que vous n'ayez déjà compris, mademoiselle ? Dès que cette pensée, si malheureuse pour moi, se fut ancrée dans ma cervelle, elle ne me laissa plus un instant de répit ; je résolus de vous faire enlever ; vous savez de quelle façon j'ai exécuté mon projet et comment il a réussi ; tous les hommes employés par moi dans cette expédition sont morts jusqu'au dernier ; moi qui l'ai ordonnée, je le pressentiment, je payerai de ma vie d'avoir été l'instigateur de cette mauvaise action, que je me reproche maintenant comme un crime.

— Ignace ! s'écria sa femme avec douleur, que dites-vous, mon ami ?

— La vérité, chère Claircine ; tout se paye en ce monde, le bien comme le mal ; le mal surtout, ajouta-t-il en baissant tristement la tête.

— Dois-je ajouter foi à vos paroles, monsieur, demanda Renée d'un air pensif.

— Vous le devez d'autant plus, mademoiselle, que mon repentir est plus sincère ; lorsque j'ai, il y a une heure, croyant causer une joie immense à mon ami, raconté ce que j'ai fait pour vous amener ici, sa douleur a été si grande, si navrante, que moi, l'homme à l'âme de bronze, je me suis senti blessé au cœur ; j'ai eu honte de mon action, j'ai demandé grâce à mon ami ; lui, il ne m'a adressé ni un reproche ni une plainte, il a courbé tristement la tête et ne m'a dit qu'un mot, un seul, qui m'a navré.

— Un mot, lequel, monsieur ? Vous vous devez à vous-même de tout me dire ! s'écria-t-elle avec une vivacité fébrile.

— Aussi vous dirai-je tout, mademoiselle, répondit le capitaine avec tristesse : « Ignace, m'a-t-il dit, je n'avais qu'un bonheur, tu me l'as ravi : j'étais parvenu à conquérir à force d'abnégation, non pas l'amitié mais l'estime de cette personne ; par ta faute, je l'ai à jamais perdue ; quoi qu'il arrive, rien ne parviendra jamais à la convaincre que je ne suis pas ton complice. »

— Il a dit cela ?

— Textuellement, mademoiselle. Alors, moi, je l'ai quitté et je suis venu vous trouver pour vous dire : Mademoiselle, le seul coupable, c'est moi ; lui, il ignorait tout, il est innocent !

— C'est bien, monsieur, répondit lentement mademoiselle de Brunerie ; ce que vous faites en ce moment rachète jusqu'à un certain point, si elle ne peut la réparer tout à fait, l'action que vous avez commise ; je vous sais gré de m'avoir parlé ainsi que vous l'avez fait ; quand j'aurai, obtenu la preuve certaine de ce que vous avancez, peut-être pardonnerai-je l'indigne trahison dont j'ai été la victime. N'avez-vous rien à ajouter, monsieur ?

— Rien, mademoiselle ; je tenais à vous faire une confession complète avant mon départ, afin de soulager ma conscience du poids qui l'oppressait et implorer mon pardon. Maintenant que j'ai accompli ce devoir, il ne me reste plus rien à ajouter.

— Vous partez, Ignace ? demanda vivement sa femme.

— Je pars, ou plutôt nous partons, oui, Claircine ; j'en ai reçu l'ordre à l'instant ; je n'ai plus que quelques minutes à rester dans le fort.

— Mademoiselle de la Brunerie restera-t-elle donc seule ici ? demanda la jeune femme avec inquiétude.

Ignace se frappa le front d'un air embarrassé.

— Je n'avais pas songé à cela, murmura-t-il. En effet, mademoiselle ne doit pas rester ici seule dans cet appartement isolé. Que faire ! J'irais bien le trouver, *lui*, mais reparaître en sa présence après ce qui s'est passé entre nous il n'y a qu'un instant, je n'oserai pas !... non, je n'oserai pas ! ajouta-t-il avec une énergie farouche.

Claircine se pencha amoureusement vers son mari.

— Vous partez cette nuit ? lui dit-elle.

— A l'instant.

— Où allez-vous ?

— Je ne puis le dire ; c'est une mission secrète.

— Voulez-vous donc, cher Ignace, exposer vos enfants aux hasards et aux périls d'une longue marche de nuit ?

Après Delgrès, et quelquefois même avant, ce que le mulâtre aimait par-dessus tout au monde, c'était sans contredit sa femme et ses enfants.

— C'est vrai, murmura-t-il, les pauvres innocents, que deviendront-ils dans cette débâcle ?

Renée se leva et marcha droit au mulâtre.

— Capitaine, lui dit-elle, me donnez-vous votre parole que vous ne m'avez pas menti ?

— Oh ! s'écria-t-il avec un accent de vérité auquel il était impossible de se tromper, je vous le jure, mademoiselle !

— Eh bien ! écoutez-moi. Selon toutes probabilités, je ne resterai pas longtemps prisonnière dans cette forteresse.

— Cela est certain, mademoiselle.

— Laissez près de moi votre femme et vos enfants ; Claircine est la nièce de M. David, le commandeur de la Brunerie.

— En effet, madame ; il est le frère de sa mère.

— J'aime Claircine, elle est aussi bonne que belle.

— Oh ! cela est bien vrai. Pauvre chère créature, si douce, si dévouée ! s'écria le mulâtre avec émotion.

— Ne la contraignez pas à vous suivre pendant les péripéties sanglantes et terribles de la lutte acharnée que vous avez entreprise ; sa place n'est pas là ; elle est mère, elle se doit à ses enfants. Confiez-moi votre famille ; elle habitera avec moi, près de son oncle, à la Brunerie. Lorsque cette guerre fratricide sera terminée, eh bien, vous viendrez la reprendre ; mais jusque-là elle vivra tranquille et loin du danger.

— Vous feriez cela, mademoiselle ? s'écria le mulâtre en proie à une émotion singulière.

— Pourquoi ne le ferais-je pas, monsieur, puisque je vous le propose ? répondit simplement Renée.

— C'est vrai mademoiselle. Oh ! je reconnais à présent que vous êtes un ange, et moi un misérable indigne de pardon.

— Vous vous trompez, monsieur ! le repentir rachète toutes les fautes ; vous vous repentez, je vous pardonne. D'ailleurs, il y a beaucoup d'égoïsme de ma part dans la proposition que je vous fais, ajouta-t-elle avec un sourire ; j'aime beaucoup votre charmante femme ; cela me chagrinerait fort d'être séparée d'elle ; de plus, j'aurais une peur affreuse de demeurer seule ici, exposée aux insultes de tous ces hommes pour lesquels je dois naturellement être une ennemie.

— Madame, chaque mot que vous prononcez ajoute à mes remords ; votre bonté me navre. Chère Claircine ! c'est pour elle surtout et pour mes enfants que je redoute les conséquences terribles de cette guerre. Qui sait, hélas ! ce qui adviendra de nous tous ? Oh ! cette pensée m'enlève tout courage !

— Cher Ignace, dit tendrement sa femme, me supposes-tu donc une créature sans cœur ? Dieu sait si j'aime nos chers enfants ! mais je t'aime toi surtout, constamment si bon pour moi ; mon devoir est de te suivre, je n'y faillirai pas ; ma place est près de toi, je la réclame.

— Merci, chère femme, tu es dévouée comme

toujours, mais cette fois tu ne peux me suivre, toi-
même l'as reconnu ; tes enfants, ces douces créatures, réclament impérieusement tes soins ; ils
leur sont indispensables ; il te faut, chère femme,
faire deux parts de ton cœur, la plus grande pour
eux, l'autre pour moi ; le mari ne passe qu'après
les enfants.

— Mais toi ? toi, cher Ignace ?

— Moi, Claircine, j'accomplirai ma tâche
comme tu accompliras la tienne ; à chacun son
lot en ce monde, chère femme ; le plus dur et le
plus pénible appartient de droit à l'homme. Voici
l'heure où je dois quitter le fort.

— Ignace !

— Embrasse-moi, chère femme, prends courage, douce et tendre créature, dit-il avec un sourire qui voulait être gai, mais était d'une tristesse
navrante, Bah ! après l'orage le beau temps ! Bientôt nous verrons des jours meilleurs !

— Je t'en supplie, reprit la mulâtresse avec insistance, laisse-moi te suivre ; je mourrais loin de
toi.

— Non, Claircine, tu vivras pour tes enfants.
D'ailleurs, cette séparation ne sera pas de longue
durée ; mon premier soin, aussitôt que j'en aurai
la possibilité, sera de te rappeler près de moi.

— Tu me le jures ?

— En doutes-tu, chère femme ? Ne sais-tu pas
que tu es l'ange de mon foyer ? le rayon du soleil
de mes heures sombres !... Va, crois-moi, mon
plus grand bonheur sera de t'avoir près de moi
à mes côtés, ainsi que nos enfants.

— Bien vrai, cela ? bien vrai, Ignace ?

— Enfant ! murmura-t-il en l'embrassant et la
pressant avec émotion sur son cœur

— Oh ! c'est que j'ai peur !

— Tu es folle, chère femme. Avant deux jours
nous serons réunis, je te le promets.

— Merci, Ignace, merci.

Le mulâtre se rapprocha alors de Renée de la
Brunerie, spectatrice pensive et rêveuse de cette
scène, dont elle était doucement émue.

— Mademoiselle, dit-il, j'ai voulu faire et je vous
ai fait bien du mal, mais pourtant vous vous ven-
gez de moi en me faisant tant de bien ; soyez, oh !
soyez bénie Si tous les blancs vous ressemblaient,
mademoiselle, nous n'en serions pas aujourd'hui
où nous en sommes, Mais à quoi bon songer à cela ?
Le mal est fait maintenant, il est irréparable ! Dieu
ne consent que difficilement à laisser ses anges descendre sur la terre ; c'est lui qui m'a jeté sur votre
passage pour me faire rentrer en moi-même et me
contraindre à reconnaître sa justice et sa bonté. Je
vous confie ma famille, mademoiselle et je pars
sans inquiétude ; je sais que sous votre toute-puissante protection, désormais le malheur ne saurait
l'atteindre ; vous vous êtes noblement vengée ; ma

femme et mes enfants, les pauvres chères créatures, vous feront oublier les fautes commises par
le mari et par le père,

— Partez, monsieur, partez sans crainte, je tiendrai loyalement la promesse que je vous ai sponta-
nément faite ; votre femme et vos enfants ne me
quitteront pas, je les garderai près de moi jusqu'au
jour prochain, je le désire pour nous tous, où vous
pourrez, sans danger, les rappeler près de vous.

— C'est mon plus vif et mon plus sincère désir,
mademoiselle. A présent, daignez recevoir une dernière fois mes remerciements et permettez-moi de
prendre congé de vous ; mon devoir m'oblige à
quitter immédiatement le fort.

— Allez, monsieur, allez, et que Dieu vous
garde !

Le capitaine Ignace salua mademoiselle de la
Brunerie, puis il passa avec sa femme, dont les
pleurs inondaient le visage, dans la chambre où
ses enfants étaient couchés et dormaient, sous le
regard de Dieu, d'un calme et paisible sommeil.

Ce triste et dernier devoir accompli, le capitaine
Ignace rentra dans la salle à manger.

Son visage était sombre ; ses traits, crispés par
la douleur, avaient pris une expression effrayante
à cause des efforts qu'il faisait pour paraître impassible.

Après avoir embrassé sa femme à plusieurs reprises en la réprimandant doucement de pleurer
ainsi qu'elle le faisait et la raillant avec une feinte
gaieté, sur cette douleur, si peu raisonnable,
disait-il, puisqu'ils devaient se rejoindre dans
quelques jours au plus tard ; il voulut s'éloigner.

— Je désire rester près de vous jusqu'au dernier moment, lui dit Claircine avec prière ; ne
m'en empêchez pas, Ignace, je vous en supplie.

— Viens donc, puisque tu le veux, chère folle.

Le capitaine Ignace sortit de la salle à manger,
suivi de la pauvre Claircine sanglotant tout bas
malgré ses efforts pour retenir ses larmes, afin de
ne pas attrister davantage son mari, dont elle
comprenait la muette douleur.

Ils atteignirent bientôt une place d'armes où,
depuis quelque temps, les troupes désignées pour
l'expédition étaient réunies avec armes et baga-
ges, prêtes à partir, et n'attendaient plus que l'arrivée de leur chef.

Devant ses soldats, le père et le mari disparurent pour faire place au chef militaire.

Le capitaine embrassa tendrement sa femme
une dernière fois ; une larme aussitôt séchée
tomba sur sa joue brunie.

Il se plaça résolûment à la tête de ses troupes
et donna d'une voix ferme l'ordre du départ.

La petite troupe s'ébranla aussitôt ; elle disparut bientôt dans les ténèbres.

Claircine demeura penchée, comme un blanc

L'officier noir était un très-bel homme (page 35).

fantôme, sur le rempart, les regards anxieusement fixés sur la savane sombre et muette.

Aucun bruit ne troublait le calme silence de la nuit. Soudain, le cri éloigné de l'oiseau-diable traversa l'espace.

La jeune femme tressaillit et elle se redressa vivement.

— Il est sauvé! … s'écria-t-elle avec joie.

Elle regagna lentement son appartement.

En pénétrant dans la chambre à coucher, elle vit Renée berçant le plus jeune de ses enfants.

Alors son cœur déborda, elle tomba sur les genoux, joignit les mains et éclata en sanglots.

— Mon Dieu! s'écria-t-elle avec une navrante douleur.

— Courage! lui dit doucement Renée en lui montrant le ciel avec un calme et beau sourire.

VI

OU L'ŒIL GRIS TIENT LA PROMESSE QU'IL AVAIT FAITE DE PÉNÉTRER DANS LE FORT SAINT-CHARLES.

Le reste de la nuit fut tranquille.

Parfois, et à d'assez longs intervalles, le fort lançait des pots à feu dans les travaux de tranchées, afin d'inquiéter les pionniers occupés à remuer activement la terre.

Mais, à part quelques fusillades insignifiantes contre les lignes et quelques boulets tirés sur les épaulements, les révoltés, satisfaits probablement des résultats inespérés qu'ils avaient obtenus en réussissant à faire sortir du fort, sans être aperçu, un nombreux détachement de troupes, jugèrent inutile de harceler davantage les assiégeants; et ne tentèrent rien de sérieux contre eux.

De leur côté, les troupes de siége avancèrent leurs travaux.

Elles travaillèrent même avec une telle ardeur cette nuit-là qu'elles commencèrent à mettre plusieurs pièces de fort calibre en position dans les tranchées ; soldats et officiers ne se ménageaient pas ; tous avaient hâte d'en finir.

Les deux jeunes femmes, retirées dans l'appartement de Claircine, ne songèrent pas un instant à se livrer au repos ; leur tristesse et leur inquiétude étaient trop grandes pour que le sommeil fermât leurs paupières.

Les quelques heures qui s'écoulèrent depuis le départ du capitaine Ignace jusqu'au lever du soleil furent entièrement employées en douces causeries, cœur à cœur, entre ces deux charmantes femmes, si bien faites pour s'aimer. Ces heures passèrent donc rapidement.

Sur la prière de Renée, dont tous les soins tendaient à la distraire de sa douleur, Claircine lui raconta, tout en veillant avec sollicitude sur le sommeil de ses deux enfants, l'histoire à la fois simple et touchante de son mariage ; et comment le capitaine Ignace, cet homme terrible, si redouté et même parfois si cruel, s'était toujours montré pour elle, tendre, doux, affectueux ; quel amour profond cet homme énergique éprouvait pour sa femme et ses enfants, les seules créatures qu'il aimât réellement.

Mademoiselle de la Brunerie rappela à la jeune femme les promesses qu'elle lui avait faites ; elle l'assura, une fois encore, de sa constante et amicale protection ; elle l'engagea fortement à se tenir prête à quitter Saint-Charles d'un moment à l'autre avec elle, car elle avait l'intime conviction que Delgrès n'oserait pas la retenir prisonnière.

Mais, dans son for intérieur, la jeune fille se trouvait très-embarrassée ; elle ne savait quel moyen employer pour parvenir jusqu'à Delgrès, qui, lui seul, tenait son sort entre ses mains.

Claircine lui offrit aussitôt de lui servir d'intermédiaire auprès du commandant ; proposition accueillie avec une vive reconnaissance par mademoiselle de la Brunerie.

La jeune mulâtresse allait, en effet quitter la chambre à coucher et sortir pour accomplir cette mission généreuse, car le soleil était depuis quelque temps déjà au-dessus de l'horizon, et il faisait grand jour, lorsque deux coups légers furent frappés à la porte de l'appartement.

Presque aussitôt une servante vint annoncer à sa maîtresse que le citoyen Noël Corbet, aide de camp du commandant Delgrès, demandait à être introduit, afin d'avoir l'honneur de communiquer à mademoiselle Renée de la Brunerie les instructions qu'il avait reçues de son chef à son sujet.

La jeune fille, après avoir rapidement échangé, de bouche à oreille, quelques mots avec la femme du capitaine Ignace, passa dans le salon où l'attendait l'envoyé du commandant.

Noël Corbet était, nous l'avons dit, un homme de couleur, il était âgé d'environ trente-cinq ans ; ses traits étaient beaux, ses manières distinguées ; il passait pour être très-riche, avait visité l'Europe où il était demeuré assez longtemps, et n'était que depuis deux ou trois ans de retour à la Guadeloupe.

Il salua respectueusement mademoiselle de la Brunerie ; la jeune fille inclina légèrement la tête et attendit qu'il lui adressât la parole.

— Je suis confus, mademoiselle, dit Noël Corbet, de me présenter si à l'improviste et surtout à une heure si matinale devant vous ; mais j'ai supposé qu'un messager de bonnes nouvelles ne saurait témoigner trop d'empressement et ne devait pas hésiter à enfreindre certaines convenances sociales, lorsqu'il s'agissait de s'acquitter d'un devoir aussi agréable. Veuillez donc me pardonner, je vous prie, mademoiselle.

— Non-seulement je vous pardonne, monsieur, répondit la jeune fille ; mais encore je vous remercie de l'empressement que vous avez mis à vous rendre auprès de moi ; j'attends avec impatience qu'il vous plaise de vous expliquer.

— Cette explication sera courte, mademoiselle, quelques mots suffiront pour la rendre claire. Le commandant Delgrès, dont j'ai l'honneur d'être l'ami et sous les ordres duquel je sers en ce moment, a été fort affligé de la violence exercée contre vous et la façon brutale dont vous avez, à son insu, été enlevée de votre habitation. Le commandant Delgrès vous supplie humblement, mademoiselle, — ce sont ses propres paroles, — de lui pardonner une injure qu'il ignorait ; il m'a donné l'ordre de vous annoncer que vous êtes libre et maîtresse de sortir de Saint-Charles ; il m'a, de plus, chargé de vous accompagner jusqu'aux avant-postes de l'armée française ; honneur dont je suis fier, mademoiselle.

— Monsieur, répondit Renée de la Brunerie avec une certaine émotion, je n'ai pas douté un seul instant de la prud'homie du commandant Delgrès ; je le sais trop homme d'honneur pour avoir douté un instant de son innocence.

— Le commandant Delgrès, j'en ai la conviction, sera heureux, mademoiselle, lorsqu'il saura l'éclatante justice que vous rendez à son honneur.

— Ainsi donc, monsieur, je suis libre de sortir de cette forteresse dès que j'en témoignerai le désir ?...

— Oui, mademoiselle... Parlez, dites un mot, je suis à vos ordres ; à l'instant même j'aurai l'honneur de faire ouvrir toutes les portes devant vous, et de vous accompagner jusqu'aux avant-postes.

Renée de la Brunerie eut une hésitation de quelques secondes, puis elle dit avec une légère émotion dans la voix :

— Ne pourrai-je, monsieur, remercier votre chef de ses attentions pour moi, avant mon départ?

— Le commandant Delgrès n'aurait jamais osé ambitionner une pareille faveur, mademoiselle, répondit Noël Corbet en s'inclinant ; mais il serait très-honoré si vous daigniez le recevoir.

— Il est de mon devoir, monsieur, de ne pas me montrer ingrate envers lui ; je désire lui exprimer ma reconnaissance ; mais je ne souffrirai pas qu'il vienne jusqu'ici, c'est à moi de me rendre auprès de lui ; veuillez donc, je vous prie, me montrer le chemin, monsieur.

— Venez, mademoiselle, puisque vous en témoignez le désir.

Mademoiselle de la Brunerie entre-bâilla légèrement la porte de la chambre à coucher, échangea quelques mots avec Claircine, puis elle referma cette porte, et se tournant vers Noël Corbet :

— Me voici prête à vous suivre, monsieur, lui dit-elle.

Le mulâtre s'empressa de lui indiquer le chemin.

Ils sortirent de l'appartement et s'engagèrent dans les corridors de la forteresse.

Cependant, au lever du soleil, ainsi que, la veille, il s'y était engagé envers le général Richepance, l'Œil Gris avait quitté la Basse-Terre et s'était dirigé vers le fort Saint-Charles.

Lorsqu'il fut arrivé aux avant-postes, il prit un trompette avec lui, déploya un drapeau parlementaire et s'avança résolûment en avant des batteries.

Au pied des glacis, le Chasseur s'arrêta, et après avoir planté en terre la hampe de son drapeau, il ordonna au trompette de sonner un appel.

Quelques minutes s'écoulèrent.

Un appel de trompette répondit enfin sur le sommet des remparts ; une poterne s'ouvrit et un officier parut, suivi de deux soldats dont l'un portait un drapeau blanc et l'autre tenait en main la trompette dont il s'était servi un instant auparavant pour répondre à l'appel du Chasseur.

L'officier fit quelques pas en avant.

Le parlementaire s'avança aussitôt à sa rencontre.

Les deux hommes se saluèrent.

Les remparts et les tranchées étaient garnis de spectateurs attirés par la curiosité.

L'officier noir était un très-bel homme nommé Palème, grand gaillard à l'air narquois, mais dévoué à Delgrès, dont il s'était fait l'aide de camp.

A sa tenue réglementaire, on eût juré un aide de camp véritable.

— Quel mauvais vent vous amène et que diable venez-vous faire ici? demanda-t-il au Chasseur lorsqu'il ne fut plus qu'à deux pas de celui-ci.

— Je viens en parlementaire, monsieur ; répondit sèchement le Chasseur.

— En parlementaire ? reprit l'autre avec un singulier ricanement. Sur ma foi ! vous avez eu là une triomphante idée ! Est-ce que, par hasard, vous seriez à ce point las de vivre, que vous ne craignez pas de vous risquer parmi nous?

— Pourquoi donc cela? fit le Chasseur sur le même ton.

— Ignorez-vous donc vraiment la résolution que nous avons prise ?

— Peut-être, monsieur ; mais, dans tous les cas, je vous serai obligé de me la faire connaître.

— Bien volontiers. Apprenez donc que nous avons arrêté que tout parlementaire qui se présentera à nous sera considéré comme espion et pendu, haut et court. Que dites-vous de cela?

— Je dis que c'est très-ingénieux.

— Vous n'avez pas peur pour votre vieille peau?

— Pas le moins du monde ! J'admire même cette résolution que je trouve bien digne de scélérats de votre espèce.

— Ah çà ! dites donc, est-ce que vous voulez m'insulter, par hasard?

— Nullement : vous me parlez, je vous réponds, voilà tout.

— C'est bon, grommela le mulâtre. Que voulez-vous enfin?

— Parler à votre chef.

— Quel chef?

— Le commandant Delgrès.

— De quelle part ?

— De la mienne.

— Hein?

— Faut-il répéter?

— Non, c'est inutile, j'ai entendu.

— Eh bien, alors?

— Mais je n'ai pas compris.

— Comment, vous n'avez pas compris?

— Dame ! que pouvez-vous avoir à dire de si important au commandant Delgrès?

— Quant à ceci, monsieur, vous me permettrez de vous faire observer que ce n'est pas votre affaire.

— Vous avez raison, cette fois; mais croyez-moi, vieil homme, retournez plutôt sur vos pas, si vous tenez à votre carcasse, que de vous obstiner à entrer dans la forteresse.

— Si, ce dont je doute, ce que vous me dites vient d'une bonne intention, je vous remercie; mais je suis résolu, quoi qu'il arrive, à parler à votre chef.

— Puisque vous le voulez, cela vous regarde ; car vous le voulez, n'est-ce pas?

— Je le veux, oui ; répondit nettement le Chasseur.

— C'est bien. Mais comme je ne suis pas autorisé à vous conduire auprès du commandant, il me faut d'abord prendre ses ordres; attendez-moi ici.

— Faites vite ; je vous attends.

— Vous êtes bien pressé d'être pendu ! fit Palème en ricanant.

Le Chasseur haussa dédaigneusement les épaules sans répondre.

Palème fit signe de le suivre aux deux hommes dont il était accompagné et il retourna au fort.

Mais, sur le seuil de la poterne, il trouva, l'attendant, Codou, un autre des aides de camp de Delgrès.

— Qu'y a-t-il ? demanda Codou.

— Un parlementaire, répondit Palème avec son rire sournois.

— Tu ne l'amènes pas?

— Je vais prendre les ordres du commandant.

— Je suis ici de sa part.

— Ah ! tant mieux, cela m'évitera une course.

— Oui : ordre d'introduire le parlementaire avec tous les égards dus à sa position, et selon les réglements militaires.

— Pourquoi faire, puisqu'il va être pendu.

— Erreur, ami Palème, erreur. Il ne sera pas pendu.

— Il ne sera pas pendu? s'écria l'autre avec surprise.

— Non, dit froidement Codou.

— Ah ! diable ! Sais-tu qui est cet homme?

— Serais-ce le démon, en personne, tel est l'ordre.

— Ce n'est pas le démon, mais, ce qui est peut-être pire, c'est le vieux Chasseur blanc, celui qu'on nomme le Chasseur de rats.

— Voilà qui est malheureux, mais, que veux tu ? nous n'y pouvons rien faire, c'est l'ordre.

— Enfin, puisqu'il le faut.

— Va, je l'attends ici.

Palème retourna lentement sur ses pas; le digne homme était d'exécrable humeur ; il avait sournoisement espéré une si jolie pendaison

Le Chasseur n'avait pas bougé de place.

— Vous n'avez pas été longtemps, monsieur ; dit-il d'un ton de bonne humeur à l'aide de camp, en le voyant si promptement revenir vers lui.

— Voulez-vous toujours entrer ? se contenta de demander l'officier.

— Plus que jamais.

— Alors, je vais vous bander les yeux.

— Rien de plus juste.

— Avez-vous bien réfléchi ?

— Allons-nous recommencer?

— Que le diable vous emporte! Au fait, cela vous regarde ; je vous ai averti ; je me lave les mains de ce qui arrivera.

— Comme Ponce-Pilate, dit le chasseur. Je vous remercie de votre sollicitude, ajouta-t-il d'un air narquois qui fit faire la grimace à Palème.

— Vieux diable ! murmura-t-il. Et il lui banda les yeux.

Deux soldats accompagnaient l'officier, ils prirent le Chasseur par-dessous les bras, et ils le conduisirent à la poterne où Codou attendait ; puis ils retournèrent prendre leur poste en face du trompette français occupé à fumer tranquillement sa pipe auprès de la hampe de son drapeau parlementaire, au pied de laquelle étaient couchés les six chiens ratiers du Chasseur

Codou et Palème avaient remplacé les soldats ; le Chasseur marcha pendant près de dix minutes entre eux deux ; il entendit le bruit de plusieurs portes qu'on ouvrait et qu'on fermait sur son passage; puis ses guides s'arrêtèrent tout à coup, et le bandeau lui fut enlevé.

Il était en présence de Delgrès.

Le commandant fit un geste; les aides de camp sortirent en refermant la porte derrière eux.

La chambre dans laquelle on avait conduit l'Œil Gris était celle dans laquelle nous avons précédemment introduit le lecteur.

Delgrès, revêtu de son uniforme, mais sans armes, se promenait de long en large, les bras derrière le dos et la tête penchée sur sa poitrine.

En reconnaissant le parlementaire, il s'avança vivement vers lui, et lui tendant la main :

— Soyez le bienvenu, Chasseur; lui dit-il amicalement.

— Je vous remercie de cet accueil, répondit le vieillard en lui serrant la main; vos aides de camp ne m'avaient pas fait espérer, commandant, une aussi cordiale réception.

— Oui, je sais, fit en souriant le mulâtre; ils n'auraient pas été fâchés de vous voir pendre un peu.

— Je dois avouer qu'ils semblaient le désirer fort, un surtout.

— Bah! laissons cela. Asseyez-vous et causons.

Le Chasseur prit un siége et s'assit en face du commandant.

— Vous êtes sans doute porteur, reprit celui-ci, de certaines propositions de la part du général Richepance?

— Non pas, commandant.

— De celle de Pélage, alors?

— Pas davantage.

— Qui vous envoie donc vers moi?

— Personne, je viens de ma part.

— De la vôtre?

— Mon Dieu, oui. Est-ce que je m'occupe de politique, moi, commandant? Je suis un chasseur, pas autre chose.

— C'est vrai. Ainsi vous avez tenu à avoir un entretien avec moi?

— Précisément.

— Puisqu'il en est ainsi, parlez, je vous écoute.

— Je serai bref, commandant, je sais que vous n'avez pas de temps à perdre, et moi, je suis pressé.

— Alors, venons au fait.

— M'y voici, commandant. Mademoiselle Renée de la Brunerie a été enlevée, d'une façon que je ne veux pas qualifier, de son habitation, arrachée à sa famille et conduite ici, à Saint-Charles.

— Ah! vous savez cela? dit le mulâtre d'une voix sourde et en fronçant le sourcil.

— Je le sais même mieux que personne, reprit le Chasseur sans autrement s'émouvoir, puisque c'est moi qui ai poursuivi les ravisseurs depuis l'habitation jusqu'au pied de vos murailles; ce n'est que par miracle que je n'ai pas réussi à sauver la malheureuse enfant.

— Quel effet a produit cet événement au quartier général? demanda froidement Delgrès.

— Au quartier général, répondit le Chasseur avec vivacité, personne n'a compris les motifs de cet attentat.

— Vous les avez compris, vous? demanda Delgrès avec amertume.

— Certes, je les ai compris, commandant; je n'ai même pas eu besoin de beaucoup réfléchir pour cela.

— Sans doute on vous aura demandé votre opinion?

— C'est ce qui est effectivement arrivé, commandant.

— Ah! et qu'avez-vous répondu? Je serais curieux de la savoir.

— A votre aise, commandant: j'ai dit au général Richepance et à M. de la Brunerie qui, je dois l'avouer, vous accusaient presque, M. de la Brunerie surtout, que le désespoir égarait, j'ai dit que non-seulement vous n'aviez pas donné l'ordre d'enlever mademoiselle de la Brunerie, que par conséquent vous n'aviez pas autorisé cet odieux attentat, mais encore que vous l'ignoriez; j'ai ajouté que, dès que vous en auriez connaissance, vous en seriez désespéré.

— Vous avez dit cela, vous? s'écria le mulâtre avec une émotion qu'il essayait vainement de dissimuler.

— Certes, je l'ai dit.

— Merci! reprit Delgrès, en lui serrant la main avec force; merci de m'avoir si loyalement défendu.

— Je ne vous ai pas défendu, mon commandant, répondit le Chasseur de rats avec bonhomie, j'ai dit seulement, ce qui est vrai: que vous êtes un homme de cœur et, par conséquent, incapable de commettre, non pas une action honteuse, mais seulement un acte qui ne soit pas essentielle-

ment honorable, et je crois ne pas m'être trompé.

— Non, vous ne vous êtes pas trompé. En effet, j'ignorais cette malheureuse affaire.

— Commandant Delgrès, je suis un vieillard, j'ai une longue connaissance du cœur humain, je n'ai pas besoin de regarder deux fois un homme en face pour le juger et savoir ce dont il est capable. Que vous ayez tort ou raison dans la cause que vous soutenez; que vos intentions soient bonnes ou mauvaises au point de vue du gouvernement français; en un mot, que vous soyez ou non un rebelle, cela ne me regarde pas; vous avez mis bravement pour enjeu votre tête dans la terrible partie que vous jouez, nul ne saurait exiger davantage; mais ce qui me regarde, moi, ce que je sais, ce que je soutiendrai devant tous enfin, c'est que vous êtes un homme d'honneur.

— Oui, je suis un homme d'honneur et bientôt vous en aurez la preuve; vous êtes venu franchement me trouver pour vous expliquer avec moi; je vous en remercie sincèrement, Chasseur; un autre que vous eût peut-être hésité avant de tenter une pareille démarche.

— Je dois avouer que lorque j'ai manifesté au général en chef l'intention de me rendre près de vous, il s'y est formellement opposé; votre déclaration péremptoire de considérer les parlementaires comme espions et de les pendre sans autre forme de procès l'inquiétait vivement pour moi à qui, je ne sais trop pourquoi, il porte un grand intérêt.

— C'est juste, murmura le mulâtre d'un air pensif; vous saviez cela, et pourtant vous avez insisté?...

— Oui, j'ai insisté; de telle sorte même qu'il a fini par me permettre de venir et que me voilà.

— Bien. Maintenant, que désirez-vous de moi?

— La liberté de mademoiselle de la Brunerie.

— Vous êtes venu expressément pour cela?

— Expressément, oui, commandant.

— Et sans doute, avec l'intention de la ramener vous-même à son père?

— Telle est en effet mon intention, oui, commandant, si vous ne me refusez pas, ainsi que je l'espère, la liberté de mademoiselle de la Brunerie.

— Mademoiselle de la Brunerie n'est pas ma prisonnière; répondit froidement Delgrès.

— Comment cela, commandant? Je l'ai vue, moi-même, transporter dans le fort.

— Je ne vous dis pas non, Chasseur; mais il ne s'ensuit pas de là, je suppose, que cette dame soit ma prisonnière.

— C'est vrai, commandant, j'avais tort.

— Ecoutez-moi, Chasseur.

— Je ne demande pas mieux, commandant.

— Je n'attendais pas votre visite ce matin, n'est-ce pas?

— En effet.

— Je ne pouvais aucunement supposer que vous vous présenteriez en parlementaire à mes avant-postes?

— Non, certes : à moins d'être sorcier, et rien ne m'autorise à supposer que vous le soyez, commandant; répondit le vieillard avec un sourire de bonne humeur.

— Rassurez-vous, je ne le suis pas, loin de là, malheureusement; fit-il sur le même ton.

— Ce qui veut dire?

— Vous allez voir.

Delgrès frappa sur un gong.

La porte de la chambre s'ouvrit. Codou parut.

— Vous avez appelé, commandant? demanda-t-il.

— Oui, monsieur. Si le capitaine Noël Corbet n'a pas encore quitté la forteresse, comme je lui en avais donné l'ordre, priez-le de se rendre immédiatement ici.

— Où rencontrerai-je le capitaine, mon commandant?

— Du côté de l'appartement du capitaine Ignace, allez, monsieur, je suis pressé.

Codou salua et sortit.

— Un peu de patience, Chasseur; dit Delgrès.

— Je ne comprends pas du tout.

— Bientôt vous saurez tout.

En ce moment un coup léger fut frappé à la porte.

— Entrez, dit Delgrès.

La porte s'ouvrit, le capitaine Noël Corbet parut.

— Ecoutez bien; dit le commandant au Chasseur; ceci est à votre adresse.

Et se tournant vers le capitaine :

— Vous arrivez bien promptement? lui dit-il.

— Mon commandant, répondit le capitaine, j'ai rencontré le capitaine Codou à quelques pas d'ici seulement, je me rendais auprès de vous.

— Auriez-vous déjà exécuté mes ordres?

— Pas encore, commandant.

— Pourquoi ce retard, capitaine? reprit Delgrès d'une voix sévère.

— Excusez-moi, mon commandant; je n'ai commis aucune faute. Avant de sortir de la forteresse, mademoiselle Renée de la Brunerie désire vous adresser elle-même ses remerciements.

Delgrès échangea à la dérobée un regard avec le Chasseur.

Celui-ci commençait à comprendre.

— Vous voyez? lui dit le commandant.

— Je vois que vous êtes un homme, commandant, répondit le Chasseur avec une brutale franchise qui était le plus bel éloge qu'il pouvait lui faire; et un homme des pieds à la tête. Vive Dieu! je le signerais de mon sang.

Le commandant sourit.

— Avez-vous fait observer à mademoiselle de la Brunerie, reprit-il en s'adressant au capitaine, qu'elle ne me doit aucun remerciement; que c'est moi, au contraire, qui aurais des excuses à lui faire pour ce qui s'est passé?

— J'ai exécuté textuellement vos ordres, commandant; mademoiselle de la Brunerie insiste pour vous faire ses adieux.

— Vous ne pouvez refuser sans manquer aux convenances, commandant; dit vivement le Chasseur.

— Peut-être vaudrait-il mieux, murmura Delgrès, que cette entrevue n'eût pas lieu?

— Vous vous trompez, commandant; pour vous et pour mademoiselle de la Brunerie vous devez consentir à la recevoir.

— Qu'il soit donc fait selon votre volonté, Chasseur. Capitaine, veuillez, je vous prie, informer mademoiselle de la Brunerie, que je vais avoir l'honneur de me rendre auprès d'elle.

— Pardon, commandant; mademoiselle de la Brunerie désire se rendre auprès de vous; elle attend votre réponse dans la salle du conseil où, sur ma prière, elle a consenti à s'arrêter un instant.

— Retournez donc auprès de cette jeune dame, mon cher capitaine, et, après m'avoir de nouveau excusé auprès d'elle, veuillez lui dire, je vous prie, que je suis à ses ordres et la conduire ici le plus tôt possible.

— Oui, commandant.

— A propos, mon cher capitaine, lorsque mademoiselle de la Brunerie sera entrée dans cette pièce, vous pourrez vous retirer, je n'aurai plus besoin de vous; ce brave Chasseur, qui est un ami dévoué de la famille de cette jeune dame, se chargera de la reconduire à son père.

— Très-bien, commandant; répondit le capitaine.

Sur ce, il salua et sortit.

Il y eut un moment de silence entre les deux hommes.

Delgrès s'était levé; il marchait à grands pas, de long en large, dans la pièce.

Soudain, il s'arrêta devant le Chasseur, et lui posant la main sur l'épaule :

— Me croyez-vous, maintenant? fit-il.

— Que voulez-vous dire? répondit le vieillard en tressaillant.

— Je vous demande si vous me croyez?

— Commandant, la question que vous m'adressez a lieu de me surprendre; elle me peine plus que je ne saurais le dire, en me laissant supposer que vous pensez que j'ai douté de vous, et pourtant ma présence ici devrait vous prouver le contraire.

— Vous dites vrai, mon ami, et pourtant, ajouta Delgrès avec amertume, on m'a accusé d'avoir enlevé cette malheureuse jeune fille, pour le bonheur de laquelle je verserais mon sang, jusqu'à la dernière goutte.

Cette supposition était de toutes les choses qu'on lui imputait celle qui l'affectait le plus.

Le Chasseur de rats comprit que la colère que Delgrès laissait ainsi déborder provenait de là ; il ne voulut pas l'irriter davantage en entamant une discussion sans but ; il ne répondit donc que par un léger haussement d'épaules.

— Oui, reprit le commandant avec force, on n'a pas craint de m'accuser de cette infamie. Ignace a tout fait, de propos délibéré sans m'en rien dire. Pourquoi ? Je l'ignore, ou plutôt je veux, je dois l'ignorer. Mademoiselle de Brunerie est entrée cette nuit à dix heures dans le fort ; je ne l'ai pas vue encore, je n'ai pas voulu la voir ; et si mainte-nant, presque malgré moi, je consens à l'entrevue qu'elle me demande, vous serez là, vous son meilleur ami, témoin de ce qui se passera entre elle et moi. Si vous n'étiez pas venu, rien n'aurait pu me faire consentir à recevoir cette jeune fille ; elle serait sortie du fort sans que mon regard eût, même à la dérobée, effleuré sa personne. Voilà la vérité tout entière, je vous le jure sur mon honneur de soldat et d'honnête homme.

— Calmez-vous, je vous en supplie, comman-dant. Je suis heureux, moi, de cette entrevue que vous semblez je ne sais pourquoi, si fort redouter. Mademoiselle de la Brunerie vous rendra, je l'es-père, un peu du courage qui semble en ce moment complètement vous abandonner.

— Oui, oui, je le sais depuis longtemps déjà, cette jeune fille est un ange. Son regard seul, en tombant sur moi, me rend meilleur. Hélas ! pour-quoi faut-il...

Il n'acheva pas, se frappa le front avec déses-poir, et reprit sa promenade saccadée à travers la pièce.

VII

QUEL FUT LE RÉSULTAT DE L'ENTREVUE DE DELGRÈS AVEC MADEMOISELLE DE LA BRUNERIE.

Soudain, la porte s'ouvrit et mademoiselle de la Brunerie entra, calme, souriante, heureuse.

Lorsque mademoiselle de la Brunerie pénétra à l'improviste dans cette pièce si obscure et si étroite, son clair regard sembla l'illuminer tout entière.

La jeune fille s'avança de quelques pas en avant du côté du commandant Delgrès, qui se te-nait immobile, respectueux et courbé, devant elle.

Elle le salua en baissant doucement sa char-mante tête souriante, et prenant aussitôt la pa-role :

— Monsieur... dit-elle.

Mais tout à coup elle s'interrompit.

Elle venait d'apercevoir assis à quelques pas de Delgrès, le Chasseur de rats qui fixait sur elle des yeux pleins de larmes.

Alors une joie ineffable emplit le cœur de la jeune fille ; elle oublia tout pour ne plus songer qu'à cet ami dévoué qui jamais ne lui avait manqué dans la douleur comme dans la joie, et, s'élançant vers lui, elle alla tomber, à demi évanouie, dans les bras que lui tendait le vieillard, en s'écriant d'une voix étranglé par l'émotion :

— O père, père ! vous, toujours ! vous, partout ! Béni soit le ciel qui me procure un si grand bon-heur après tant de si cruelles angoisses, de vous voir le premier de tous ceux que j'aime !

— Chère, bien chère enfant ! répondit le Chas-seur de rats presque aussi ému que la jeune fille en la pressant tendrement sur son cœur, reve-nez à vous, ne pleurez pas ainsi.

— Oh ! oui ! je pleure, mais c'est de joie, père ! Cet instant me paye de tout ce que j'ai souffert ; je savais bien, moi, que vous ne m'abandonneriez jamais.

— Vous abandonner ! moi, Renée ? Oh ! non ! Mais cette fois, chère enfant, je n'ai pu que faire preuve de zèle pour votre défense. Grâce à Dieu, ma protection vous était inutile, et avant même que j'eusse réussi à pénétrer dans cette forteresse, la liberté qu'un lâche ravisseur vous avait enlevée, un homme de cœur vous l'avait déjà rendue.

Mademoiselle de la Brunerie, à ces mots, dont le but évident était de la rappeler à elle-même, se redressa comme si elle avait été frappée d'un choc électrique ; elle essuya les larmes qui coulaient en-core de ses yeux, et promenant un regard inquiet autour d'elle :

— C'est vrai, dit-elle. Mon Dieu ! pardonnez-moi, je crois que l'excès même de ma joie me rend ingrate ; j'oublie tout pour ne songer qu'au bon-heur, que j'éprouve.

Elle s'approcha alors du commandant Delgrès, qui, toujours immobile à la même place, la consi-dérait avec une expression de joie et de douleur, impossible à rendre.

— Me pardonnerez-vous d'être ingrate et ou-blieuse pour ne songer qu'à mon vieil ami, mon-sieur ? lui dit doucement la jeune fille de sa voix la plus harmonieuse ; ce bonheur que j'éprouve en ce moment est votre ouvrage ; aussi je suis con-vaincue que vous ne m'en voudrez pas d'avoir ainsi devant vous laissé déborder mon cœur ?

— Mademoiselle, répondit Delgrès, en essayant de sourire, si j'ai été assez heureux pour vous soustraire aux outrages dont vous menaçaient des hommes égarés par leur dévouement à ma per-sonne, la scène dont j'ai été témoin, il n'y a qu'un instant, me paye au centuple du peu de bien que j'ai pu faire.

— Ne rabaissez pas ainsi, je vous prie, le service que vous m'avez rendu, monsieur. Ce service est immense, répondit la jeune fille avec chaleur ; j'en conserverai dans mon cœur un éternel souvenir. Vos procédés envers moi, je le dis hautement, ont été d'une incomparable délicatesse. Hélas ! pourquoi faut-il que je sois contrainte de vous compter au nombre de mes ennemis ? Pourquoi vous obstiner ainsi à défendre une lutte insensée qui doit inévitablement se terminer par une sanglante catastrophe, en causant votre mort et celle de tous vos compagnons ?

— Hélas ! mademoiselle, répondit Delgrès avec une douloureuse amertume, nous, hommes de couleur, les descendants d'une race maudite, nous devons subir dans toute leur rigueur les conséquences de notre couleur si méprisée.

— Mais, reprit la jeune fille d'une voix insinuante, si, dans les colonies, un préjugé que je reconnais aujourd'hui injuste vous repousse, en Europe il n'en est plus de même ; en France, par exemple, un homme de cœur, quelle que soit d'ailleurs la couleur de son teint, est certain de se faire une place honorable, de voir ses talents récompensés et de conquérir l'estime de tous. Voyez le général Alexandre Dumas, — je vous cite cet exemple entre autres, parce que cet officier est presque notre compatriote, — n'a-t-il pas été commandant en chef de l'armée des Pyrénées? N'est-il pas hautement apprécié du gouvernement de notre mère-patrie ? Tant d'autres encore que je pourrais nommer, car le nombre en est grand. Oh! monsieur, la reconnaissance que j'éprouve pour vous est bien vive et bien réelle, je vous le jure ; c'est elle qui me pousse à vous parler ainsi que je le fais, et si je l'osais, ajouta-t-elle timidement, bien que je ne sois qu'une jeune fille ignorante des choses du monde, je vous dirais...

— Vous me diriez, mademoiselle ? fit vivement Delgrès en voyant qu'elle s'arrêtait ; continuez, je vous en conjure ; toutes paroles tombant de vos lèvres sont, croyez-le bien, précieusement recueillies par moi et pieusement conservées dans mon cœur.

— Me permettez-vous, monsieur, de vous dire ma pensée tout entière ?

— Oh ! parlez, parlez, mademoiselle.

— Si j'ai insisté avec autant de persévérance, disons franchement le mot : d'entêtement, pour ne pas sortir de cette forteresse avant de vous avoir vu, c'est que je voulais obtenir de vous une grâce.

— Une grâce de moi, mademoiselle ? Oh ! soyez convaincue...

— Ne vous engagez pas à l'avance, monsieur,

peut-être ne consentirez-vous pas à m'accorder ma demande lorsque vous la connaîtrez.

— Pour vous prouver mon dévouement, mademoiselle, il n'est rien que je ne me sente capable d'accomplir ; je tenterais même l'impossible ; ne craignez donc pas de vous expliquer clairement.

— Vous l'exigez ?

— Je vous en prie, mademoiselle.

— Mon Dieu ! monsieur, c'est bien hardi à moi, je le sais, d'oser m'occuper de telles questions ; mais je vous le répète, vous m'avez rendu de si grands et si importants services que je me considère comme presque autorisée à le faire, à cause de l'intérêt que je vous porte, et de la dette de reconnaisance que j'ai contractée envers vous ; d'ailleurs, vous n'ignorez pas, monsieur, qu'un service engage tout autant celui qui le rend, que celui qui le reçoit.

— Cela est vrai, mademoiselle.

— Il me semble, pardonnez-moi de m'exprimer ainsi, monsieur, que cette malheureuse révolte à la tête de laquelle vous vous êtes si imprudemment placé, et dont vous êtes le seul chef réellement capable et influent, a été causée, en grande partie, par les insinuations malveillantes d'hommes, dont l'intérêt était non-seulement de vous tromper, vous, mais aussi de tromper le général en chef du corps expéditionnaire ; que tout repose surtout sur des malentendus que, je n'en doute pas, des explications franches et loyales de part et d'autre suffiraient à éclaircir. Pourquoi ne consentiriez-vous pas à une entrevue avec le général en chef ?

— Commandant, ce que dit mademoiselle est très-juste et très-sensé, fit le Chasseur. Cette démarche, si, ce qui est possible, elle obtenait un bon résultat, préviendrait peut-être d'irréparables malheurs.

— Oui, reprit chaleureusement la jeune fille, et arrêterait l'effusion du sang français qui n'a que trop coulé déjà, hélas! d'un côté comme de l'autre.

Delgrès demeurait muet, sombre, les sourcils froncés et les regards baissés vers la terre.

— Vous ne me répondez pas, monsieur? lui demanda doucement la jeune fille.

— Hélas ! mademoiselle, que voulez-vous exiger de moi ? dit enfin le commandant avec un geste de douleur. J'avais fait un beau rêve : donner aux hommes de ma race les droits de citoyens et d'hommes libres que Dieu a mis dans le cœur de toute créature humaine. Ce rêve, je le reconnais maintenant, ne s'accomplira pas par moi, mais j'aurai été le précurseur d'une idée juste, d'une pensée vraie, grande et généreuse... Je me contente de cette gloire modeste. Dois-je vous l'avouer? Je me suis trompé. Le temps n'est pas encore venu de l'émancipation de la race noire, mais ce temps est proche... Le jour où les hommes de couleur au-

Lorsque les troupes françaises avaient débarqué à la pointe-à-Pitre (page 46.)

ront, avec la conscience de leurs droits, le senti-ment de leurs devoirs, ils seront dignes de la li-berté. Aujourd'hui, ils sont encore ignorants de ces devoirs ; ils n'ont ni la foi qui fait accomplir des prodiges, ni cette bravoure froide et raisonnée de l'homme qui combat pour son drapeau et pour sa patrie ; ce sont des enfants méfiants, soupçon-neux, crédules, qui considéreraient toute démarche de ma part vers le général Richepance comme un acte de couardise ou de trahison.

— Raison de plus, dit le Chasseur avec force, non pas pour les abandonner, mais pour les con-traindre, par votre exemple, commandant, à ren-trer dans leur devoir ; le général Richepance ne vous refusera pas des conditions honorables.

— Le devoir !... répliqua Delgrès avec un accent plein d'amertume, nous ne l'entendons pas de la

même façon, vieillard... Et puis, reprit-il après un instant de silence, il est trop tard... Je commande ici, mais je ne suis pas le maître... Ce qui vous est arrivé à vous-même, mademoiselle, le guet-apens dont vous avez failli être la victime, en est une preuve irrécusable. Le général Richepance m'a adressé des parlementaires ; ces parlementaires sont ici, pri-sonniers, enfermés dans des cachots, contre les droits de la guerre et le droit des gens ; vingt fois j'ai voulu les renvoyer libres, vingt fois ma volon-té s'est brisée contre la pression générale que je suis contraint de subir ; ce n'est qu'à force d'audace, de courage même, que je suis parvenu jusqu'à pré-sent à les préserver de la mort que l'on prétendait leur faire subir ; par cet exemple, jugez du reste ; je ne puis rien.

— Ce que vous dites n'est malheureusement que

trop vrai, reprit le Chasseur ; cependant, vous vous l'avouez à vous-même, la cause que vous vous obstinez à défendre est perdue ; aucun effort, si héroïque qu'il fût, ne la saurait relever. Il vous reste un dernier, un suprême devoir à accomplir : sauver à tout prix les malheureux qui vous entourent ; les sauver malgré eux, car ils sont inconscients de la situation affreuse dans laquelle ils se trouvent. Hâtez-vous ! chaque jour, chaque heure de retard, augmentent les difficultés de votre position déjà si précaire.

— Je vous en conjure, si ce n'est pour vous-même, que ce soit au moins pour ceux qui vous portent intérêt, qui vous estiment et vous... aiment ! dit la jeune fille avec une craintive et timide insistance.

— Ceux qui m'aiment ! s'écria Delgrès avec une expression de poignante douleur. Oh ! mademoiselle, vous rouvrez sans le savoir, une plaie terrible, toujours saignante au fond de mon cœur ! Personne ne m'aime, moi ! Je suis un de ces hommes, parias de l'humanité, marqués en naissant d'un stigmate fatal, dont la vie ne doit être qu'une longue souffrance ; qui tracent, seuls et haïs de tous, leur pénible sillon sur cette terre, et sont destinés, après avoir vécu détestés et méconnus, à mourir flétris et méprisés ! Jamais les ardents baisers d'une mère n'ont réchauffé ma faible enfance ; j'ai grandi seul, sans un ami dont la main se fût tendue vers moi, dont la voix m'ait crié : courage ! aux heures sombres des désillusions ; les femmes elles-mêmes, ces anges qui ont une larme pour toutes les douleurs, un sourire pour toutes les joies, ces anges consolateurs que Dieu a donnés aux hommes dans sa toute-puissante bonté pour les soutenir pendant la longue lutte de la vie, m'ont fui avec épouvante, sans qu'aucune d'elles ait jeté sur moi un regard de pitié ou m'ait crié : Espère !

— Vous souffrez, oui, vous souffrez horriblement ; je le vois, je le comprends, mais la douleur vous rend injuste ; je ne discuterai pas avec vous, ce serait inutile ; croyez-moi, vous avez plus d'amis que vous ne voulez le supposer ; ces amis, ce sont ceux qui, par ma voix, vous prient de ne pas refuser cette entrevue qui, peut-être, vous sauvera, vous et les vôtres, et fera enfin cesser pour toujours ces discordes civiles qui, depuis trop longtemps, ensanglantent notre malheureux pays.

— Commandant, ajouta le Chasseur de rats, vous ne connaissez pas le général Richepance ; les récits qu'on vous a faits de lui sont mensongers, je vous le jure ; le général est non-seulement un vaillant soldat, mais encore c'est un homme d'élite, une puissante organisation, une vaste intelligence, un grand cœur, en un mot. Contraint malgré lui à la guerre, il l'a faite en déplorant, lui tout le premier, ses conséquences douloureuses et fatales ; essayant

sans cesse, par tous les moyens en son pouvoir, de les amoindrir et qui, j'en ai l'intime conviction, n'attend qu'un mot, une concession de votre part, pour se laisser toucher et pardonner aux révoltés.

— Pardonner ! s'écria vivement Delgrès en redressant fièrement la tête. Pardonner quoi ? D'avoir voulu être libres !...

— Non, Commandant ; répondit paisiblement le Chasseur, mais de vous être révoltés contre la France notre mère commune, notre patrie à tous. A quoi bon ergoter et discuter sur des mots ? Nous ne sommes pas des avocats bavards, mais des hommes au cœur fort et à l'âme fière ; ne songeons qu'aux faits eux-mêmes ; voyons, de bonne foi, entre nous, supposez-vous que le général Richepance, s'il n'avait voulu user envers vous de ménagements jusqu'au dernier moment, ne vous aurait pas contraints depuis longtemps déjà à vous rendre ?

— Erreur ! Des hommes comme moi ne se rendent pas, Chasseur ; il leur reste toujours une ressource suprême.

— Laquelle ?

— Celle de mourir bravement les armes à la main et d'illustrer ainsi leur défaite.

— En effet, il vous reste cette dernière ressource, qui prouvera votre impuissance.

— Non, mais qui enseignera à ceux qui nous survivront à suivre un jour notre exemple.

Le Chasseur secoua la tête.

— Commandant, répondit-il avec émotion, l'héroïque sacrifice que peut-être vous méditez déjà et que vous êtes, je le reconnais, homme à accomplir sans hésitation et sans faiblesse, ce sacrifice sera inutile ; mieux que personne vous le savez. Les hommes que vous commandez ne sont ni des soldats, ni des citoyens, ce sont, pardonnez-moi de vous le dire si brutalement : ce sont des exaltés ou des bêtes fauves qui, vous mort, et mort pour eux, seront les premiers à insulter à votre mémoire.

Delgrès baissa la tête sans répondre ; il avait la foi qui fait les martyrs, mais, — car les passions, hélas ! sont le guide de toutes les actions de l'homme — il n'était pas convaincu que son amour pour mademoiselle de la Brunerie fût sans espoir.

— Aurai-je donc le chagrin de me séparer de vous, pour toujours peut-être, monsieur, dit la jeune fille, sans obtenir de vous ce que je désire si ardemment ?

Le commandant fut subitement agité d'un frisson nerveux qui parcourut tout son corps ; ses sourcils se froncèrent à se joindre, ses traits prirent une expression de poignante douleur ; il essuya d'un geste fébrile la sueur qui inondait son front et poussant un profond soupir :

— Vous l'exigez, mademoiselle, répondit-t-il enfin d'une voix sourde et hachée par une émotion intérieure qui la rendait presque indistincte ; je dois vous obéir; soit, je ferai ce que vous me demandez; cette fois encore vous avez dompté ma volonté, mademoiselle.

— Oh! merci! merci, monsieur! s'écria mademoiselle de la Brunerie en joignant les mains avec joie.

— Je le ferai, mais à une condition? reprit-il avec prière.

— Une condition? laquelle? Parlez, monsieur.

— C'est que vous daignerez consentir à assister à cette entrevue que, lorsque le moment sera venu de le faire, je demanderai au général Richepance.

— Moi, monsieur? fit-elle avec surprise.

— Vous, oui, mademoiselle. Me refuserez-vous cette grâce? reprit-il avec instance.

— Mais, monsieur...

— Mon Dieu, mademoiselle, que ce soit superstition ou faiblesse d'esprit, je m'imagine, je ne saurais dire pourquoi, que votre présence à cette entrevue me portera bonheur; il y a des gens dont le regard, dit-on, donne la mort ou exerce une fascination fatale sur les personnes sur lesquelles il tombe; pourquoi n'existerait-il pas d'autres personnes qui, à leur insu peut-être, exercent une influence contraire? Et pourquoi, ainsi que j'en ai la profonde et intime conviction ne seriez-vous pas au nombre de ces personnes chéries de Dieu?

— Monsieur, je dois tout d'abord vous avertir, que je ne suis nullement superstitieuse, et que, par conséquent, je ne crois aucunement à ces influences; cependant, ajouta-t-elle avec un doux sourire, je ferai ce que vous me demandez.

— Vous me le promettez, mademoiselle?

— Oui, monsieur, je m'y engage.

— Soyez bénie pour cette promesse, mademoiselle. Et maintenant, ajouta-t-il en prenant sur la table un papier plié en quatre et le lui présentant, veuillez accepter ceci, mademoiselle; c'est un sauf-conduit qui vous permettra de parcourir l'île dans tous les sens et même de vous retirer à la Brunerie, si tel est votre désir, seule et sans défenseurs; sans avoir rien à redouter de ceux de mes partisans qui sont en ce moment en armes dans les Mornes, et dont les nombreux détachements sillonnent toutes les routes.

— J'accepte ce sauf-conduit avec reconnaissance, monsieur, et puisque je vous trouve si bienveillant pour moi, je me hasarderai à vous adresser encore une demande.

— Après le succès obtenu par la première, mademoiselle, vous ne devez rien redouter pour la seconde. De quoi s'agit-il, s'il vous plaît?

— Monsieur, j'ai été, comme vous le savez sans doute, à mon entrée dans le fort, cette nuit, vers dix heures, transportée à l'appartement du capitaine Ignace.

— Le capitaine Ignace a pris soin de m'en informer lui-même, mademoiselle.

— J'étais très-souffrante, très-fatiguée, très-effrayée surtout; je trouvai là une jeune femme, belle, douce, affectueuse, qui, sans savoir qui j'étais, me prodigua les soins les plus délicats.

— Claircine Ignace. Cette jeune femme est en effet telle que vous la dépeignez, mademoiselle; elle est, sous tous les rapports, digne du respect que chacun a pour elle.

— Cette personne est la nièce de monsieur David.

— Le commandeur de la Brunerie; en effet, mademoiselle; la fille de sa sœur, je crois.

— Bien qu'elle soit de quelques années plus âgée que moi, cependant, nous nous sommes connues enfants; j'ai toujours éprouvé un vif intérêt pour elle; cet intérêt s'est augmenté d'une dette de reconnaissance que j'ai contractée envers elle pour la façon charmante dont elle m'a reçue et les soins dont elle m'a entourée; lorsque son mari après vous avoir quitté, monsieur, m'a avoué que seul et sans que vous le sachiez, il m'avait fait enlever et a imploré mon pardon avec les marques du plus vif repentir, il a ajouté qu'il était bien sévèrement puni de la faute qu'il avait commise, puisque vous lui aviez intimé l'ordre de quitter immédiatement le fort, sans lui permettre d'emmener avec lui, ni sa femme ni ses enfants.

De parti pris, sans doute, à l'exemple des grands diplomates, mademoiselle de la Brunerie fardait légèrement la vérité; peut-être avait-elle des raisons pour le faire; mais ce qu'il y a de bizarre en cette affaire, c'est que, bien que le capitaine Ignace ne lui eût pas dit un mot de tout cela, et que, par conséquent, elle crût mentir, il se trouva qu'elle avait sans s'en douter, percé à jour les intentions du commandant; que, dans la pensée de Delgrès, le départ du capitaine Ignace équivalait à une véritable disgrâce et que, ainsi que cela arrive souvent, elle avait dit vrai sans le savoir; du reste, la réponse du commandant le lui prouva de la manière la plus convaincante.

— Tout cela est strictement vrai, mademoiselle, lui dit-il.

Encouragée par cet assentiment donné à ses paroles et auquel elle était loin de s'attendre, la jeune fille continua bravement:

— La douleur si vraie, si poignante de cet homme en se séparant de tout ce qu'il aime le plus au monde m'a brisé le cœur; j'ai oublié tout le mal que ce farouche capitaine avait tenté de me faire, tout celui qu'il m'avait fait, je ne me suis plus souvenue que du malheur qui le frappait, lui et sa famille; en une seconde, tous mes griefs contre lui s'effacèrent de ma pensée; malgré moi, je me sentis attendrie, et comme avant de s'éloigner, il insistait encore pour obtenir mon pardon, non-seulement je le lui accordai, mais encore je m'engageai envers lui à me charger de sa femme et de ses enfants; à les prendre sous ma protection et à les garder près de moi jusqu'à la fin de la guerre; le capitaine Ignace me remercia avec effusion, embrassa ces chères créatures qu'il adore, et sortit de la forteresse, non pas heureux, mais tout au moins rassuré sur leur sort.

— Oh! mademoiselle, s'écria Delgrès avec admiration, comment faites-vous donc, lorsque vous-même êtes si malheureuse et je dirai presque abandonnée, pour réussir ainsi à oublier votre propre douleur, pour répandre autour de vous tant de bienfaits?

— Je vous demande donc, monsieur, reprit Renée en souriant, l'autorisation de tenir envers cette malheureuse famille, la promesse que j'ai faite.

— Vous désirez emmener avec vous la pauvre Claircine et ses deux enfants?

— Oui, monsieur, si vous me le permettez.

— En avez-vous douté, mademoiselle?

— J'étais, au contraire, tellement certaine de cette autorisation, monsieur, que j'ai, à l'avance, averti Claircine de se tenir prête à me suivre.

— Dans un instant, mademoiselle, votre heureuse protégée sera ici.

Delgrès appela Codou.

— Capitaine, dit le commandant, priez madame Claircine Ignace de se rendre auprès de moi, je vous prie; vous ajouterez que c'est à propos de ce que mademoiselle de la Brunerie a daigné lui promettre; qu'elle veuille bien agir en conséquence.

Le capitaine Codou salua et sortit.

— Ma dette envers vous s'augmente encore, monsieur, et je le crains; si je ne m'arrêtais, elle prendrait bientôt des proportions formidables.

— Non, mademoiselle, vous vous trompez, répondit Delgrès; au contraire, demandez-moi ce qu'il vous plaira, c'est moi que vous faites votre débiteur, à chaque demande que vous daignez m'adresser.

— Si je l'osais, moi aussi, fit le Chasseur avec une légère teinte d'embarras, je vous adresserais une demande, commandant?

— Malheureusement cette demande, que je devine, je ne puis, à mon grand regret, y accéder.

— Pourquoi donc cela?

— Je vais vous le dire. Il s'agit, n'est-ce pas, des deux officiers parlementaires retenus dans le fort?

— En effet, c'est d'eux-mêmes.

— Eh bien, répondit le commandant avec mélancolie, ma réponse sera simple et péremptoire. Je puis vous autoriser à sortir, vous, parce que vous êtes entré dans le fort, non pas en qualité de parlementaire envoyé par l'ennemi, mais sur votre propre déclaration, comme venant causer avec moi d'affaires particulières n'ayant aucunement trait à la guerre, d'affaires qui, en un mot, me regardaient seul; mademoiselle de la Brunerie se trouve dans la même situation, elle est victime d'une trahison odieuse que je suis le maître de réparer en lui rendant la liberté qu'elle n'aurait pas dû perdre, puisque nous ne faisons la guerre, ajouta noblement Delgrès, ni aux femmes, ni aux enfants. Me comprenez-vous?

— Parfaitement, commandant.

Quant à madame Ignace, femme de l'un de nos premiers officiers, elle est maîtresse de ses actions et libre de demeurer ou de sortir du fort; du reste, maintenant que son mari ne doit plus y rentrer, mieux vaut, sous tous les rapports, qu'elle quitte Saint-Charles le plus tôt possible. Qui sait si, dans quelques jours, je pourrai lui offrir une protection efficace? Quant aux officiers parlementaires et aux autres prisonniers français détenus actuellement à Saint-Charles, sans discuter avec vous le plus ou le moins de légalité de leur arrestation, vous admettez cependant, n'est-ce pas, que leur position n'est pas la même?

— Oh! cela parfaitement, commandant. Cependant, je croyais, j'espérais...

— Vous aviez tort, mon ami; malheureusement leur liberté ne dépend pas seulement de ma volonté; sans cela, je vous le jure, il y a longtemps que je le leur aurais rendue.

— Mais ils sont traités, dit-on, avec une barbarie...

— C'est une calomnie, et lorsque je vous l'affirme, vous pouvez me croire; je ne suis pas homme à faire de la cruauté à froid, surtout envers de braves officiers qui, en me venant trouver, ont obéi à un ordre et accompli un devoir.

— Je vous crois, commandant.

— Ils sont traités avec les plus grands égards, sans distinction de grades. La seule chose que je puisse faire pour vous, parce que cette chose dépend essentiellement de moi, c'est de vous promettre que si le hasard voulait, ajouta-t-il avec un sourire amer, que nous fussions contraints d'abandonner le fort ou de l'évacuer enfin, n'importe de quelle façon, tous ces officiers y demeureront après notre départ et que leur vie sera efficacement protégée par moi. Voilà tout ce que je puis faire.

— C'est beaucoup, commandant; je vous remercie avec effusion de cette promesse; je sais que vous la tiendrez. A présent que j'ai votre parole, je suis complétement rassuré sur le sort de ces malheureux.

— Je vous autorise même, si vous jugez que cela soit nécessaire, à rapporter au général en chef des forces françaises la conversation que nous avons eue à ce sujet; et l'engagement que j'ai pris, vis-à-vis de vous, de protéger les prisonniers français qui sont en mon pouvoir contre toute insulte de la part de mes soldats.

— C'est ce que je ne manquerai pas de faire, commandant.

— Et moi, monsieur, ajouta la jeune fille, je proclamerai hautement de quelle manière noble et généreuse vous avez agi envers moi.

— Vous me comblez réellement, mademoiselle ; je ne mérite pas de si grands éloges, pour avoir simplement accompli un devoir d'honnête homme.

En ce moment, on frappa légèrement à la porte.

— Entrez, dit Delgrès.

La porte s'ouvrit, Claircine parut.

Le commandant se leva avec empressement et présenta un siége à la jeune femme,

— Madame, lui dit-il lorsqu'elle se fut assise, mademoiselle de la Brunerie m'a fait part de votre intention de quitter le fort Saint-Charles; vos préparatifs sont-ils faits?

— Oui, monsieur; répondit la jeune femme. Mademoiselle de la Brunerie a daigné m'offrir de me rendre auprès d'elle; j'ai cru devoir accepter cette gracieuse invitation; surtout dans l'isolement où me laisse le départ de mon mari. Mademoiselle de la Brunerie est un ange; heureuses les personnes qu'elle daigne prendre sous sa bienveillante protection! Vous avez parfaitement fait d'accepter cette proposition, et cela d'autant plus que votre mari, comme je crois le savoir, a consenti à cet arrangement qui vous est si avantageux.

— Oui, monsieur.

— Parfaitement, chère madame. Voilà qui est bien entendu entre nous; il ne me reste plus à présent qu'à prendre congé de vous et vous souhaiter autant de bonheur que vous en méritez. Veuillez, je vous prie, avertir vos servantes de votre départ et vous rendre avec elles auprès de la poterne des Galions ; c'est de ce côté que vous devez quitter le fort. Adieu, madame, soyez heureuse.

— Au revoir, monsieur, répondit Claircine en accentuant cette parole d'un sourire. Que Dieu vous paye du bien que vous me faites !

— Vous êtes mille fois bonne, madame ; mais, croyez-moi, ajouta-t-il avec tristesse, mieux vaut, quand on se sépare, dans certaines circonstances, dire adieu qu'au revoir, c'est plus sûr. Adieu donc, madame.

— Non, monsieur, je ne veux pas vous dire adieu, répondit Claircine avec des larmes dans la voix, mon cœur s'y refuse ! au revoir, monsieur, au revoir!

Et après avoir fait une révérence, la jeune femme se retira en essuyant son visage inondé de larmes.

Delgrès la suivit un instant du regard ; il étouffa un soupir, mais, se remettant presque aussitôt, il appela ses aides de camp.

La porte s'ouvrit.

Les capitaines Codou et Palème entrèrent, suivis de plusieurs autres officiers.

— Citoyens, dit le commandant en s'avançant à leur rencontre, mademoiselle de la Brunerie quitte immédiatement le fort Saint-Charles en compagnie de ce Chasseur, qui sur mon ordre, est expressément venu ici pour me réclamer sa liberté qui lui avait été injustement ravie ; nous sommes des hommes trop braves pour faire la guerre aux femmes. Avez-vous quelques observations à m'adresser à ce sujet?

— Aucune, commandant, répondit le capitaine Palème au nom de ses compagnons et au sien ; nous reconnaissons, au contraire, que vous agissez avec justice.

— C'est bien, je vous remercie, citoyens. Mademoiselle et vous, vieux Chasseur, me donnez-vous votre parole d'honneur de ne fournir aucun renseignement à l'ennemi sur ce que vous verrez en traversant la forteresse? Sinon, je serai forcé de vous faire bander les yeux.

— Cette précaution est inutile, monsieur, répondit en souriant la jeune fille ; je suis trop ignorante des choses de la guerre pour comprendre quoi que ce soit à ce qui pourra frapper mes regards. D'ailleurs, en serait-il autrement, que vos généreux procédés suffiraient pour me rendre sourde, aveugle et muette; je vous donne ma parole.

— Quant à moi, vous le savez, commandant, je ne suis pas soldat, et je ne m'occupe pas de politique; je n'hésite donc pas à faire le serment que vous exigez de moi. Je vous jure sur l'honneur de ne rien voir.

— Je n'insiste pas. Veuillez me permettre de vous précéder.

Il sortit.

Renée de la Brunerie, le Chasseur de rats et les officiers le suivirent.

Arrivés à la poterne où madame Ignace attendait avec ses deux enfants et ses domestiques, les derniers saluts furent échangés, puis, sur l'ordre de Delgrès, la poterne fut ouverte et les sept personnes, les servantes y compris, sortirent.

Dix minutes plus tard, le feu recommençait entre les Français et les noirs enfermés dans le fort Saint-Charles.

VII

Lorsque les troupes françaises avaient débarqué à la Pointe-à-Pitre, leur arrivée, annoncée cependant depuis si longtemps, avait causé dans toute l'île de la Guadeloupe une émotion extrême, dont il aurait été assez difficile, dans le premier moment, de définir bien exactement la véritable expression.

Cette émotion ressemblait bien plutôt à de la peur qu'à de la joie; elle ne tarda pas à prendre les immenses proportions d'une véritable terreur panique, lorsque l'escadre française apparut deux ou trois jours plus tard dans les eaux de la Basse-Terre.

Les riches planteurs, les grands commerçants surtout se sentaient en proie à une épouvante que rien ne réussissait à calmer; les excès commis par les noirs à l'île de Saint-Domingue étaient sans cesse présents à leur imagination troublée, sous les plus sombres couleurs; ainsi que cela arrive toujours, ils avaient transformé en événements terribles ce qui, en réalité, n'était que des faits isolés, sans importance et n'ayant rien de grave en eux-mêmes.

Si bien, que les clameurs discordantes poussées dans les rues et sur les places par les nègres avinés appelés par Delgrès à la révolte; leurs menaces furibondes, cependant non encore suivies d'effet, avaient suffi, ainsi que déjà nous l'avons rapporté, pour opérer une déroute générale; même parmi les plus braves représentants de la race blanche à la Guadeloupe.

Il y avait eu un sauve-qui-peut, qui, en quelques heures, avait acquis des proportions incalculables. Les planteurs les plus courageux s'étaient, comme M. de la Brunerie, mis en état de défense dans leurs propres habitations où quelques-uns de leurs voisins, aussi déterminés mais moins favorisés qu'eux par la fortune, étaient venus en foule chercher un abri assez précaire, contre les attaques des révoltés.

Le plus grand nombre enfin, apprenant que l'armée française avait débarqué à la Basse-Terre dont elle s'était emparée, était venu se réfugier sous la protection du drapeau français; prêts cependant à abandonner l'île, si la situation ne prenait pas une tournure meilleure, et si l'armée ne leur offrait pas toutes les conditions de sécurité qu'ils désiraient.

Dans les premiers jours qui suivirent le débarquement des troupes françaises à la Pointe-à-Pitre, et le soulèvement déclaré des nègres presque immédiatement après ce débarquement, la Basse-Terre avait été abandonnée par ses notables habitants; changée en désert et livrée sans défense aux insultes des nègres dont le quartier général était au fort Saint-Charles.

Mais, grâce aux mesures énergiques prises par le général en chef, la panique fut de courte durée; la ville voyait maintenant sa population presque triplée, à cause de l'affluence de tous les habitants de l'île qui étaient venus pour s'y réfugier, afin d'échapper aux bandes de l'intérieur, qui pillaient et incendiaient les villages et les habitations isolées.

Au nombre de ces riches familles des planteurs établies en ce moment à la Basse-Terre, et dont l'affluence donnait une apparence d'animation extraordinaire à la ville, se trouvait la famille de Foissac.

La famille de Foissac, était une de plus importantes, des plus anciennes et surtout des plus considérées de la Guadeloupe.

Les biens de cette famille, tant en France qu'en Amérique, étaient immenses, sa fortune véritablement princière.

A la Guadeloupe seule, elle possédait six habitations sucrières, dans lesquelles étaient employés plus de quatre mille noirs.

Quoique ces nègres fussent très-bien traités, car M. de Foissac était un homme humain et bon pour ses esclaves, lorsque la révolte avait éclaté, la plupart des noirs, depuis longtemps excités en secret par les émissaires des chefs révoltés, s'étaient laissés entraîner à les suivre; ils avaient abandonné les ateliers, et, après avoir commis quelques excès s'étaient réfugiés dans les mornes, qu'ils ne quittaient plus que pour faire la guerre à leurs anciens maîtres.

Au commencement de l'insurrection, vingt-trois personnes, appartenant toutes par des liens plus ou moins étroits à la famille de Foissac, réfugiées sur une de ses plantations, avaient été surprises à l'improviste pendant leur sommeil par une bande de noirs révoltés, et impitoyablement mises à mort sans que l'âge ni le sexe eussent trouvé grâce devant ces féroces bourreaux.

M. de Foissac, son fils, Gaston de Foissac, jeune homme de vingt-huit ans, et sa fille aînée, mademoiselle Hélène de Foissac, jeune fille de dix-sept ans à peine, ainsi que deux autres jeunes enfants, avaient seuls par miracle échappé à cette horrible tuerie.

Réfugiés avec quelques noirs restés fidèles dans un pavillon isolé de l'habitation, ils avaient bravement fait le coup de feu, et résisté avec toute l'énergie du désespoir, assez longtemps pour permettre à M. David, commandeur de la Brunerie, d'accourir à leurs secours; de chasser les révoltés et de reconquérir sur eux l'habitation, à laquelle ils allaient sans doute mettre le feu.

En cette circonstance, le commandeur de la Brunerie fut assez heureux, pour sauver la vie à plus de quatre-vingts personnes de race blanche, parents ou amis de la famille de Foissac, et à les amener avec lui à la Brunerie, où l'hospitalité la plus large leur fut aussitôt donnée.

M. de Foissac, ne jugeant pas, d'après les faits dont il avait été témoin et avait même failli être victime, qu'il y eût de sécurité pour lui dans aucune de ses plantations, avait refusé de se rendre à la Brunerie; suivi de ses enfants et de quelques serviteurs sur lesquels il croyait pouvoir compter, il s'était rendu en toute hâte à la Basse-Terre, où il s'était établi dans la magnifique maison que, de même que la plupart des autres riches planteurs de la Guadeloupe, il possédait sur le champ d'Arbaud.

La famille de la Brunerie et celle de Foissac avaient entre elles quelques liens éloignés de parenté ; ces liens depuis un siècle et demi environ, avaient tendu à se resserrer plus étroitement, à la suite de plusieurs alliances contractées entre elles ; des intérêts de fortune leur étaient devenus communs, et avaient encore augmenté, en les rapprochant, les relations intimes qui les unissaient.

Lors de la naissance de mademoiselle de la Brunerie, une parole avait été échangée entre MM. de Foissac et de la Brunerie sur le mariage du fils aîné de M. de Foissac, enfant alors âgé d'une dizaine d'années au plus, et la fillette qui ne faisait que de naître.

Cette union avait été convenue d'un commun accord entre les deux pères, afin de terminer à l'amiable une discussion qui s'était élevée sur la propriété d'une importante plantation sucrière que chacune des deux familles, avec des raisons semblant également plausibles, revendiquait comme lui appartenant ; cette contestation avait failli amener une brouille entre les deux riches planteurs, à cause de l'acharnement avec lequel leurs hommes d'affaires en défendant leurs intérêts, avaient réussi à envenimer la question.

Heureusement les deux planteurs étaient des hommes d'un grand sens, doués surtout d'une honnêteté proverbiale ; ils aperçurent à temps l'abîme vers lequel le zèle maladroit de leurs agents les entraînait.

Alors ils coupèrent le mal dans sa racine en déclarant que cette propriété à laquelle chacun d'eux renonçait pour sa part, ne resterait ni à l'un ni à l'autre ; qu'l'abandon en serait fait, conjointement à M. Gaston de Foissac et à mademoiselle Renée de la Brunerie, et ajouté à leur dot lors de leur mariage ; que cette propriété serait, jusqu'à cette époque, administrée en leur nom commun, et les re-

venus placés pour ne leur être remis que le jour même où leur union serait conclue.

Les choses ainsi convenues avec une loyauté si caractéristique entre les deux planteurs, l'incident fut vidé, ainsi que l'on dit dans l'affreux langage de dame Justice ; l'amitié un instant obscurcie entre les deux familles, reprit, grâce à cet accord, tout son primitif éclat.

Les enfants furent élevés dans les prévisions de l'union convenue ; dès leurs premières années, on s'appliqua à leur persuader, que ce mariage était une chose irrévocable.

Gaston de Foissac, âgé de près de onze ans de plus que sa jeune fiancée, était déjà presque un homme, lorsque la jeune fille n'était encore qu'une enfant, jouant à la poupée et se barbouillant le visage de confitures.

Il comprit naturellement plus vite que Renée l'importance de l'engagement pris en son nom ; il en calcula les avantages dans son esprit, et comme en susla petite personne ,qui déjà était une ravissante enfant, promettait de devenir plus tard une délicieuse jeune fille, il ne trouva rien de sérieux à objecter contre cette union, qui lui parut, au contraire, devoir être un jour fort agréable pour lui.

Peu à peu et au fur et à mesure que les années s'écoulaient, l'intérêt tout fraternel que d'abord il portait à l'enfant se changea en un véritable amour et il appela de tous ses vœux, l'époque marquée pour la réalisation du projet formé entre les deux familles.

C'est que la jeune fille avait surpassé toutes les promesses de l'enfant, et était devenue une ravissante créature, dont la beauté était déjà citée avec admiration.

Du côté du jeune homme, il ne s'éleva donc aucun obstacle.

Mais il n'en fut pas ainsi de la jeune fille.

Nous avons eu occasion de faire connaître cet éloignement de la jeune fille pour celui qu'elle devait épouser ; éloignement qui datait de fort loin, ainsi qu'on va le voir.

Renée de la Brunerie, élevée avec son cousin et sa cousine, les aimait beaucoup et paraissait même ne pas pouvoir se passer d'eux; elle éprouvait surtout une vive amitié pour Hélène, la sœur de Gaston, charmante enfant, son aînée de deux ans à peine, qu'elle prenait plaisir à nommer en riant : sa grande sœur.

Cette amitié des trois enfants, persévéra sans aucun nuage pendant plusieurs années, en s'accroissant tous les jours dans des proportions qui remplissaient leurs parents de joie ; mais un an environ, avant le départ de Renée pour la France, où, selon l'habitude des riches créoles, elle devait aller terminer son éducation, son père la jugeant sans doute assez raisonnable pour lui faire enfin la confidence de son union convenue avec son cousin, — confidence que M. de la Brunerie avait jugé prudent de reculer jusqu'à ce jour, — la jeune fille, au profond étonnement de son père, l'écouta toute pâlissante, les lèvres frémissantes, les yeux pleins de larmes, mais sans interrompre une seule fois son père; dès qu'elle fut libre, elle se retira dans sa chambre à coucher où elle s'enferma, et passa toute la journée à pleurer et à sangloter.

Renée avait alors quatorze ans; chaste et pure créature, elle n'aimait et ne pouvait aimer personne; elle ignorait jusqu'à la signification du mot amour; mais douée d'un caractère hautain; élevée dans une liberté complète, accoutumée à faire tout ce qui lui plaisait et à voir ses plus légers caprices obéis avec empressement, elle ne pouvait supporter la pensée de se voir, sans que son consentement lui eût été même demandé, destinée contre sa volonté à devenir l'épouse d'un homme qui, certain d'être un jour son mari, la traiterait sans doute bientôt comme une chose lui appartenant; sans se soucier de lui plaire ou de savoir si, lui, il lui plaisait à elle; une telle union parut monstrueuse à la jeune fille; elle jura au fond de son cœur, avec la ténacité d'enfant gâté qui était le côté saillant de son caractère, que jamais cette union détestée ne s'accomplirait; qu'elle mourrait vieille fille, plutôt que d'épouser l'homme qu'on prétendait lui imposer de force pour mari.

A compter de ce jour, les manières de Renée envers son cousin subirent un changement complet; elle devint subitement pour lui d'une froideur tellement glaciale, que le jeune homme, effrayé à bon droit d'un changement aussi radical, et dont il cherchait vainement la cause, lui demanda à plusieurs reprises une explication, que la capricieuse jeune fille s'obstina constamment à lui refuser, avec une rudesse qui le désespéra.

Gaston de Foissac, ne comprenant plus rien à ce qui se passait dans l'esprit de mademoiselle de la Brunerie, et désespéré de l'éloignement que, tout à coup, sans que rien le justifiât à ses yeux, sa fiancée lui avait témoigné, — éloignement qui augmentait tous les jours et se changeait presque en haine; — renonçant à obtenir de Renée l'explication de son étrange conduite, résolut, la mort dans le cœur, car il éprouvait pour elle un violent amour, de s'éloigner au moins pour quelque temps de la Guadeloupe; après avoir obtenu l'assentiment de son père, il vint prendre congé de mademoiselle de la Brunerie en lui annonçant son prochain départ pour l'Europe; où il se proposait, disait-il avec intention, de faire un séjour qui probablement se prolongerait plusieurs années.

Pendant qu'il parlait, le malheureux jeune homme épiait avec anxiété, sur le visage froid et dédaigneusement hautain de sa cousine, l'effet que produisait sur elle l'annonce de cet exil; il n'attendait qu'un mot, un geste, pour renoncer à son voyage.

Le geste ne fut pas fait, le mot ne fut pas prononcé; Renée demeura impassible, glaciale; elle l'écouta sans témoigner la plus légère émotion, et, lorsqu'il eut cessé de parler, elle lui souhaita un bon voyage sans même le regarder, lui fit une grande révérence, lui tourna le dos et sortit de l'appartement.

Le jeune homme quitta l'habitation en proie à une agitation extrême, et à un désespoir profond.

Deux jours plus tard, il avait quitté la Guadeloupe sur un bâtiment qui se rendait à New-York.

Une dizaine de mois après Renée abandonnait l'île à son tour, et se dirigeait vers la France.

Mais avant son départ, la jeune fille avait tout avoué au Chasseur de rats, son confident en titre, la seule personne pour laquelle elle n'avait réellement pas de secrets.

Le vieux Chasseur avait écouté cette confidence en souriant; bien qu'elle arrachât à la jeune fille des larmes de honte et de colère, et lui avait répondu avec un accent qui lui avait rendu tout son courage et l'avait plus que jamais affermie dans ses projets de résistance.

— Nous n'avons pas, quant à présent, ma chère enfant, à nous préoccuper de cette affaire: plusieurs années s'écouleront encore avant que ce projet de vos deux familles soit de nouveau remis en question; d'ici là, ne vous inquiétez de rien; lorsque le moment viendra, où il vous faudra définitivement répondre par un non ou par un oui, soyez tranquille, je ne vous faillirai pas; quoi qu'il arrive, soyez certaine, chère enfant, que jamais vous ne serez sacrifiée et que votre père ne vous imposera contre votre gré ni cette union, ni une autre, quelle qu'elle soit, je vous le jure.

— Mais enfin, mon ami, comment ferez-vous pour vous opposer à la volonté de mon père?

— Ceci me regarde, chère enfant?

— Jamais M. de la Brunerie n'est revenu sur une résolution prise, dit-elle avec anxiété.

— Eh bien, alors, il fera une exception en ma faveur, répondit le Chasseur avec ce sourire narquois qui lui était particulier. Je vous ai donné ma parole, rassurez-vous donc; vous devez savoir que moi aussi je n'y ai jamais manqué.

Ces derniers mots avaient terminé l'entretien; quelques jours plus tard, la jeune fille s'était embarquée, calme et souriante, pour la France.

Gaston de Foissac n'était revenu à la Guadeloupe qu'un mois à peine avant l'arrivée de l'expédition française; c'était alors un beau jeune homme de vingt-neuf ans, ainsi que plus haut nous l'avons dit; les voyages lui avaient donné cette grâce et cette élégance de manières qui complètent l'homme

.....Dans lesquelles étaient employés plus de quatre mille noirs (page 46).

du monde; ses traits avaient pris des lignes plus accentuées, sa physionomie une expression plus ferme et en même temps plus calme; son front pur, ses grands yeux pensifs, son teint d'une blancheur mate, le fin et charmant sourire que trop rarement il laissait errer sur ses lèvres, en faisaient un cavalier accompli que toutes les jeunes filles regardaient en souriant à la dérobée, et dont le cœur en le voyant battait avec de doux frissons d'amour.

Lui, sérieux, presque sombre, il ne semblait point s'apercevoir de l'effet qu'il produisait et de l'émoi qu'il causait à ses ravissantes compatriotes.

Galant, sans être empressé auprès d'elles, causant avec infiniment d'esprit et de retenue, il savait, tout en captivant l'attention et éveillant la sympathie, demeurer pour ainsi dire en dehors de ce qui se passait autour de lui et vivre isolé au milieu de ce monde que sa présence galvanisait.

Sa sœur, mademoiselle Hélène de Foissac, avait été, pendant l'absence de son frère, fiancée au capitaine Paul de Chatenoy. Les deux jeunes gens éprouvaient l'un pour l'autre un amour profond et sincère. Gaston de Foissac, à peu près du même

âge que Paul, voyait cette union avec plaisir; il en désirait la prompte conclusion, malheureusement indéfiniment ajournée à cause des troubles qui bouleversaient la colonie, et avaient depuis quelque temps pris de si inquiétantes proportions.

La première entrevue de Gaston de Foissac avec Renée de la Brunerie, après une longue séparation, n'avait eu lieu que deux jours avant l'enlèvement de la jeune fille par le capitaine Ignace; Gaston s'était expressément rendu à la plantation pour saluer sa fiancée.

Renée de la Brunerie avait tenu la promesse qu'elle avait faite à son ami le Chasseur quelques jours auparavant, en recevant le jeune homme, non pas comme un ami, mais comme un indifférent, que l'on éprouve quelque plaisir à revoir après une longue absence, mais pas davantage.

C'est que la situation de la jeune fille était complètement changée; elle avait une ardente passion au cœur, elle aimait un homme auquel elle aurait tout sacrifié avec joie; ce qui jadis n'était qu'un entêtement d'enfant gâté sans aucun motif sérieux, avait à présent une raison d'être qui rendait toute concession et tout rapprochement impossible; aussi cette entrevue avait-elle été telle qu'on devait l'attendre de ces deux fières natures : froide sans raideur, hautaine sans morgue ; elle se termina par une escarmouche de réparties vives, spirituelles, mais sans aigreur, échangées avec une rapidité, qui donnait du premier coup, la mesure de la force acquise par les deux adversaires pendant les années qui s'étaient écoulées depuis leur séparation ; et montrait de plus l'entière liberté d'esprit de la jeune fille ; c'est-à-dire sa complète indifférence pour celui qui se flattait peut-être encore en secret, de lui faire partager son amour.

Gaston de Foissac, après une visite assez courte, se retira et ne revint plus.

La jeune fille fut piquée de cet abandon sans doute calculé.

Les femmes veulent bien imposer tyranniquement leurs volontés ; écraser de leurs dédains et de leurs sarcasmes, les hommes qui ne sont pas assez heureux pour leur plaire ; mais elles n'acceptent sous aucun prétexte, que ceux qu'elles prennent ainsi plaisir à torturer, demeurent froids et impassibles sous leurs morsures.

Les femmes, ces charmantes panthères, aux griffes rosées, sont essentiellement cruelles ; elles tiennent de bien plus près qu'on ne se l'imagine à la race féline ; la victime qui semble se rire de leur colère, devient aussitôt pour elles un ennemi qu'elles craignent d'autant plus qu'il s'est soustrait à leur pouvoir et auquel, par conséquent, elles s'intéressent malgré elles, tout en le détestant de toutes les forces centuplées de leur organisation essentiellement nerveuse.

Lors de son arrivée à la Basse-Terre, M. de la Brunerie se retrouva naturellement avec M. de Foissac ; les relations qui avaient toujours existé entre eux se renouèrent plus étroitement que jamais ; d'abord à cause du voisinage de leurs maisons qui se trouvaient à quelques pas l'une de l'autre, et par suite de ce besoin d'épanchement que l'on éprouve dans les situations critiques de la vie.

L'enlèvement de mademoiselle Renée de la Brunerie, fut un texte tout trouvé, sur lequel on broda de cents façon diverses, pour imposer au malheureux père des consolations qu'il ne demandait pas et qui ne produisaient d'autre effet sur lui, que de lui faire sentir plus vivement encore toute la grandeur du malheur qui avait fondu à l'improviste sur sa personne ; mais, comme les compliments de condoléance qui lui arrivaient à la fois de tous les côtés, provenaient évidemment de l'immense pitié qu'il inspirait et de l'intérêt que l'on éprouvait pour sa douleur, il se voyait contraint de subir sans sourciller toutes ces consolations qui lui rendaient plus cuisante, s'il est possible, la blessure qu'il avait reçue.

Une seule personne se montra très-sobre de ces consolations de commande, ce fut Gaston de Foissac.

Le jeune homme se borna à dire au planteur en lui serrant affectueusement la main :

— On ne console pas un père de la perte de sa fille, on pleure avec lui ; donnez-moi le moyen de vous venger et de sauver celle qui, pour vous, est tout, et je me ferai tuer pour vous la rendre.

Les deux hommes tombèrent dans les bras l'un de l'autre et confondirent leurs larmes.

— Oh ! murmura le planteur, pourquoi ne puis-je pas vous appeler mon fils ?

— Ne préjugeons rien encore, répondit doucement le jeune homme ; ne suis-je pas votre fils par l'affection ? Dieu fera le reste.

M. de la Brunerie avait rapporté à MM. de Foissac la scène qui s'était passée chez le général Richepance, et comment le Chasseur de rats avait pris la résolution de pénétrer en parlementaire dans le fort Saint-Charles.

— Il se fera assassiner par ces misérables rebelles, dit M. de Foissac.

— Peut-être ! ajouta Gaston. Mais certainement cette audacieuse démarche n'aboutira à rien.

— Je ne partage pas votre opinion, reprit M. de la Brunerie ; cet homme est un être réellement incompréhensible ; je lui ai vu accomplir des choses extraordinaires ; j'ai la conviction que s'il n'est pas poignardé au premier mot qu'il prononcera, il parviendra, je ne sais comment, à dominer ces brutes, à les convaincre et à obtenir la liberté de ma fille.

— Allons donc ! fit M. de Foissac en haussant les épaules, ce que vous dites est impossible, mon cher cousin ; Delgrès est un homme trop rusé pour se laisser jouer ainsi ; d'ailleurs, il se gardera bien de laisser échapper un si précieux otage.

Cette conversation avait lieu dans l'appartement particulier de M. de la Brunerie ; le planteur avait séparé sa maison en deux parties, dont l'une était occupée par le général en chef de l'armée française et son état-major ; il avait réservé la seconde pour lui et sa famille.

En ce moment, la porte s'ouvrit et un domestique annonça le général en chef.

Le général Richepance entra ; son front était soucieux.

— J'ai l'honneur de vous saluer, messieurs, dit-il du ton le plus amical ; pardonnez-moi de me venir ainsi jeter à la traverse de votre conversation ; mais, d'honneur, je ne pouvais y tenir davantage ; mon inquiétude est extrême, je viens à l'instant même de la tranchée.

— Eh bien ! général ? s'écrièrent les trois hommes d'une seule voix.

— Eh bien ! messieurs, jusqu'à présent du moins les rebelles semblent respecter le drapeau parlementaire; c'est à n'y pas croire! Ce vieux Chasseur est l'homme le plus étrange que j'aie jamais vu.

— Je disais précisément cela, il n'y a qu'un instant, à ces messieurs, général, répondit M. de la Brunerie. Ainsi le Chasseur a mis son projet à exécution?

— Certainement! l'avez-vous jamais vu hésiter, monsieur? Au lever du soleil, ainsi qu'il nous l'avait dit hier au soir, il s'est présenté hardiment au pied des glacis, un drapeau blanc à la main, et suivi pour toute escorte de six chiens ratiers et d'un trompette; ce serait à pouffer de rire si l'affaire n'était pas si grave!

— Et les rebelles l'ont reçu?

— Parfaitement, selon les règles de la guerre que, contrairement à leurs habitudes, en cette circonstance, ils ont strictement observées; depuis, plus rien; le vieux Chasseur est toujours dans le fort. Je vous avoue, messieurs, que je ne comprends plus un mot à ce qui se passe.

— Les rebelles auront sans doute retenu ce pauvre homme prisonnier, général; dit M. de Foissac.

— Non pas, monsieur; le drapeau parlementaire est arboré sur le fort, les sentinelles noires causent amicalement avec les nôtres. Que diable notre ami peut-il faire dans ce traquenard?

— Il est plus de neuf heures; dit Gaston de Foissac en consultant sa montre.

— Ce qui signifie que depuis plus de trois heures notre homme est là; je n'y comprends plus rien du tout.

— Ni moi non plus, fit M. de la Brunerie; mais je suis convaincu qu'il me ramènera ma fille.

— Dieu le veuille! s'écria le général avec un soupir étouffé. Je ne sais plus que penser.

En effet, l'inquiétude du général était si grande, qu'il lui était impossible de demeurer une seconde en place; il allait et venait à travers le salon, avec une agitation qui avait quelque chose de fébrile.

— Etes-vous bien assuré de la fidélité de cet homme, mon général? demanda Gaston.

— Lui! s'écrièrent à la foi le général et le planteur avec stupéfaction.

— Je vous demande pardon de vous adresser cette question, qui semble si fort vous surprendre, général, reprit le jeune homme; mais pour ma part, je confesse que j'ignore complètement qui est ce singulier personnage dont le nom, ou plutôt la profession, se trouve dans toutes les bouches, et dont chacun parle avec enthousiasme à la Basse-Terre.

— Vous pouvez ajouter dans toute l'île, mon cher Gaston, répondit le planteur, et vous ne vous tromperez pas.

— Vous savez, messieurs, reprit le jeune homme, que depuis quelques jours seulement je suis de retour à la Guadeloupe, et que, par conséquent, il n'y a rien d'étonnant, à ce que je ne connaisse pas le Chasseur de rats.

— Cet homme, dit le général, est la personnification la plus complète que j'aie rencontrée jusqu'à ce jour, du désintéressement, de la bravoure et du dévouement.

— Voilà, général, un éloge qui, dans votre bouche surtout est bien beau; répondit Gaston.

— Il n'est que juste, monsieur; jamais on n'appréciera comme il mérite de l'être, ce noble et grand caractère.

— Allons, tranchons le mot : c'est un héros! fit le jeune homme avec une légère teinte d'ironie.

— Non, monsieur, répondit un peu sèchement le général; c'est un homme, un homme dans toute l'acception la plus étendue du mot, avec toutes les vertus et peut-être tous les vices de l'espèce.

Mais, ajouta le général, nous nous éloignons, il me semble, de notre sujet, qui est la délivrance de mademoiselle de la Brunerie. Pardonnez-moi, messieurs, de m'être laissé emporter ainsi; oh! je vous en donne ma parole, si notre brave Chasseur a échoué dans sa généreuse et téméraire entreprise, dussé-je ne pas laisser pierre sur pierre du fort Saint-Charles, il sera cruellement vengé, ainsi que la malheureuse et innocente jeune fille à laquelle nous nous intéressons tous si vivement.

En ce moment, un grand bruit, mêlé de cris de joie et d'acclamations répétées, se fit entendre sur le cours Nolivos.

La porte s'ouvrit et un aide de camp du général Richepance parut.

— Que se passe-t-il donc, capitaine? demanda vivement le général.

— Mon général, voici le Chasseur de rats; il est de retour, il me suit, dans une seconde il sera ici.

— Il est seul? s'écria le général avec anxiété.

— Non, mon général; mademoiselle de la Brunerie l'accompagne.

— Ah! je le savais!... fit Richepance avec émotion. Oh! oui, c'est un homme!

Au même instant le Chasseur parut.

Renée de la Brunerie se tenait près de lui calme et souriante; un peu en arrière, modeste et timide on apercevait la charmante Claircine.

Les assistants poussèrent un cri de joie et s'élancèrent au-devant de la jeune fille, que déjà son père pressait sur son cœur.

— Général, dit le vieux Chasseur de cet air tranquille qu'il savait si bien affecter dans certaines circonstances, me voici de retour. Voulez-vous permettre de vous faire mon rapport?

— Je veux avant tout, répondit le général avec un sourire épanoui, que vous me fassiez l'honneur de me donner votre main, mon vieil ami.

— Oh! avec bien de la joie, mon général, répondit le vieillard avec émotion, et vrai! je crois avoir

mérité que vous me traiti z avec cette bienveillance.
Et il pressa chaleureusement dans la sienne la
main que lui tendait le général.

IX

COMMENT RENÉE DE LA BRUNERIE SE TROUVE A L'IM-
PROVISTE DANS UNE SITUATION EMBARRASSANTE.

Il est impossible de s'imaginer l'émotion et la joie
causées à la Basse-Terre par l'arrivée imprévue et
si ardemment désirée de mademoiselle Renée de la
Brunerie.

A la nouvelle de ce retour qui se répandit dans
toute la ville avec la rapidité d'une traînée de
poudre, l'enthousiasme de la population fut si vif
qu'il atteignit presque jusqu'au délire.

Plus on avait craint pour la jeune fille, plus on
fut heureux de la revoir.

Les planteurs chez lesquels, à cause des terribles représailles dont ils avaient été les victimes au
commencement de l'insurrection, la haine instinc-
tive qu'ils portaient à la race noire étouffait toute
impartialité et tous sentiments généreux, ne com-
prenaient rien à la conduite noble et désintéressée
du commandant Delgrès, qu'ils affectaient dans
leur colère insensée de confondre avec les mons-
tres, et auquel ils refusaient presque l'apparence
humaine pour en faire une bête fauve ; ne pouvant
nier un fait dont l'évidence les aurait écrasés, ils lui
cherchaient des motifs intéressés ; s'ils l'avaient
osé, ils auraient été jusqu'à attribuer cette clémence, incompréhensible pour eux, à une faiblesse
de mademoiselle de la Brunerie.

Heureusement pour celle-ci, sa réputation de
pureté était si bien établie, que le serpent qui aurait
essayé d'y mordre s'y serait brisé les dents ; les
envieux et les calomniateurs y auraient perdu leur
venin ; les ennemis de Delgrès furent contraints
bien à contre-cœur, d'avouer leur impuissance et
de reconnaître tacitement sa générosité.

Entre toutes les personnes charmées du retour
de mademoiselle de la Brunerie, nous citerons, en
première ligne, le général Richepance.

En effet, depuis le jour où le corps expéditionnaire français avait débarqué à la Pointe-à-Pitre, le
général en chef n'avait eu qu'une seule fois l'occasion de voir et d'entretenir la jeune fille, et encore
n'avait-il pu en profiter que par hasard, devant
cinq cents personnes, au milieu d'un banquet, sous
le feu des regards curieux de la foule incessamment
fixés sur lui ; il brûlait du désir de causer sans
témoins incommodes avec la jeune fille ; de lui dire
combien il l'aimait, et se concerter avec elle sur la
marche qu'il devait suivre pour demander sa main

à son père, et prendre hautement devant tous, le
titre de son fiancé.

En la voyant revenir, après avoir si miraculeuse-
ment échappé aux serres de Delgrès, un rayon de
bonheur inonda le cœur du général ; il espéra que,
vivant sous le même toit, côte à côte avec elle dont
un étage seul le séparait, cette occasion que
depuis si longtemps il attendait, se présenterait
enfin.

Grande fut sa désillusion, profonde sa douleur,
lorsque, après les premiers épanchements et les
premiers moments donnés tout au bonheur d'être
enfin réunie à son père, il entendit mademoiselle
de la Brunerie, après avoir rapporté dans les plus
minutieux détails et avec une impartialité complè-
tout ce qui lui était arrivé depuis son enlèvement,
témoigner le désir de retourner le plus promptement possible à la Brunerie ; et comme son père
lui objectait doucement les dangers qui la mena-
ceraient encore dans cette habitation qui, une fois
déjà, l'avait si mal protégée, il la vit retirer de sa
poitrine le sauf-conduit que le chef des révoltés
lui avait donné, en ajoutant d'une voix ferme que
ce papier suffisait pour lui assurer une sécurité
entière que nul ne s'aviserait de troubler.

Cependant le hasard ménagea au général plus
qu'il n'osait espérer.

Deux heures plus tard, Richepance, ayant quelque renseignements peu importants à demander à
M. de la Brunerie, monta à l'appartement du planteur ; le valet, accoutumé à voir, à toutes les heures
le général, et professant pour lui un profond respect, l'introduisit sans l'annoncer dans le salon.

Renée de la Brunerie, à demi étendue sur un
fauteuil à disque, un livre ouvert à la main, lisait,
ou, pour mieux dire, se laissait doucement bercer
par ses rêves, car le livre était tombé sur ses genoux et elle ne songeait pas à le relever.

Claircine, assise près de la jeune fille, sur un
coussin, était occupée à bercer le plus jeune de ses
enfants, en lui chantant d'un timbre à la fois doux,
harmonieux et mélancolique, une de ces chansons
créoles que les nourrices improvisent presque
toujours en les chantant.

En apercevant le général, la jeune mulâtresse
se tut subitement et se leva honteuse et rougissante,
en regardant la jeune fille à la dérobée.

Mais celle-ci, d'un geste imperceptible l'engagea à reprendre sa place, et elle se rassit sur le
coussin.

Richepance salua les deux dames.

— Je suis aux regrets, mademoiselle, dit-il, en
s'adressant à la jeune fille avec embarras, de me
présenter ainsi à l'improviste devant vous, sans
avoir été annoncé par le domestique placé dans
l'antichambre.

— Pourquoi donc vous feriez-vous annoncer,

général? répondit Renée avec un sourire. N'êtes-vous pas notre hôte, celui de mon père surtout, et en cette qualité, libre de vous présenter lorsque cela vous plaît dans notre appartement. Je suis heureuse, croyez-le bien, de vous recevoir.

— Vous me comblez, mademoiselle; je n'aurais jamais osé, soyez-en convaincue, paraître ainsi devant vous sans votre formelle autorisation.

— C'est sans doute à mon père que vous désirez parler, général?

— Oui, mademoiselle; quelques renseignements seulement à lui demander, pas autre chose.

— Mon père est sorti depuis une heure environ, général; j'espère que son absence ne se prolongera plus longtemps à présent; si rien ne vous presse en ce moment, et que cela ne vous ennuie pas trop de nous tenir compagnie, à madame et à moi, veuillez, je vous prie, vous asseoir sur ce fauteuil qui est là près de vous; je vous le répète, votre supplice ne sera pas de longue durée, car mon père ne tardera pas sans doute à rentrer; je suis même surprise qu'il ne soit pas encore ici.

Le général s'empressa de prendre le siége qui lui était si gracieusement offert.

— Je vous obéis avec plaisir, mademoiselle, répondit-il en s'asseyant; mais je serais désespéré de vous troubler; soyez donc assez bonne pour reprendre votre lecture, et ne pas plus vous occuper de moi que si je n'étais pas là.

— Oh! non, général! la punition serait trop forte et pour vous et pour moi; je préfère fermer mon livre et causer avec vous, répondit-elle en riant.

— Je ne sais comment vous remercier de cette faveur, mademoiselle. Depuis mon arrivée à la Guadeloupe, le hasard semble s'obstiner à nous séparer, quoi que je fasse pour me rapprocher de vous.

— C'est vrai, murmura-t-elle d'un air pensif.

— Depuis si longtemps je désire trouver l'occasion d'avoir avec vous, mademoiselle, un entretien qui décidera du bonheur de ma vie entière.

— Eh bien, général, reprit Renée redevenue subitement sérieuse, parlez sans crainte, cette jeune femme est mon amie dévouée, elle m'aime et je l'aime; que sa présence ne vous empêche pas de vous expliquer.

— Puisque vous m'y autorisez d'une façon si charmante, mademoiselle, je saisis avec empressement cette bienheureuse occasion, qui peut-être ne se présentera plus, pour vous dire seulement trois mots qui depuis bien longtemps brûlent mes lèvres, sur lesquelles je suis forcé de les retenir : Je vous aime.

— Moi aussi, je vous aime, général; je suis si fière et si heureuse de votre amour que j'ai la hardiesse de vous faire cet aveu.

— J'en suis à la fois confus et profondément émotionné, mademoiselle, permettez-moi de surmonter mon trouble et de vous prier de m'autoriser à faire officiellement demander votre main à monsieur votre père, par mon collègue le général Gobert, mon ami et votre parent? Vous voyez que je vous parle net et que je vais droit au but.

— En vrai général républicain, s'écria mademoiselle de la Brunerie.

Mais redevenant subitement sérieuse :

— Je ne crois pas que le moment soit bien choisi, ajouta-t-elle.

— Que me dites-vous là, mademoiselle?

— La vérité, général. Écoutez-moi à votre tour. Je veux et je dois, moi aussi, être franche avec vous, Connaissez-vous ce jeune homme qui se trouvait ici ce matin, lors de mon arrivée, et qui se nomme Gaston de Foissac?

— Certes, mademoiselle; c'est un charmant cavalier, un jeune homme très-instruit, très-intelligent et qui, ce qui ne gâte rien, paraît plein de cœur.

— Allons, général, vous êtes généreux pour votre rival, c'est très-bien.

— Mon rival, M. Gaston de Foissac, mademoiselle! s'écria Richepance avec étonnement.

— Lui-même.

— Fou que je suis de m'étonner ainsi! Tous ceux qui vous voient doivent vous aimer, mademoiselle; un homme aussi distingué que l'est M. Gaston de Foissac ne pouvait éviter ce malheur. C'est fatal, cela!

— Comment! vous trouvez que c'est un malheur de m'aimer, général? dit-elle avec une fine ironie.

— Mais oui, certainement, mademoiselle; je plains les malheureux qui se sont laissé séduire par votre incomparable beauté; ils aiment sans espoir; douleur la plus cruelle que puisse éprouver un homme, et que le Dante n'a eu garde d'oublier dans son enfer. Comment ne les plaindrais-je pas, ces infortunés, puisque seul je possède votre cœur.

— C'est vrai, général, et mon cœur n'est pas de ceux qui se donnent deux fois. Cependant, bien que mon amour soit à vous tout entier, à vous seul; M. Gaston de Foissac a, ou du moins croit avoir, des droits à ma main.

— Expliquez-vous, au nom du ciel, mademoiselle!

— En deux mots, général, voici l'histoire; et René conta au général ce qu'elle savait des projets de son mariage avec son cousin Gaston.

Puis, continua-t-elle avec une certaine animation :

— Lorsque je refusai de contracter cette union, qui m'était imposée par mon père et qui devait avoir lieu lorsque j'aurais accompli ma dix-huitième année, je n'étais encore qu'une enfant; j'ignorais mon cœur, je ne savais pas ce que l'on entendait par ce mot : aimer, que je trouve aujourd'hui si doux à prononcer ; aujourd'hui je suis femme et j'aime ; supposez-vous un seul instant que je consentirais à épouser ce jeune homme que j'estime, à la vérité, à cause de ses grandes et belles qualités, mais qui, pour moi, ne sera jamais qu'un ami ?

— Depuis votre retour d'Europe, mademoiselle, jamais M. de la Brunerie n'est revenu avec vous sur ce sujet ?

— Jamais, général ; mais je prévois avec douleur, car j'ai une profonde affection pour mon père, et la pensée de lui causer un chagrin me remplit de tristesse, je prévois, dis-je que bientôt une nouvelle explication entre nous aura lieu...

— Et alors ?

— Je refuserai ! dit-elle nettement.

— Non, mademoiselle, dit une voix affectueuse avec un accent de mélancolie inexprimable, vous ne causerez pas cette immense douleur à votre père ; ce sera moi qui refuserai.

La jeune fille et le général se retournèrent avec surprise, presque avec épouvante.

Ils aperçurent Gaston de Foissac, immobile et respectueusement incliné à deux pas d'eux.

Le Chasseur de rats, ses ratiers aux talons comme toujours, se tenait, sombre et pensif, appuyé sur son fusil, derrière le jeune homme.

— Vous, ici, mon cousin ? s'écria la jeune fille avec embarras.

— Pardonnez-moi, ma cousine, répondit le jeune homme avec tristesse, une surprise involontaire ; ne l'attribuez ni à un manque de convenance, ni surtout à une curiosité coupable.

— Je me porte votre garant, monsieur, dit vivement le général en se levant et lui tendant la main.

— Je vous remercie, général ; et puisque j'ai été assez disgracié du sort pour que ma cousine ne pût m'aimer, ajouta-t-il avec un pâle sourire, je suis heureux, croyez-le bien, que son choix soit tombé sur vous ; vous êtes digne de posséder un cœur comme le sien.

— Mais, comment se fait-il, mon cousin ?... reprit Renée de la Brunerie.

— Que je suis ici, ma cousine ? interrompit doucement le jeune homme.

— Oui, murmura-t-elle en rougissant.

— L'explication sera courte, ma cousine. Votre père et le mien sont réunis en ce moment, causant selon toutes probabilités de cette union qu'ils ont si malencontreusement rêvée pour nous, fit-il avec une feinte gaieté ; c'est, du moins, ce que mon père m'a laissé vaguement supposer. Alors, pardonnez-moi, ma cousine, j'ai voulu, moi aussi, obtenir enfin de vous une explication franche et qui

me traçât définitivement la ligne de conduite qu'il me conviendrait de tenir à l'avenir. Hélas ! nul ne peut commander à son cœur ; l'amour naît d'un mot, d'un regard, d'une sympathie inexplicable ; c'est un force mystérieuse dont Dieu dispose d'après ses secrets desseins. Mais quoi qu'il arrive je suis et je veux demeurer votre ami et s'il le faut, j'aurai le courage de refuser votre main.

— Monsieur ! s'écria le général avec élan, vous êtes un noble cœur !

— Ne faut-il pas que je sois quelque chose ? répondit M. de Foissac avec amertume. Mais je reprends mon explication : J'allais entrer dans cette maison, lorsque je rencontrai ce brave Chasseur ; je sais combien il vous est attaché...

— Permettez-moi de terminer pour vous, monsieur de Foissac, interrompit alors le Chasseur de rats, en faisant un pas en avant. Je savais tout, moi, pour qui les murailles n'ont plus de secrets. En vous apercevant, je compris sur votre visage à peu près ce que vous veniez faire ici ; le cas me sembla grave je vous accompagnai, un peu malgré vous, convenez-en ?

— Je l'avoue, murmura le jeune homme.

— Cette explication fort difficile entre mademoiselle de la Brunerie et vous, fort délicate même, je vous jugeai assez noble de cœur pour tenter sur vous une de ces épreuves terribles qui décident à jamais du sort d'un homme ; je voulus éviter cette explication impossible entre votre cousine et vous, en vous la faisant écouter sans l'interrompre, et vous la faire ainsi entendre plus franche et plus explicite que vous n'auriez pu l'obtenir directement d'elle ; je vous retins presque de force et je vous fis assister, presque malgré vous, à la conversation si intime du général et de mademoiselle de la Brunerie. Il y a peu de personnes au monde avec lesquelles j'aurais risqué d'employer un semblable moyen, mais avec des âmes aussi loyales, je savais ce que je faisais, j'étais d'avance certain de la réussite. Maintenant, m'en voulez-vous, monsieur, de m'être conduit ainsi envers vous ?

— Je ne me plains pas, monsieur, au contraire, je vous remercie encore, bien que je croie peu à la cure que vous tentez aujourd'hui sur moi. Mais brisons là. Pardonnez-moi, ma cousine, et permettez-moi de prendre congé de vous

— Pourquoi nous quitter ainsi, Gaston ? Demeurez, je vous prie, quelques instants encore.

— Non, ma cousine, excusez-moi ; d'un instant à l'autre, votre père peut rentrer, mieux vaut qu'il ne me rencontre pas ici.

— Monsieur de Foissac a raison, dit froidement le Chasseur de rats. D'ailleurs, à quoi bon lui infliger, comme à plaisir, une torture cruelle ? Un honnête homme peut avoir l'héroïsme de renoncer à la femme qu'il aime, mais il ne saurait, sans souffrir horriblement, la voir heureuse auprès de son rival.

Le général et Renée de la Brunerie échangèrent un long regard.

Tous deux avaient compris la dure leçon que leur avait donnée le Chasseur avec sa rude franchise ordinaire, et que rien n'était assez puissant pour lui faire, non pas modifier, mais seulement adoucir.

Le général se leva et s'approchant vivement du jeune homme toujours immobile au milieu du salon :

— Monsieur de Foissac, lui dit-il, moi aussi je me préparais à prendre congé de mademoiselle de la Brunerie ; me permettez-vous de vous accompagner ?

— Je suis à vos ordres, général ; répondit le jeune homme qui se méprit sans doute aux paroles de son heureux rival, et dont un trait de flamme traversa le regard.

Renée de la Brunerie se leva alors ; elle fit quelques pas au-devant de son cousin, et lui tendant la main :

— Gaston, lui dit-elle avec son plus séduisant sourire, prenez ma main, soyons amis.

Un frisson parcourut tout le corps du jeune homme ; son visage devint pâle comme un suaire, mais se remettant aussitôt :

— Oui, Renée ; oui, répondit-il avec effort, je suis votre ami, je le serai... jusqu'à la mort.

Il serra la main que lui tendait la jeune fille.

Une sueur froide coulait en nombreuses gouttelettes à ses tempes, mais il avait la force de dissimuler toute émotion, et il demeurait, en apparence calme et souriant.

— Adieu, ma cousine, dit-il.

— Au revoir, mon bon, mon cher Gaston, répondit Renée émue malgré elle de tant de stoïcisme.

— Général, je vous suis, reprit monsieur de Foissac.

— Je suis à vos ordres, monsieur.

Le général Richepance salua la jeune fille, puis il quitta le salon accompagné par M. de Foissac.

X

CE QUI SE PASSA ENTRE LE GÉNÉRAL RICHEPANCE ET GASTON DE FOISSAC.

Les nouvelles que l'on recevait de l'insurrection devenaient chaque jour de plus en plus graves.

Le général en chef avait appris que le capitaine Ignace, échappé, on ne savait comment, du fort Saint-Charles à la tête d'une nombreuse colonne, s'était jeté dans le Matouba, où il s'était solide-

ment établi et, de là, dominait tout l'intérieur de l'île et envoyait des détachements jusqu'à la Grande-Terre.

Tous les ateliers avaient été successivement abandonnés par les noirs, qui s'étaient, pour la plupart, réunis aux révoltés et avaient été grossir leurs rangs ; plusieurs petits détachements français surpris à l'improviste par les rebelles avaient été enlevés ou taillés en pièces.

L'intérieur de l'île était en feu, les plantations brûlaient toutes. C'était la guerre — une guerre de races — avec toutes ses horreurs.

La terreur était partout.

L'île de la Guadeloupe n'était plus qu'un immense brasier ; seules, les villes offraient encore un refuge précaire aux colons épouvantés.

Il fallait frapper un grand coup et, n'importe à quel prix, abattre la rébellion.

Le siége du fort Saint-Charles était poussé avec une extrême vigueur.

Le général en chef voulait absolument déloger les révoltés de la redoutable position qu'ils occupaient ; les contraindre à se réfugier dans les mornes et délivrer ainsi la ville de la Basse-Terre du voisinage redoutable des noirs et de l'appréhension continuelle dans laquelle vivaient les habitants, qui, tant que la forteresse demeurait aux mains des insurgés, craignaient que Delgrès ne mît à exécution la menace qu'il leur avait fait de bombarder la ville.

Enlever le fort Saint-Charles, c'était priver les révoltés d'une base d'opération solide et les contraindre à une guerre de partisans dans laquelle ils ne pouvaient tarder à succomber ; aussi tous les efforts de l'armée française tendaient-ils à obtenir le plus promptement possible ce résultat si important pour le succès des opérations militaires qui devaient terminer brillamment la guerre civile.

Ainsi que nous l'avons dit, on se battait sans discontinuer.

Depuis le 24 jusqu'au 30 floréal, le corps d'observation avait constamment été aux prises avec les révoltés qui tenaient la campagne et ceux-ci avaient constamment été repoussés.

Les sorties du fort pour combler les tranchées n'avaient pas été moins fréquentes ni moins meurtrières pour la garnison.

Enfin, le 1er prairial, quatre batteries furent établies avec des difficultés extrêmes et mises en état de battre en brèche.

On les fit jouer toutes à la fois ; l'effet qu'elles produisirent fut terrible.

Plusieurs mortiers qui lançaient des bombes achevèrent d'écraser le fort.

Malgré tous leurs efforts, les noirs furent d'abord contraints de diminuer leur feu et bientôt de l'éteindre tout à fait, à l'exception de deux pièces

que les artilleurs français ne parvinrent pas à dé-
monter et qui tiraient continuellement sur la ville,
dans laquelle elles répandaient une indicible épouvante.

Le général Seriziat, dans le but de resserrer
encore le fort de plus près et de balayer en même
temps toutes les bandes insurgées qui se mon-
traient de plus en plus nombreuses sur les routes,
avait ordonné au général Pélage de se transporter
en personne sur l'habitation *Armand;* de prendre
avec lui toutes les troupes réunies aux Palmistes,
composées de la 15ᵉ demi-brigade tout entière
et des grenadiers et des chasseurs de la *Réunion;*
puis de descendre sur deux colonnes et de se transporter en masse sur l'habitation de l'*Hôpital* qui devait être occupée de force.

Le général Pélage exécuta ce mouvement avec
beaucoup de vigueur; il prit position ainsi qu'il en
avait reçu l'ordre; puis, afin d'établir solidement
ses communications, il fit longer la rive gauche du
Galion par deux compagnies de la 66ᵉ demi-brigade, qui descendirent ce torrent jusqu'à la hauteur du passage *Jésus-Maria* où elles s'établirent
militairement sous une grêle de balles, et se main-
tinrent malgré les efforts désespérés des insurgés
pour les déloger.

Ce premier et double succès obtenu, les deux
compagnies opérèrent leur jonction au passage
Jésus-Maria, balayèrent par une charge vigoureuse
les tirailleurs qui incommodaient les batteries de
l'Isle et les rejetèrent au loin; puis, sans prendre
à peine le temps de respirer, guidés par leur va-
leureux chef, les Français s'élancèrent à la baïonnette sur le poste de *Bisdary,* occupé par les
noirs.

Deux fois repoussés, deux fois ils revinrent avec
une nouvelle ardeur, franchirent les retranchements sur des monceaux de cadavres et, finale-
ment, réussirent à rester maîtres de cette forte
position dont ils chassèrent les défenseurs l'épée
dans les reins.

Le succès de cette opération difficile, permit au
général Pélage d'étendre sa gauche et de demeurer
définitivement en possession des passages principaux qui conduisaient au fort et par lesquels les
révoltés communiquaient avec l'intérieur de l'île, et
recevaient des renforts que leur envoyaient incessamment leurs adhérents des mornes.

C'était de ce côté que le capitaine Ignace, trois
jours auparavant, avait opéré sa retraite sans avoir
même été aperçu et s'était retiré au Matouba.

En quelques jours, les révoltés furent enfin rejetés définitivement loin de la Basse-Terre, et le
fort Saint-Charles demeura seul en leur pouvoir.

Nous ferons remarquer un fait qui eut plus tard
de très-graves conséquences et contribua beaucoup à éteindre la révolte. Dans les derniers com-

bats qui furent livrés par le corps d'observation, les
nègres insurgés furent extrêmement étonnés de voir
leurs anciens camarades, des noirs comme eux,
incorporés aux bataillons français, les attaquer et
les combattre comme si de tous temps ils avaient
été leurs plus cruels ennemis.

Les révoltés se crurent trahis; la démoralisation
commença à se mettre dans leurs rangs et amena
une hésitation dans leurs mouvements dont les
Français surent habilement profiter en toutes circonstances.

Cette vue de leurs compagnons combattant contre eux et devenus leurs ennemis, fit complétement
perdre aux insurgés l'espoir de réussir à chasser
les Français de l'île et à se rendre indépendants,
espérance que, ainsi que nous l'avons expliqué
plus haut, ils avaient conçue et qui avaient été, en
réalité, la seule cause de leur formidable levée de
boucliers; cette idée, toute absurde qu'elle parût
en principe aux blancs, ne manquait pas cependant
d'une certaine vraisemblance de logique lorsque
ces malheureux n'avaient à combattre que les Français qui, décimés par le climat et les maladies terribles qu'il engendre parmi les Européens, voyaient
leur nombre diminuer tous les jours, et ne pouvaient, ainsi que le supposaient les noirs, vu leur
faiblesse numérique, conserver l'espoir de les
réduire.

Les insurgés découragés commencèrent à se réfugier dans les bois et les mornes.

Ils sentaient que tout croulait sous leurs pieds,
que leur entreprise avorterait misérablement et
qu'ils ne tarderaient pas à être réduits au rôle précaire de nègres marrons, c'est-à-dire de simples
brigands.

Exaspérés par l'insuccès, ils ne gardaient plus
aucune mesure; des faits de violence atroces signa-
laient leur retraite; la route qu'ils suivaient était
littéralement semée de cadavres de blancs et de
plantations ravagées, brûlant comme de sinistres
phares pour éclairer la fuite précipitée de ces hommes qui, ne pouvant plus conquérir la liberté, se
livraient à la vengence.

Tels étaient les résultats obtenus par l'armée
française au 1ᵉʳ prairial an X.

Ce fut deux jours plus tard que mademoiselle
Renée de la Brunerie, rendue à la liberté par le
commandant Delgrès, avait été ramenée à la Basse-
Terre par le Chasseur de rats, acclamée sur sa
route par la foule qui saluait son retour avec enthousiasme.

Le général Richepance et M. Gaston de Foissac
avaient quitté de compagnie le salon de mademoiselle de la Brunerie. Arrivé sur le palier de l'appartement qu'il occupait au premier étage dans la
maison du planteur, le général se préparait à prendre poliment congé de son compagnon, lorsque

Le petit pavillon recouvert de chaume (page 66).

celui-ci l'arrêta en lui disant avec la plus extrême courtoisie :

— Serais-je assez heureux, général, pour que vous daigniez m'accorder quelques minutes ?

— Vous désirez me parler, monsieur ? répondit le général en réprimant un mouvement de surprise.

— Si vous me le permettez, oui, général. Mais rassurez-vous, ajouta-t-il avec son sourire triste et sympathique, je n'abuserai, ni de vos précieux instants, ni de votre patience.

— Je suis à vos ordres, monsieur. Une conversation avec un homme de votre valeur ne saurait être que fort intéressante ; je vous remercie de me procurer cette satisfaction, répondit le général d'un ton de bonne humeur. Veuillez me suivre, monsieur ?

Le jeune homme passa devant son hôte et pénétra avec lui dans son appartement.

Le général traversa, sans s'y arrêter, deux ou trois pièces où se trouvaient des officiers de tous grades et dans lesquelles des secrétaires, assis à des tables couvertes de papiers, écrivaient ou compulsaient des registres. Il ouvrit une dernière porte et

se tournant vers M. de Foissac, qui marchait sur ses pas :

— Entrez, monsieur, lui dit-il.

Et s'adressant à un de ses aides de camp :

— Capitaine Pâris, ajouta-t-il, veillez, je vous prie, à ce que, à moins de motifs très-sérieux, je ne sois pas dérangé.

— Vous serez obéi, général, répondit le capitaine.

La pièce dans laquelle le général Richepance avait introduit M. de Foissac était son cabinet particulier ; l'arrangement en était significatif.

Cette pièce, très-vaste et éclairée par trois larges et hautes fenêtres, n'était meublée que d'un grand bureau en bois de citronnier, couvert de papier de toutes sortes, d'un piédouche en palissandre placé en face du bureau entre deux fenêtres et supportant une magnifique pendule en rocaille du rococo le plus authentique.

Un fauteuil sur lequel s'asseyait le général lorsqu'il voulait écrire, un second fauteuil et quatre chaises complétaient l'ameublement plus que simple de ce cabinet ; mais ce qui lui imprimait un caractère particulier, c'est une immense carte de l'île de la Guadeloupe et de ses dépendances, longue de huit mètres sur autant de large, étendue à plat sur le parquet.

Le général passait souvent des heures entières couché sur cette carte en dictant à ses secrétaires des ordres que ses aides de camp transmettaient aussitôt aux chefs de corps de l'armée républicaine.

Après avoir refermé la porte du cabinet, le général indiqua de la main un siége à son visiteur, en prit un pour lui-même et s'inclinant avec un bon sourire :

— Me voici prêt à vous entendre, dit-il ; parlez, monsieur, je vous écoute.

Gaston de Foissac semblait en proie à une vive émotion intérieure ; cependant, à l'invitation du général, il fit un violent effort sur lui-même, épongea à deux ou trois reprises, avec son mouchoir, son front moite de sueur, et s'inclinant à son tour :

— Pardonnez-moi, général, dit-il d'une voix dans laquelle tremblait encore une légère émotion, l'étrangeté de la démarche que je tente en ce moment, et plus encore, la singularité des questions que je désire vous adresser, en vous priant de daigner y répondre.

En parlant ainsi, il avait un accent bref, saccadé, qui, sans doute, provenait des efforts immenses qu'il était contraint de faire, pour renfermer en lui les sentiments qui grondaient sourdement dans son cœur.

— Monsieur, répondit le général toujours calme et souriant, votre démarche n'a rien que de très-ordinaire ; je serai toujours fort honoré de recevoir la visite d'une personne de votre intelligence et de votre nom. Quant aux questions que vous me désirez adresser, bien que je soupçonne un peu ce dont vous voulez me parler et ce que vous comptez me demander, je suis prêt à vous répondre, n'ayant jamais eu, que je sache, rien dans ma vie que je ne puisse hautement avouer. Maintenant, parlez sans hésitation et avec une entière franchise ; croyez que je vous répondrai de même.

— Je vous remercie de m'encourager ainsi, général ; je me hâte de profiter de votre bienveillance.

— A la bonne heure, monsieur ; je vois que nous nous comprenons. Je prête la plus sérieuse attention à vos paroles.

— Général, je ne chercherai pas à ruser avec vous ; je vois que vous avez compris dès le premier moment, que je désirais vous entretenir de mademoiselle Renée de la Brunerie.

— Cela n'était pas difficile à comprendre, monsieur. D'ailleurs, permettez-moi de vous répondre avec autant de franchise, je ne vois pas quel autre sujet plus intéressant pourrait être traité entre vous et moi, dont les positions respectives sont en ce moment si différentes.

— En effet, général ; c'est donc de ce sujet seul que nous allons nous entretenir. Je ne vous dirai rien de ma première jeunesse ni du projet formé, peut-être un peu à la légère, entre le père de mademoiselle Renée et le mien, de nous marier, alors que ni elle, ni moi, nous n'étions en état de protester contre une semblable prétention ; mademoiselle Renée de la Brunerie vous a complétement édifié à cet égard ; je ne prétends faire valoir à vos yeux aucun des prétendus droits que me donne l'engagement que vous savez, et dont, moi tout le premier, je n'admets et ne puis reconnaître la valeur ; je me présente donc à vous, général, sans aucun titre réel à vos yeux qu'une connaissance antérieure et je vous demande franchement ceci, à vous mon rival, vous, homme loyal, sincère, habitué, par les exigences de ce dur métier de soldat que vous faites presque depuis votre enfance, à mûrement réfléchir, à peser sérieusement vos actions, même les plus indifférentes, et à juger plus sainement les choses : croyez-vous que cet amour de mademoiselle de la Brunerie pour vous soit sincère?

— Monsieur !...

— Pardon, général, je n'ai pas terminé encore ; laissez-moi achever, je vous prie.

— Soit ! continuez donc, monsieur.

— Croyez-vous, dis-je, reprit le jeune homme d'une voix ferme et accentuée, que dans cette passion d'un jour, née d'un regard, d'un mot peut-être, depuis que vous êtes arrivé à la Guadeloupe, c'est-à-dire dix jours au plus, croyez-vous qu'il n'y ait pas une surprise, une espèce de fascination incompréhensible ? Supposez-vous que cette passion, autant de votre part que de celle de mademoiselle de la Brunerie elle-même, soit assez réelle, assez profonde, en un mot, pour fonder sur elle un avenir de bonheur, et que tous deux vous ne cédez pas à un entraînement qui peut amener de douloureuses conséquences, lorsque, plus tard, la désillusion sera venue ; que vous reconnaîtrez avec épouvante, que tous deux vous vous êtes trompés ; que ce que vous avez de bonne foi pris pour de l'amour, n'était qu'un de ces fugitifs mirages moraux qui exercent pour un temps une puissance irrésistible sur notre être, pour ne nous laisser, après quelques jours, que le regret tardif de nous être trompés ; et là où nous pensions trouver le bonheur, n'avoir résolument accompli qu'une double infortune ?

Monsieur, répondit le général avec une expression de tristesse sympathique, ce que vous me dites me touche profondément ; j'apprécie, comme je le dois, le sentiment généreux qui vous anime en me parlant ainsi que vous le faites ; malheureusement, après ce que vous achevez de me dire, je me trouve placé par vous-même dans l'obligation terrible de vous causer une grande douleur.

Je dois, et j'y suis obligé, arracher de votre cœur le dernier rayon d'espoir qui malgré vous, à votre insu, y est resté. Cette obligation pénible, je saurai la remplir ; j'aurai le triste courage de vous rendre ce service terrible ; l'amour ne se nourrit que d'espoir, on ne peut aimer seul ; l'espoir tué, l'amour meurt, c'est une des lois fatales de la nature. Depuis trois ans à peu près, j'aime mademoiselle de la Brunerie. J'ajouterai que c'est tout exprès pour me rapprocher d'elle et pouvoir demander sa main à son père que j'ai accepté, ou pour mieux dire, sollicité du premier consul le commandement du corps expéditionnaire destiné à opérer contre les révoltés de l'île de la Guadeloupe. Mademoiselle de la Brunerie, pendant les trois années qu'elle passa dans le couvent du Sacré-Cœur à Paris, sortait chaque semaine : elle allait passer la journée du dimanche chez madame la comtesse de Brévannes, sa parente, à laquelle son père l'avait recommandée ; j'avais l'honneur d'être reçu chez madame de Brévannes ; ce fut là que pendant les trop courts loisirs que me laissait la guerre, j'eus l'honneur de de voir mademoiselle de la Brunerie. Sans qu'un seul mot eût été prononcé à ce sujet entre mademoiselle de la Brunerie et moi, je vous jure sur l'honneur, monsieur, je compris que j'étais aimé.

— Oh ! je vous crois, général, cela devait être ainsi !

— La veille du jour où mademoiselle de la Brunerie quitta Paris, j'osai, non pas lui déclarer mon amour, mais seulement le lui laisser entrevoir ; elle lut dans dans mon cœur tout ce qu'il renfermait de passion vraie, de dévouement ; elle ne me repoussa pas, sans pourtant m'encourager à l'aimer ; elle partit. Vous savez le reste, monsieur ; c'est à vous maintenant à juger si vous devez conserver l'espoir d'être aimé un jour.

— Je vous remercie de cette explication si loyale que je n'avais pas le droit de vous demander, général, et que vous m'avez si franchement donnée. Je connais le caractère de ma cousine ; son cœur elle l'a dit elle-même, et je sais que cela est vrai, ne se donne pas deux fois, je ne conserve aucun espoir, je tuerai cet amour en l'arrachant violemment de mon cœur, ou il me tuera ; mais quoi qu'il arrive, général, soyez convaincu que je saurai rester digne d'elle, de vous et de moi. Voici ma main, général, serrez-la aussi franchement que je vous la tends ; c'est celle d'un ami.

— Bien, monsieur, voilà qui me charme, s'écria le général en lui pressant chaleureusement la main ; c'est parler et agir en homme. Maintenant, voulez-vous me permettre de vous adresser une question à mon tour ?

— Parlez, général.

— Est-il une chose, quelle qu'elle soit, qui dépende de moi seul et que je puisse faire pour vous ?

— Il en est une, oui, général.

— J'y souscris d'avance.

— Vous me le promettez ?

— Sur l'honneur.

— Eh bien, général, je désirerais...

En ce moment on frappa à la porte ; le jeune homme fut contraint de s'arrêter.

— Entrez, dit le général.

La porte s'ouvrit, le capitaine Pàris, le premier aide de camp du général en chef, parut.

— Que désirez-vous, mon cher Pàris ? lui demanda Richepance.

— Excusez-moi, mon général, répondit le capitaine ; le général Gobert vient d'arriver au quartier général en toute hâte ; il a, dit-il, à vous communiquer d'importantes nouvelles qui ne souffrent point de retard. Que faut-il faire, général ?

— Le faire entrer, capitaine. Vous permettez, n'est-ce pas, cher monsieur ? ajouta-t-il en se tournant vers M. de Foissac avec un sourire amical.

— Faites, général, et même, si vous désirez être seul ? ajouta-il en se levant.

— Non pas, monsieur, c'est inutile ; restez, je vous en prie.

En ce moment le général Gobert pénétra dans le cabinet,

Le général Gobert, né à la Guadeloupe en 1769, avait à cette époque trente-trois ans. C'était un des plus beaux et des plus complets types créoles qui existassent alors ; grand, bien fait, l'œil noir et perçant, le front large, les traits énergiques, son visage respirait la franchise, la loyauté et la bonne humeur ; il était adoré par les soldats et le méritait par sa bonté d'abord, et ensuite par sa valeur à toute épreuve et ses talents hors ligne.

— Tu te fais donc invisible ? dit-il en riant, en tendant la main au général.

— Pas pour toi, toujours, répondit Richepance sur le même ton, puisque te voilà.

— C'est juste. Ah ! bonjour, mon cousin, ajouta-t-il en apercevant le jeune homme et s'avançant vivement vers lui : je suis charmé de vous voir. Comment vous portez-vous ? C'est donc vous qui accaparez le général ?

— Ma foi, oui, mon cousin, je l'avoue : répondit Gaston en lui rendant son salut.

— Ah çà ! vous êtes donc parents, messieurs ? reprit Richepance.

— Je le crois bien ! s'écria le général Gobert, nous sommes tous parents à la Guadeloupe. C'est comme cela.

— Blancs et noirs !

— Mauvais plaisant !... Mais je te pardonne, tu es Européen, toi ! fit-il avec un léger mouvement d'épaules.

— Mais, voyons, qu'est-ce que tu as de si pressé à m'annoncer?

— Une nouvelle excessivement grave.

— Diable! Assieds-toi d'abord.

Le général Gobet, se laissa tomber sur un fauteuil.

— Parle maintenant, reprit Richepance. Est-ce sérieux?

— Très-sérieux; d'ailleurs tu vas en juger. Je viens d'être averti par mes espions que ce drôle d'Ignace s'est, il y a deux nuits, échappé je ne sais comment du fort Saint-Charles.

— Seul?

— Non pas; à la tête de huit cents noirs.

— Allons donc! tu rêves, mon ami, c'est matériellement impossible.

— Malheureusement, je ne rêve pas; ma nouvelle est rigoureusement exacte; toute la campagne est en feu; Ignace brûle, pille et massacre tout sur son passage.

— Oh! voilà une rude nouvelle, mon ami. Par quel côté s'est-il échappé!

— Par la poterne du Galion; il s'est rué comme un démon, à l'arme blanche, sur les grand'gardes de Seriziat, leur a passé sur le corps, a comblé les tranchées et a disparu avec les diables incarnés qui le suivaient.

— Tu es certain que ce n'est pas une sortie, et que ce drôle, après son coup de main, n'est pas rentré dans le fort?

— Je te répète que j'en ai la preuve.

— Voilà qui est malheureux. Connaît-on exactement la direction qu'il a prise?

— Non, car jusqu'à présent il semble n'en suivre aucune; il dévaste, voilà tout.

— C'est bien assez; il faut en finir avec cet homme.

— Je viens tout exprès pour m'entendre avec toi à ce sujet.

— Où se trouve-t-il ce en moment:

— Aux environs des Trois-Rivières, à un endroit nommé, m'a-t-on dit, le Pacage.

— Bon; attends un peu.

Le général se leva et alla s'étendre tout de son long sur l'immense carte dont nous avons parlé.

Il examina, pendant quelques instants, la carte avec la plus sérieuse attention, puis se tournant vers le général Gobert qui s'était agenouillé près de lui:

— Tiens, regarde; il est là; lui dit-il.

— C'est cela même.

— La position est excellente, elle est surtout très-intelligemment choisie...

— Pardieu! Ignace est un affreux gredin, mais ce n'est pas un imbécile; il sait la guerre.

— Cela se voit; il est à cheval sur deux routes: celle qui mène à la Pointe-à-Pitre et celle qui conduit au Matouba. Maintenant, laquelle prendra-t-il? voilà ce qui est important pour nous de découvrir au plus vite.

— Je pense, dit alors le général Gobert, que le plan de ce drôle doit être celui-ci...

— Voyons.

— Marcher sur la Pointe-à-Pitre qu'il sait à peu près dégarnie de soldats, en faisant une fausse démonstration sur le Matouba pour nous donner le change, rallier sur son chemin toutes les bandes insurgées éparses dans les mornes; s'emparer du passage de la Rivière-Salée, des forts Fleur-d'Épée, Brimbridge, Union, etc.; se rendre, en un mot, maître de la Grande-Terre, y concentrer les forces des rebelles et reprendre vigoureusement l'offensive en nous contraignant, par des marches et des contre-marches habiles dans un pays qu'il connaît parfaitement, à fatiguer nos troupes et à les disséminer dans toutes les directions.

— Tandis que Delgrès, ajouta Richepance, se renfermera, lui, dans les mornes et fera un appel énergique aux nègres révoltés. Oui, tu as raison, ce plan doit être celui adopté par Ignace et Delgrès, car il est logique et ils sont habiles, nous devons en convenir; ils jouent en ce moment leur fortune sur un coup de dé; s'ils réussissent, ils nous placent dans une situation, sinon dangereuse, du moins très-difficile. Il faut les contrecarrer à tout prix. Veux-tu te charger de cette affaire?

— C'est exprès pour cela que je suis venu te trouver, cher ami.

— Tu as bien fait, dit le général en se relevant; je préfère que ce soit toi; au moins je suis sûr que l'expédition sera menée rondement; le général Pélage t'accompagnera.

— J'allais te le demander, c'est un brave officier que j'aime.

— Et moi aussi.

— Quels sont les ordres?

— Je te donne carte blanche; dans une expédition comme celle qu'il s'agit de faire, mon ami, tu dois prendre la responsabilité, ainsi que disent les médecins, et rester seul maître de tes actions, que des ordres supérieurs, donnés de loin, pourraient contrarier et nuire ainsi au succès de ton entreprise; tu connais l'homme auquel tu vas avoir affaire; c'est à toi à agir en conséquence, et surtout suivre sans hésiter tes inspirations, qui sont toujours bonnes.

— Merci. De combien d'hommes pourrai-je disposer?

— Douze cents. Est-ce assez?

— Cela suffira. Quand dois-je partir?

— Quand tu voudras; le plus tôt sera le mieux; tout de suite même, si tu veux: le temps presse.

— Tu as raison, avant une demi-heure je serai en route. Au revoir, ajouta-t-il en lui serrant la main.

— Au revoir, répondit Richepance ; bonne réussite ; frotte-moi rudement ces gens-là.

— Je tâcherai.

— Pardon, messieurs, dit alors M. de Foissac qui, pendant toute cette conversation, avait cru devoir garder un silence modeste, un mot, s'il vous plaît !

-- Palez, monsieur, lui répondit gracieusement Richepance.

— Lorsque mon cousin est entré, je vous priais de me rendre un service, général.

— En effet, monsieur, et moi je vous répondais que, quel que fût ce service, j'étais prêt à vous le rendre.

— Êtes-vous toujours dans les mêmes intentions, général.

— Toujours, monsieur. Que désirez-vous ?

— Je désire, général, être attaché jusqu'à la fin de la guerre à mon cousin, en qualité d'officier d'ordonnance, volontaire bien entendu ; je n'ai d'autre prétention que celle de me rendre utile.

Richepance lui lança un regard clair et perçant qui semblait vouloir découvrir sa pensée secrète jusqu'au fond de son cœur.

— Ne craignez rien, général, répondit M. de Foissac avec un sourire mélancolique, mon intention n'est aucunement celle que vous me supposez.

— Je le désire, monsieur. Je suis tenu par ma parole ; si mon collègue y consent, c'est chose faite, et vous êtes dès ce moment attaché à son état-major.

— Certes, j'y consens. Ce cher cousin ! s'écria le général Gobert, en lui serrant gaiement la main, je suis heureux de la préférence qu'il me donne ; c'est une affaire convenue.

— Merci, messieurs, dit Gaston de Foissac en s'inclinant devant les deux généraux.

XI

OU GASTON DE FOISSAC REFUSE LA MAIN DE RENÉE DE LA BRUNERIE.

Le général Gobert sortit avec son jeune cousin, et tous deux s'éloignèrent en causant.

Le digne officier était assez intrigué ; il ne comprenait rien à la singulière détermination de son parent ; la façon surtout dont cette détermination avait été prise, lui donnait fort à penser ; il se creusait la tête pour essayer de découvrir quelles raisons cachées avaient pu la lui faire prendre si à l'improviste.

Quoi qu'il en fût, malgré sa curiosité, le général

Gobert était, avant tout, un homme du meilleur monde, de plus il aimait beaucoup son jeune parent ; il ne voulut lui adresser aucune question indiscrète et essayer de pénétrer ainsi dans des secrets qui n'étaient point les siens, préférant attendre que son cousin se décidât à lui faire de lui-même une confidence qu'il brûlait d'entendre, ce à quoi, dans sa pensée, Gaston de Foissac ne devait pas manquer un jour ou l'autre.

Après avoir pris rendez-vous pour une heure plus tard au Galion, les deux hommes se séparèrent, le général Gobert pour aller au campement du général Seriziat, et Gaston de Foissac pour rentrer chez lui.

Le jeune homme ne voulait pas s'éloigner sans faire ses adieux à son père et à sa sœur ; de plus, il lui fallait changer de vêtements et se mettre en tenue de campagne pour l'expédition à laquelle il allait assister.

Au moment où il rentrait chez lui, Gaston rencontra sur le seuil même M. de la Brunerie prenant congé de M. de Foissac, qui le reconduisait tout en causant.

— Eh ! mais, s'écria M. de Foissac, voici justement mon fils ; il ne pouvait arriver plus à propos ; rentrez, mon cousin, nous allons tout terminer, séance tenante.

— Oui, cela vaudra mieux, répondit gaiement M. de la Brunerie.

Et il rentra.

Gaston pénétra à sa suite dans le salon.

Le jeune homme avait le pressentiment de ce qui allait se passer ; cependant il ne laissa rien paraître ; sa résolution était irrévocablement prise ; intérieurement il préférait en finir tout de suite ; il était donc préparé aux questions qui, sans doute, lui seraient adressées et il se proposait d'y répondre de manière à ne plus laisser aux deux vieillards la moindre illusion sur le projet dont ils caressaient depuis si longtemps l'exécution.

Les trois hommes prirent des sièges.

Ce fut M. de Foissac qui, en sa qualité de maître de la maison, entama l'entretien.

— Je ne t'attendais pas aussi promptement, dit-il à son fils, avec un sourire significatif.

— Pourquoi donc cela, mon père ? répondit doucement le jeune homme.

— Parce que, si je ne me trompe, tu étais allé faire une visite à ta cousine Renée.

— En effet, mon père, j'ai eu l'honneur de voir pendant quelques instants ma cousine.

— Votre conversation n'a pas été longue, d'après ce que tu me laisses supposer.

— Pardonnez-moi, mon père ; nous avons, au contraire, beaucoup causé ; j'ai même rencontré, dans le salon de ma cousine, le général Richepance qui désirait, je crois, demander certains renseigne-

ments à M. de la Brunerie et avec lequel je me suis
entretenu, assez longtemps.

— Savez-vous ce que désirait me demander le
général Richepance, mon cher Gaston? demanda
le planteur.

— Je l'ignore, mon cousin; ne vous voyant pas
revenir, le général s'est retiré et je n'ai pas tardé
à suivre son exemple; mais je vous demande la
permission de vous laisser, mon père, j'ai quelques
préparatifs à faire...

— Des préparatifs! et lesquels? Vas-tu donc
quitter la Basse-Terre? demanda M. de Foissac
avec surprise.

— C'est, en effet, ce que je me propose de faire,
mon père; j'ai même pris rendez-vous à ce sujet
avec le général Gobert.

— Veux-tu me faire le plaisir de m'expliquer ce
que tout cela signifie?

— Parfaitement, mon père. La plupart des
jeunes gens de l'île, ainsi que vous le savez, se
sont joints à l'expédition française; parmi eux on
compte des membres des familles les plus riches
et les plus influentes; certains reproches indirects
m'ont été, à plusieurs reprises, adressés sur mon
indifférence et mon inaction; alors...

— Alors? demandèrent les deux planteurs avec
un vif mouvement de curiosité ou plutôt d'intérêt.

— L'occasion s'est aujourd'hui présentée à moi
de sortir de cette inaction qui me pèse, je l'avoue,
et de donner un éclatant démenti à ceux qui m'a-
dressaient des reproches, et je me suis empressé de
la saisir.

— De sorte que?... dit M. de Foissac avec une
colère contenue en regardant fixement son fils.

— De sorte que j'ai prié le général Richepance
de vouloir bien m'employer. Le général, qui daigne
me porter un certain intérêt, a favorablement ac-
cueilli ma demande, et, sur ma prière, il m'a,
séance tenante, attaché en qualité d'officier d'ordonnance à l'état-major de notre cousin le général
Gobert, que je dois, dans une demi-heure, rejoindre au Galion où j'ai l'ordre de me rendre; la
division dont j'ai l'honneur de faire partie devant
immédiatement marcher sur les Trois-Rivières et
aller de là à la Grande-Terre.

—Ah! ainsi, tu pars tout de suite!

— Dans un instant, oui, mon père; voilà pourquoi je...

M. de Foissac ne le laissa pas achever.

— Dis-moi, Gaston, fit-il en le regardant bien en
face, est-ce que tu es fou?

— Je ne crois pas, mon père, répondit le jeune
homme en souriant.

— Je t'assure que tu te trompes, mon ami; demande à ton cousin. N'est-ce pas, la Brunerie?

— Le fait est que je ne comprends rien à cette

étrange résolution, dit le planteur avec bonhomie.

— Bah! quelque querelle d'amoureux! fit M. de
Foissac en haussant les épaules.

— A mon tour, je ne vous comprends pas, mon
père, dit Gaston un peu sèchement.

— Allons donc! ne fais pas l'ignorant. Sans
doute ta fiancée ne t'aura pas reçu aussi bien que
tu l'espérais, *indè iræ!* tu es sorti de son salon et
tu as fait un coup de tête.

— Ce doit être cela, appuya en souriant M. de
la Brunerie.

— Excusez-moi, mon père, si j'insiste et si je
vous répète que je ne comprends pas; je n'ai vu
aujourd'hui que ma cousine.

— Eh bien! ta cousine Renée n'est-elle pas ta
fiancée? s'écria son père.

— Et depuis assez longtemps, Dieu merci! Cela
date de dix-sept ans, et cela est si vrai, mon cher
Gaston, que ma visite d'aujourd'hui à votre père
n'a pas d'autre but que celui de fixer définitivement l'époque de votre mariage.

— Oui, et puisque te voilà, mon ami, nous allons
en finir tout de suite avec cette affaire, qui dure
depuis si longtemps.

— Permettez, mon père, vous me prenez à l'improviste; je vous avoue que je n'y suis plus du
tout.

— Voyez un peu le beau malheur! ce garçon
auquel on a tout simplement réservé la plus charmante jeune fille de toute la colonie! Et monsieur
s'avise, Dieu me pardonne, de faire le difficile.

— Ma cousine est un ange, mon père; heureux
l'homme qui aura le bonheur de l'épouser.

— Ce bonheur, il ne tient qu'à toi de l'avoir
quand il te plaira, mon ami.

— Il me semble que depuis longtemps vous devez
le savoir, mon cher Gaston? dit M. de la Brunerie
d'une voix railleuse.

— Je vous demande humblement pardon, mon
cousin, mais je dois vous avouer que je n'ai jamais
pris au sérieux ces projets, que je croyais oubliés
depuis des années déjà.

— Comment, oubliés? s'écria M. de la Brunerie.

— Nous y tenons plus que jamais; ajouta M. de
Foissac.

— Nous avons échangé nos paroles.

— Messieurs, dit froidement Gaston, moi qui suis,
je le suppose, assez intéressé dans la question, et
mademoiselle de la Brunerie qu'elle touche d'assez
près, elle aussi, je crois, nous n'avons été consultés
ni l'un ni l'autre et nous n'avons pas, que je sache,
donné notre parole, qui doit cependant avoir une
certaine valeur dans cette affaire.

— Qu'est-ce à dire? s'écria M. de Foissac avec
colère.

— Permettez-moi, je vous prie, mon père, de poser nettement et clairement la situation...

— Comment, vous osez?...

— Laissez parler votre fils, mon ami, dit M. de la Brunerie dont les sourcils s'étaient froncés; il doit y avoir au fond de tout cela certaines choses que nous ignorons et qu'il nous importe de connaître.

— Il n'y a qu'une seule chose, mon cousin, reprit le jeune homme avec un accent glacial, vous et mon père, vous avez formé le projet de me marier avec ma cousine il y a quinze ou seize ans, je crois; ce projet m'a été communiqué par mon père avant que j'atteignisse ma majorité; depuis, je n'en ai plus entendu parler une seule fois; les années se sont écoulées, l'enfant est devenu homme; j'ai quitté la colonie pendant assez longtemps; de son côté, ma cousine est allée en France terminer son éducation; depuis que je suis de retour à la Guadeloupe, il y a à peine quinze jours de cela, je n'ai eu l'honneur de voir ma cousine que trois ou quatre fois, toujours dans les conditions de froideur et d'étiquette qui existent entre parents éloignés, et non avec ce laisser-aller et cette aisance affectueuse de deux fiancés qui s'aiment et désirent s'unir l'un à l'autre; jamais une allusion n'a été faite entre nous à un mariage, je ne dirai pas prochain, mais seulement possible.

— Que signifie tout ce verbiage! s'écria M. de Foissac avec impatience.

— Beaucoup plus que vous ne le supposez, mon père. J'ignore si mademoiselle de la Brunerie daigne m'honorer d'une attention particulière, puisque jamais je ne me suis hasardé à lui faire la cour; de mon côté, je l'avoue à ma honte, tout en m'inclinant avec une admiration profonde devant la suprême beauté de ma cousine, tout en reconnaissant l'excellence de son cœur et la supériorité de son intelligence et éprouvant pour elle une sincère affection et un dévouement à toute épreuve, ces innombrables qualités réunies en elle m'effrayent; j'ai peur, malgré moi, de cette incontestable supériorité qu'elle a sur toutes ses compagnes; je me reconnais trop au-dessous d'elle sous tous les rapports pour oser lever les yeux et prétendre à sa main. Pardonnez-moi donc, mon père; appelez cette résolution une folie, dites qu'elle ne provient que de mon orgueil, de ma vanité, c'est possible; mais mon parti est pris, et je n'en changerai point; j'ai près de trente ans, et dans une question où il s'agit du bonheur de toute ma vie, je crois être le seul juge, parce que je suis le seul intéressé.

— Ainsi, tu es bien déterminé à résister à ton père et à ne pas épouser ta cousine? Tu refuses de remplir l'engagement que ton cousin et moi nous avons pris en ton nom et en celui de Renée? dit M. de Foissac d'une voix que la colère faisait trembler et rendait presque indistincte.

— A mon grand regret, oui, mon père, répondit froidement et nettement Gaston, parce que, non seulement je me reconnais indigne d'être le mari de la femme charmante que, par un sentiment de bonté que j'apprécie comme je le dois, vous et mon cousin, vous m'avez depuis si longtemps destinée, mais encore parce que en faisant mon malheur, ce qui serait peu important, je craindrais de causer celui de la douce et ravissante créature à laquelle vous prétendez m'unir pour jamais.

— Voilà, certes, des sentiments qui sont fort beaux, dit M. de la Brunerie d'une voix incisive; un tel dévouement est véritablement admirable; il dénote chez vous, mon cher cousin, une grande élévation de cœur et une générosité incomparable; malheureusement, malgré vos habiles réticences, j'ai parfaitement compris d'où vient le coup que vous me voulez porter. Pourquoi ne pas être franc avec votre père et avec moi, et vous obstiner ainsi à vouloir nous cacher la vérité?

— Je vous répète, monsieur, que je ne comprends rien absolument à vos allusions; libre à vous, du reste, puisque vous refusez de croire à ma sincérité, libre à vous d'interpréter mes paroles comme cela vous plaira; la vérité est une et vous me connaissez assez, je l'espère, mon cousin, pour savoir que jamais le mensonge n'a souillé mes lèvres.

— Aussi n'est-ce pas de mensonge que je vous accuse, mon cher Gaston.

— De quoi donc, alors, mon cousin?

— Mon Dieu! reprit M. de la Brunerie avec amertume, tout simplement de restrictions mentales; cela était, si je ne me trompe, fort bien porté au dernier siècle, ajouta-t-il avec une mordante ironie.

— Mon cousin, il me semble... murmura Gaston en rougissant jusqu'aux yeux.

— Eh quoi! s'écria M. de Foissac d'un ton de raillerie, allez-vous vous fâcher maintenant? Que signifie ce visage irrité. lorsque c'est vous qui avez tous les torts.

— Moi! mon père...

— Oui certes, vous, monsieur. Comment, pendant une heure, vous insultez froidement, vous traitez avec le plus profond mépris une jeune fille, votre parente, digne de tous les hommages, avec laquelle vous avez été élevé, qui aux yeux de toute la colonie doit être votre épouse, vous refusez sa main de propos délibéré, sans motifs, je ne dirai pas graves, mais seulement spécieux, et vous prenez le rôle de l'offensé! Cela, convenez-en, est de la dernière bouffonnerie.

A la sortie, peut-être fort discutable, de M. de Foissac, Gaston sentit un frisson de douleur parcourir tout son corps; ces injustes accusations, ces récriminations mordantes lui causaient une indignation qu'à force de puissance sur lui-même, il parvenait à peine, à ne pas laisser éclater.

Lorsque son père se tut enfin, le jeune homme se leva, s'inclina sans répondre et se dirigea vers la porte du salon.

— Où allez-vous, monsieur ? demanda M. de Foissac avec violence.

— Je me retire, monsieur, répondit le jeune homme d'une voix que l'émotion faisait trembler ; j'ai eu l'honneur de vous dire, sans doute vous l'avez oublié, que je suis attaché à l'état major du général Gobert ; je me rends où mon devoir m'appelle.

— Ainsi vous partez, monsieur ?

— Il le faut, mon père.

— Rien ne saurait vous obliger à demeurer à la Basse-Terre.

— Que me dites-vous donc là, monsieur.

— Une chose fort simple, il me semble. Ainsi, vous avez bien réfléchi ?

— Oui, mon père.

— Vous vous obstinez, sans raisons, à vous mêler sottement à cette guerre ?

— Je vous l'ai dit, mon père, ma parole est donnée ; mieux que personne vous savez que, dans notre famille, l'honneur, quoi qu'il arrive, doit rester pur de toute souillure, et qu'un Foissac n'a jamais failli à sa parole.

— C'est bien ! je ne vous retiens plus, monsieur. Allez donc là où votre prétendu devoir ou plutôt votre caprice vous entraîne ; mais vous venez de me le dire vous-même : un Foissac ne manque jamais à sa parole.

— Je l'ai dit, oui, mon père.

— Souvenez-vous alors, monsieur, que moi aussi j'ai donné ma parole et que, en l'engageant, j'ai engagé la vôtre.

— Je vous ferai respectueusement observer, monsieur, que je ne saurais admettre cette prétention, répondit Gaston d'une voix ferme ; moi seul ai le droit de donner ma parole ; vous n'avez pu vous engager que personnellement.

— Trêve de subtilités, monsieur, je ne veux pas discuter davantage avec vous ; souvenez-vous seulement que je ne faillirai pas à la parole que j'ai donnée ; je vous laisse un mois pour réfléchir.

— Ce délai est inutile, mon père, ma résolution est inébranlable, quoi qu'il arrive.

— Ne m'interrompez pas, monsieur, je vous prie, s'écria M. de Foissac avec hauteur ; si dans un mois vous n'êtes pas venu à résipiscence, si vous n'avez pas consenti à m'obéir.

— Je ne suis plus un enfant, mon père, je regrette que vous m'obligiez à vous le rappeler ; me parler ainsi est m'affermir dans ma résolution.

— Monsieur, s'écria violemment M. de Foissac, au comble de la fureur, prenez garde !

Gaston pâlit comme un suaire et fit un pas en avant, les sourcils froncés, le regard plein d'éclairs. M. de la Brunerie contint le jeune homme d'un geste suppliant, et s'adressant à M. de Foissac :

— Arrêtez, mon ami ! s'écria-t-il vivement ; ne poussez pas les choses à l'extrême en prononçant des paroles que plus tard vous regretteriez de vous être laissé emporter à dire. Je connais votre fils, je l'ai presque élevé ; c'est un grand et noble cœur, un homme qu'on n'effraye ni ne dompte avec des menaces ; il réfléchira. Vous lui accordez un mois, soit ; d'ici là, sans doute, il aura compris bien des choses que, sous la pression de votre volonté, il ne saurait admettre aujourd'hui.

M. de Foissac sembla réfléchir pendant quelques secondes, puis, s'adressant à son fils :

— Allez donc, monsieur, lui dit-il ; vous êtes libre d'agir à votre guise ; dans un mois nous reprendrons cet entretien ; j'espère alors vous trouver plus docile.

— Mon père, répondit le jeune homme avec émotion, je vous aime par-dessus tout. Dieu m'est témoin que je mettrais mon bonheur suprême à aller au-devant de vos moindres désirs ; votre irritation contre moi, votre colère, me brisent le cœur. Me laisserez-vous donc m'éloigner de vous, marcher à la mort peut-être sans un mot affectueux, sans une de ces caresses dont, en un autre temps, vous étiez si prodigue envers moi ? Me faudra-t-il donc vous quitter sous le poids de votre irritation ?

— Marcher à la mort ! s'écria le vieillard avec une subite émotion qui, tout à coup, remplaça la colère évanouie, que dis-tu donc là, Gaston ?

— Pardon, mon père, j'ai tort encore cette fois ; votre mécontentement me cause un trouble si grand que je ne sais même plus comment vous parler ; excusez-moi donc, je vous prie ; je voulais seulement dire que l'expédition qui se prépare sera, dit-on, très sérieuse ; nous allons avoir à forcer, dans son dernier repaire, un des plus redoutables officiers de Delgrès, un bandit sans foi ni loi, dont la résistance sera, selon toutes probabilités, désespérée, et que, pendant un combat, les balles sont aveugles... voilà tout, mon père.

M. de Foissac se leva.

— Il y a dans tout ceci, dit-il d'une voix sombre en secouant tristement sa tête blanchie, quelque chose d'incompréhensible que je cherche vainement à m'expliquer. Écoute-moi, Gaston, nous ne t'avons rien dit, mon cousin de la Brunerie et moi ; tu ne nous as rien répondu ; considère de même que de notre côté nous considérons cette malheureuse conversation, comme si elle n'avait pas eu lieu ; dans un mois nous la reprendrons sous de

Le geôlier était un grand nègre (page 69).

meilleurs auspices, je l'espère. Est-ce bien entendu entre nous?

— Oui, mon père.

— Quant à présent, cher enfant, ne songeons plus qu'à une. chose, une seule, notre séparation.

— Provisoire, mon père, et qui ne doit, en aucune façon, vous inquiéter. J'espère, avant quatre ou cinq jours, peut-être même plus tôt, être de retour parmi vous, répondit-il avec un sourire.

— Dieu le veuille! mon fils, reprit le vieillard toujours sombre. Tu m'as fait bien du mal tout à l'heure, Gaston; cette parole que tu a laissé tomber à l'improviste, de tes lèvres, sans intention, je veux le croire, m'a glacé le cœur; prends garde, enfant : les douleurs les plus terribles s'émoussent au frottement continuel du temps, une seule reste toujours poignante, celle d'un père dont le fils...

— Oh! n'achevez pas, mon excellent et vénéré père! s'écria le jeune homme avec un élan passionné. Cette parole imprudente que j'ai, sans y songer, je vous le jure, laissé échapper, je ne sais comment, de mes lèvres, je suis au désespoir de l'avoir prononcée. Est-ce donc à mon âge, mon père, ajouta-t-il avec une feinte gaieté, lorsque la vie commence à peine, que l'avenir apparaît radieux, que tout sourit, que l'on songe à la mort?

— Peut-être, Gaston, reprit M. de Foissac que ces protestations ne parvenaient pas à convaincre; tu es un esprit trop solide, un caractère trop réfléchi, pour te laisser ainsi emporter à prononcer certaines paroles. Depuis longtemps déjà, mon fils,

je t'observe silencieusement et sans que tu t'en sois
aperçu, toi si gai, si insouciant jadis, je te vois
souvent triste, sombre, pâle; malgré tes efforts
pour me donner le change, mon fils, tu souffres.
Gaston, n'essaye pas de me tromper, ce serait
inutile; tu portes en toi une douleur que tu t'obs-
tines à cacher à tous, mais que tu n'as pu dissimuler aux yeux clairvoyants de ton père. Prends
garde, enfant, la douleur dont seul on porte le poids
est double; elle est mauvaise conseillère; malheur
à celui qui n'a pas la force et le courage de lutter
bravement contre elle incessamment, et de la
dompter. Cette douleur que je ne connais pas, dont
je ne veux pas même te demander la confidence,
elle m'effraye.

— Allons donc, mon bon père, s'écria le jeune
homme avec un rire forcé, à vous entendre on
supposerait, Dieu me pardonne, que je suis attaqué du spleen, comme nos voisins les Anglais,
que je vois tout en noir et que je rêve le suicide! Pourquoi, je vous le demande, mon père,
serais-je aussi malheureux que vous vous le
figurez? Je n'ai rien dans ma vie passée qui me
puisse attrister; tout m'a constamment souri.
Allons, rassurez-vous, mon père, ajouta-t-il sérieusement, de quelque façon et n'importe à quelle
époque la mort me donne son sinistre embras-
sement, ce ne sera jamais par le fait de ma volonté:
j'ai trop et de trop bonnes raisons pour tenir à
l'existence; jamais, je vous le jure, je n'attenterai
à ma vie.

— Tu me donnes ta parole?

— Certes, mon père, je la vous donne, loyale et
sincère, je vous le répète. Mais, au nom du ciel, je
vous en supplie, ne prenez pas ainsi au sérieux
quelques mots en l'air; jamais je n'ai autant tenu
à la vie qu'en ce moment.

— Soit, je veux te croire, je te crois. Embrasse-
moi, Gaston, embrasse ton cousin, et va, enfant;
que ma bénédiction te suive. Fais ton devoir, agis
en véritable Foissac. Je ne désapprouve pas ta résolution; il est bon de prouver que notre vieux
sang de gentilhomme n'a pas dégénéré et que nous
sommes les dignes fils des héros de Taillebourg et
de Bouvines!

Il ouvrit alors ses bras au jeune homme, qui s'y
précipita.

Le père et le fils demeurèrent un instant étroitement embrassés.

— Pars, maintenant, reprit M. de Foissac, et
souviens-toi que rien n'a été dit; tout est remis en
question; dans un mois, pas auparavant, nous
causerons.

— Je vous remercie, mon père; au revoir, et vous
aussi, mon cousin. D'ailleurs, je vous répète qu'a-
vant quatre jours problablement, j'espère être de
retour près de vous.

— Je l'espère, moi aussi, je prie Dieu que cela
soit, répondit M. de Foissac.

Le jeune homme prit alors congé et se retira.

Les deux vieillards le suivirent tristement des
yeux jusqu'à ce que la porte se fût refermée sur
lui.

— Il y a quelque chose de fatal dans toute cette
affaire, murmura M. de Foissac, en laissant douloureusement pencher sa tête sur la poitrine.

— Je le ferai surveiller de près, mon ami, répondit M. de la Brunerie, non moins ému que son
parent; soyez certain que bientôt nous saurons
à quoi nous en tenir.

Et après avoir affectueusement serré la main de
M. de Foissac, le planteur regagna tristement sa
maison, où il arriva quelques instants plus tard.

XII

COMMENT FUT ÉVACUÉ LE FORT SAINT-CHARLES ET CE
QUI S'ENSUIVIT.

On était au 2 prairial an X.

Au prix de difficultés presque insurmontables
et de fatigues inouïes, supportées avec ce courage
et cette bonne humeur intarissable qui sont le côté
saillant des soldats français dans les circonstances
critiques, le général commandant en chef avait enfin réussi à faire mettre en batterie toutes les pièces
que les moyens très restreints dont il pouvait disposer lui avaient permis d'utiliser.

Le matin du 1er prairial, l'investissement du fort
Saint-Charles avait été complété.

Le commandant en chef, après avoir connu, par
le général Gobert, la fuite audacieuse exécutée par
le capitaine Ignace, avait donné l'ordre au général
Seriziat d'envoyer un renfort de 400 hommes pour
empêcher que pareil fait pût se renouveler.

Enfin, le 1er prairial, tout étant prêt, au lever du
soleil, sur l'ordre du général Richepance, les batteries avaient été brusquement démasquées, et le
bombardement avait commencé sur toute la ligne
avec une extrême violence.

Le noirs répondirent bravement.

Cette effroyable canonnade continua sans interruption pendant toute la journée du 1er.

Le 2 prairial au matin, le feu des insurgés commença à se ralentir, tandis qu'au contraire celui
de l'armée républicaine semblait encore redoubler
d'intensité et prenait des proportions réellement
effrayante.

Le général Richepance, malgré la ferme contenance et le courage des révoltés, comprit que
l'heure suprême ne tarderait par à sonner pour
eux. Il donna alors au général Seriziat l'ordre de

faire franchir le Galion à une partie de sa division et de lui faire descendre cette rivière jusqu'à la mer, pour achever complètement la circonvallation du fort Saint-Charles, que la grande difficulté des communications plus que tout, le petit nombre de soldats composant l'armée de siège avaient empêché de terminer plus tôt entièrement.

Ce mouvement fut exécuté par la division Seriziat avec une grande vigueur et une précision réellement mathématique.

Mais, depuis le commencement du bombardement, c'est-à-dire près de trente heures, l'artillerie avait fait une consommation énorme de munitions ; la poudre allait manquer ; les chemins étaient si mauvais et les moyens de transport tellement insuffisants, que les munitions n'arrivaient qu'en très petite quantité de la Basse-Terre ; force fut alors au général Richepance de faire ralentir le tir pendant quelques heures en ne tirant que huit coups, par pièce, par heure ; mais il ordonna en même temps de rectifier le tir afin que chaque coup portât juste.

Vers six heures du soir, toutes les pièces du fort étaient démontées ou enterrées sous les débris des murailles ; les bombes et les boulets de l'armée française fouillaient l'intérieur de la place comme à la cible et allaient chercher les malheureux noirs dans tous les coins, sans qu'il leur fût possible de se mettre à l'abri des projectiles.

Le bombardement définitif devait recommencer à neuf heures du soir et être immédiatement suivi de l'assaut. Les troupes étaient pleines d'enthousiasme et demandaient à grands cris l'ordre de s'élancer à la baïonnette sur la brèche, dont la largeur était effrayante pour les noirs chargés de la défendre.

Or, ainsi que nous l'avons dit au commencement de ce chapitre, c'était le 2 prairial, le soir ; sept heures sonnaient lentement au beffroi du fort Saint-Charles.

Chaque vibration mélancolique du timbre semblait avoir un écho douloureux dans le cœur d'un homme qui se promenait d'un pas saccadé dans un étroit cabinet où déjà deux fois nous avons introduit le lecteur.

Cet homme, dont les traits énergiques se contractaient malgré lui sous l'effort irrésistible d'une poignante douleur, dont le visage avait pris une teinte cendrée et dont les sourcils se fronçaient à se joindre sous la pression incessante de la pensée, était le commandant Delgrès.

Le chef des noirs ne se faisait aucune illusion sur le sort de la forteresse qu'il avait si opiniâtrement défendue contre toute l'armée française ; il comprenait qu'une plus longue résistance était impossible ; la brèche était énorme, les fossés comblés ; toutes les pièces hors de service, les munitions presque épuisées.

La garnison, réduite de moitié, avait perdu toute énergie ; elle était prête à se mutiner, et, comme il arrive souvent en pareil cas, imputait à son chef tous les maux dont elle était accablée ; il était matériellement impossible de compter plus longtemps sur des hommes que l'épouvante affolait presque, et qui ne se sentaient plus la force ni le courage de retourner au combat.

Le moment fatal, depuis si longtemps prévu, était enfin arrivé.

Il fallait prendre un parti décisif.

Se rendre ? Le chef des révoltés n'y songeait pas ; il n'y aurait jamais consenti. Plutôt que de subir un tel affront, Delgrès se serait fait sauter la cervelle devant toutes ses troupes rassemblées.

Le capitaine Palème entr'ouvrit doucement la porte.

— Eh bien ? demanda le commandant Delgrès en s'arrêtant, ne viennent-ils pas ?

— Ils sont là, et attendent votre bon plaisir, répondit le capitaine.

— Qu'ils entrent.

L'officier se retira.

Quelques instants plus tard, deux hommes pénétrèrent dans le cabinet.

Sur un signe de Delgrès, la porte se referma ; il demeura seul avec eux.

Ces deux hommes étaient pâles, défaits ; leurs traits, émaciés par la souffrance, portaient la marque de grandes privations subies pendant de longs jours.

Leurs uniformes, presque en lambeaux, souillés et tachés en maints endroits, les faisaient cependant reconnaître pour officiers français.

C'étaient : le capitaine Paul de Chatenoy et l'aspirant de marine Losach, les deux parlementaires envoyés, on se le rappelle, par le général Richepance aux révoltés avant son débarquement à la Basse-Terre, et que Delgrès avait, malgré lui, on le sait, retenus prisonniers.

Le commandant les examina un instant avec la plus sérieuse attention, puis il se décida enfin à prendre la parole avec un accent d'intérêt.

— Je vois avec regret, messieurs, dit-il, que mes ordres n'ont point été exécutés.

— Les aviez-vous donc donnés plus sévères encore, monsieur ? répondit le capitaine avec ironie.

— J'avais recommandé, monsieur, reprit Delgrès sans paraître comprendre ce sarcasme, que, tout en vous retenant prisonniers, on vous traitât cependant avec tous les égards dus à votre grade et à votre position de parlementaires.

— Jamais, si ce n'est par des sauvages, parlementaires n'ont été traités comme nous l'avons été ici, reprit le capitaine en haussant dédaigneusement les épaules ; mais laissons cela, ajouta-t-il froidement, qu'avez-vous à nous demander ?

— Qui vous fait supposer, monsieur, que j'aie quelque chose à vous demander? répondit Delgrès avec hauteur.

— La démarche même que vous faites aujourd'hui, monsieur. Si vous n'aviez pas besoin de nous, vous nous auriez laissés, sans songer à nous, pourrir au fond des cachots infects, où nous avons si traîtreusement été jetés.

— Quel que soit le motif qui occasionne votre présence ici, capitaine de Chatenoy, souvenez-vous que je suis votre supérieur; qu'en cette qualité j'ai droit à votre respect; veuillez donc, je vous prie, changer de ton et songer devant qui vous vous trouvez appelé.

— Je nie la vérité et l'exactitude de ce que vous me dites, monsieur; non seulement vous n'êtes et ne pouvez être mon supérieur; mais encore votre conduite, en vous mettant au ban de l'armée et de la société tout entière, vous rend, par ce seul fait, incapable de porter l'uniforme dont vous vous obstinez à vous parer.

Delgrès fixa un regard étincelant sur le jeune officier qui se tenait, froid, impassible devant lui.

Il eut, une seconde, la pensée de le faire fusiller mais, se remettant presque aussitôt:

— Prenez garde, capitaine, lui dit-il d'un ton de sourde menace, ne jouez pas avec ma colère; il pourrait vous en coûter plus cher que vous ne le supposez.

— Monsieur, répondit dédaigneusement le capitaine, veuillez, je vous prie, donner l'ordre qu'on me reconduise dans mon cachot; je préfère supporter les mauvais traitements de vos geôliers que de subir vos menaces.

— Monsieur! s'écria Delgrès avec colère.

Mais il fit un violent effort sur lui-même, et reprenant son sang-froid, il continua d'une voix dont l'accent pouvait sembler tout amical:

— Vous avez raison, monsieur, pardonnez-moi; j'ai eu tort de vous parler ainsi que je l'ai fait; vous êtes prisonnier, je dois user envers vous de certains ménagements.

Le capitaine ne répondit pas.

Le commandant Delgrès continua en fixant sur lui son regard, afin d'épier sur son visage, l'effet que produiraient ses paroles:

— Venons donc au fait, monsieur; je suis contraint d'évacuer le fort Saint-Charles; avant une heure je l'aurai quitté à la tête de ma garnison, et j'aurai traversé les lignes françaises.

Delgrès fit une pause.

Le capitaine demeura impassible, ne témoignant ni surprise, ni assentiment.

Il attendait.

— Vos compatriotes s'imaginent m'avoir vaincu, reprit le chef des noirs après un instant, ils se trompent; je n'ai défendu contre eux si longtemps le fort Saint-Charles que dans le seul but d'augmenter mes ressources; de doubler mes moyens d'action, et de me préparer des retraites impénétrables, du fond desquelles je braverai, comme en me jouant, tous les efforts des troupes françaises pour me débusquer ou me soumettre; je parviendrai ainsi, dans un avenir prochain, à rendre aux hommes de couleur, dont j'ai pris la cause en main, la liberté qu'on prétend leur ravir.

Le capitaine de Chatenoy haussa les épaules sans répondre.

— Vous ne me croyez pas, monsieur? fit Delgrès avec une colère contenue.

— Vous croyez-vous vous-même, ou me prenez-vous pour un niais, monsieur? répondit le capitaine avec un sourire dédaigneux. Il faut, monsieur, que vous vous fassiez de moi une bien triste opinion pour supposer un instant que je puisse ajouter foi aux forfanteries qu'il vous plaît de me débiter. Vous êtes vaincu, contraint de fuir; dans quelques jours, si aujourd'hui même vous n'êtes pas arrêté au passage, vous serez traqué dans les mornes et les bois comme une bête fauve et réduit aux abois. Voilà la vérité; le reste n'est que mensonge; veuillez donc ne pas insister sur ce point. Venez au plus vite au but réel que vous vous êtes proposé de l'entretien que vous avez voulu avoir avec mon collègue et avec moi; ce qui, je crois, est la seule chose qui importe à vous comme à nous.

— Eh bien, soit, messieurs, ce but, je vais vous l'apprendre.

— Nous vous écoutons.

— Je vais donc quitter le fort Saint-Charles...

— Alors, bon voyage... murmura M. Losach.

— Avant d'abandonner le fort, j'hésite entre trois moyens que je me propose d'employer avec vous.

— N'hésitez pas, faites-nous fusiller, dit M. de Chatenoy; c'est le moyen le plus simple de tous, et le seul parti que je vous conseille de prendre.

— Non, messieurs, il est trop simple, en effet; j'en ai choisi un autre.

— Il doit être charmant.

— Vous allez en juger.

— Voyons ce moyen. Je vous donnerai franchement mon opinion sur sa valeur? dit le jeune marin.

— J'ai, prisonniers dans ce fort, en sus de vous, deux cent cinquante à trois cents soldats français et coloniaux; remarquez que je ne vous compte pas dans ce nombre.

— Gracieuseté dont je vous remercie; mais vous l'avez dit d'abord.

— Parlez, monsieur, ajouta le capitaine.

— Ah! cela vous intéresse? dit Delgrès avec ironie.

— Peut-être.

— Je consens, écoutez bien ceci, je consens à renvoyer ces prisonniers sains et saufs à votre général, à une condition : vous suivrez ma retraite et et consentirez à servir sous mes ordres pendant tout le temps de la guerre,

L'aspirant de marine éclata de rire.

— Voilà donc pourquoi, dit-il, vous ne nous aviez pas compris au nombre de vos prisonniers ?

— Oui, monsieur, répondit froidement Delgrès.

— Parfait ! Et vous, Chatenoy, que pensez-vous de cela ?

— Ce que dit monsieur est absurde et ridicule, mon cher ; il se moque de nous.

— Je plaisante si peu, messieurs, et je suis si loin d'avoir la pensée de me moquer de vous, que j'ajoute ceci : Si vous refusez, vos compagnons et vous, vous serez fusillés avant une heure. Maintenant, messieurs, j'attends votre réponse.

Les deux officiers se regardèrent en souriant, et haussèrent les épaules avec mépris.

— Je vous répète, messieurs, que j'attends votre réponse.

— Eh bien, la voici, monsieur, dit froidement le capitaine : Faites-nous fusiller !

— C'est votre dernier mot, messieurs ?

— Parfaitement.

— C'est bien, reprit Delgrès d'une voix sourde que la colère faisait trembler ; c'est bien, vous mourrez.

Les deux jeunes officiers demeurèrent silencieux.

Delgrès frappa sur un gong.

— Reconduisez ces messieurs à leur cachot ; dit Delgrès en s'adressant au capitaine Palème qui s'était présenté à son appel.

Les deux officiers sortirent la tête haute, sans même regarder le chef des insurgés.

Delgrès était en proie à une violente colère.

Cette résistance obstinée, cette raillerie continuelle l'avaient mis hors de lui ; aussi s'était-il laissé emporter plus loin qu'il ne l'aurait voulu. Mais, réagissant contre sa colère, et comprenant que la mort des prisonniers ne pourrait être d'aucune utilité à la cause qu'il défendait, qu'au contraire elle lui serait imputée comme un acte de barbarie, il se résolut à la générosité.

Le temps pressait ; il fallait, sans tarder davantage, tout préparer pour l'évacuation du fort ; le commandant fit appeler près de lui ses principaux officiers, leur donna ses ordres, et tout fut bientôt en mouvement pour un départ précipité de cette place défendue avec tant d'acharnement, mais qui ne pouvait plus tenir davantage.

— Quant aux prisonniers, avait-il dit au capitaine Palème, vous ferez ouvrir les portes de leurs cachots ; il ne leur sera fait aucun mal.

Les noirs, en apprenant que leur chef consentait enfin à l'abandon de la forteresse, étaient au comble de la joie ; ils étouffaient entre ces épaisses murailles ; ces hommes, accoutumés à l'air vif et pénétrant des mornes, dépérissaient d'ennui et de nostalgie ; ils regrettaient les bois et les montagnes. Cette détermination leur rendait l'espoir et le courage ; ils se croyaient assurés de pouvoir tenir tête à toutes les forces françaises réunies, dès qu'ils se retrouveraient enfin libres dans leurs chères montagnes ; aussi exécutèrent-ils avec une ardeur fébrile les ordres que leurs chefs leur donnèrent ; en très peu de temps tout fut prêt pour l'évacuation de la forteresse.

Pendant que ceci se passait parmi les insurgés ; les deux officiers avaient été reconduits chacun dans un cachot séparé, par le capitaine Palème et remis aux mains de leur geôlier.

Ce geôlier était un grand nègre, fort ignorant en matière politique et ne s'en souciant guère ; depuis plus de vingt ans, il occupait cet emploi de confiance au fort Saint-Charles ; lors de l'occupation de la place par les révoltés, ceux-ci l'avaient trouvé là et l'y avaient laissé, sans même songer à lui demander s'il partageait ou non leurs opinions ; il remplissait très exactement son office ; ils n'avaient rien de plus à exiger de lui.

D'ailleurs, il était assez difficile de connaître l'opinion de ce bonhomme ; il était sombre, taciturne, ne parlant que très rarement par mots entrecoupés et par phrases hachées, à peu près incompréhensibles pour ceux qui causaient avec lui, de sorte que les habitants du fort avaient fini par renoncer tout à fait à sa conversation ; mais il était actif, paraissait fidèle, obéissait sans se permettre la plus légère observation ; de bon compte, il aurait fallu posséder un bien mauvais caractère pour ne pas être satisfait de la manière dont ce singulier personnage remplissait ses pénibles fonctions.

Lorsque les deux prisonniers eurent été remis par le capitaine aux mains du geôlier, Palème, au lieu de rejoindre immédiatement Delgrès, se dirigea vers la poudrière qui touchait aux cachots.

Le geôlier parut inquiet de cette manœuvre ; au lieu d'enfermer tout de suite ses prisonniers, d'affecter avec eux les manières bourrues qu'il leur avait constamment montrées jusque-là, il les mit tous deux dans la même casemate ; ce qui était une grave infraction à ses devoirs, puis, fait bien plus étrange encore, il se contenta de repousser la porte sans la refermer ; mais, au lieu de s'éloigner ainsi qu'il en avait l'habitude, il commença à se promener de long en large dans le corridor sur lequel ouvraient les prisons.

La promenade ou plutôt la marche du geôlier était inquiète, saccadée ; il jetait autour de lui des regards égarés ; parfois il s'arrêtait, penchait le corps en avant et semblait prêter l'oreille, à des bruits perceptibles pour lui seul.

Soudain, il se colla contre la muraille, se glissa lentement le long du corridor et disparut.

Le capitaine Paul de Chatenoy et son compagnon, le jeune aspirant de marine, étonnés avec raison des façons singulières de leur gardien, suivaient tous ses mouvements avec une curiosité anxieuse, ne sachant à quoi attribuer un changement aussi complet dans son humeur.

A peine le vieux nègre eut-il disparu, que le capitaine, inquiet des menaces du commandant Delgrès et sachant qu'il avait tout à redouter des excitations de sa colère, fit signe à son compagnon de l'imiter, s'arma d'une énorme barre de fer jetée, avec bon nombre d'autres, dans un coin du corridor, puis tous les deux se blottirent dans l'ombre et attendirent silencieusement le retour du geôlier.

M. Losach ignorait quelles étaient les intentions du capitaine de Chatenoy; pas un mot n'avait été échangé entre eux, mais il comprenait que le moment était décisif, que son chef avait arrêté un projet dans son esprit et que, dans leur intérêt commun, il devait exécuter, sans même essayer de les comprendre, les ordres qu'il recevrait de lui.

L'attente des deux hommes ne fut pas longue, elle dura quelques minutes à peine.

Bientôt le bruit d'un pas lourd se fit entendre et le geôlier parut.

Les deux guetteurs aperçurent le pauvre diable d'assez loin; ils échangèrent entre eux un regard significatif et se tinrent prêts à agir.

Le geôlier revenait presque en courant; il était pâle, de cette pâleur cendrée des nègres et des mulâtres; ses traits semblaient bouleversés par l'épouvante, ses yeux étaient hagards, un tremblement convulsif agitait tout son corps, il grommelait à demi-voix des mots sans suite et entrecoupés.

Au moment où les deux hommes se préparaient à s'élancer sur lui, pensant qu'il ne les avait pas aperçus, il s'arrêta, fit un geste désespéré de la main pour les contenir, en même temps qu'il s'écriait d'une voix hachée par la terreur:

— Ne me faites pas de mal, massa! ne me faites pas de mal! Je viens pour vous prévenir...

— Que veux-tu dire? s'écria le capitaine en s'approchant vivement de lui, tout en conservant à la main la barre de fer dont il s'était armé.

— Vous êtes perdus! s'écria le geôlier.

— Perdus?... Explique-toi... Que se passa-t-il? Parle donc, au nom du diable!

— Tous partis, massa! tous!

— Qui, partis?

— Les nègres marrons.

— Où est Delgrès?

— Parti aussi.

— Avec eux?

— Oui, massa.

— Alors le fort est abandonné?

— Oui, massa, abandonné; plus personne que moi, vous et les autres prisonniers.

— Alors, nous sommes sauvés...

— Non, massa.

— Comment, non?

— Perdus! tous mourir! Grand tonnerre préparé par Palème.

— Ah! s'écria le capitaine avec épouvante, je comprends! Les poudres, n'est-ce pas?

— Oui! oui! dit le nègre dont les dents claquaient de terreur, allez, massa! allez vite! vite!... perdus! tous sauter!...

— Losach, s'écria le capitaine, obligez cet homme à délivrer les autres prisonniers, armez-vous tous, si cela vous est possible, puis réunissez-vous dans la première cour du fort. Hâtez-vous, chaque minute qui s'écoule est un siècle! Moi, je vais essayer de nous sauver tous!

— Mon Dieu! s'écria le jeune homme qui comprit alors quel horrible danger était suspendu sur sa tête et sur celle de ses malheureux compagnons de captivité, nous sommes perdus!

— J'espère que non! s'écria le capitaine.

Et il s'élança en courant au dehors.

Le capitaine de Chatenoy connaissait parfaitement le fort Saint-Charles, dans lequel il avait pendant plusieurs mois tenu garnison. Il se dirigea, aussi rapidement que cela lui fut possible, — la terreur lui donnait des ailes, — vers l'endroit où se trouvait la poudrière.

Sur son chemin, il rencontra plusieurs noirs qui, ne voulant pas persévérer plus longtemps dans leur révolte, s'étaient cachés au moment du départ de leurs compagnons; ils étaient environ une centaine; la nouvelle du danger terrible qui les menaçait s'était déjà répandue parmi eux; ils couraient, affolés, dans les cours et les corridors, poussant des cris lamentables et implorant des secours que personne n'aurait pu leur donner. Le capitaine, sans s'occuper de ces malheureux, s'élança dans la poudrière, dont la porte avait été laissée entre-bâillée, afin d'accélérer la combustion de la mèche par un courant d'air.

Palème s'était dit que rendre la liberté aux prisonniers était à la fois une faiblesse et une folie, puisque ces prisonniers devaient immédiatement augmenter le nombre des ennemis des noirs; cédant à son instinct sauvage, ne voulant pas cependant désobéir à Delgrès, il s'était arrêté à l'idée de faire sauter le fort et d'anéantir ainsi les Français qui s'y trouvaient détenus. Si, plus tard, on lui faisait des reproches de cette action, il mettrait sur le compte d'un accident fortuit l'éclat de la pou_ drière. Au surplus, Palème, fort intelligent, savait que dans une guerre comme celle que soutenaient les noirs, on ne leur saurait jamais gré d'un acte de générosité.

Les déserteurs de la garnison avaient, cent fois peut-être, passé devant cette porte depuis le départ de leurs camarades ; mais, dominés et domptés par l'épouvante, aucun d'eux n'avait osé en franchir le seuil.

Le capitaine avait résolument, en homme qui fait le sacrifice de sa vie pour le salut de tous, pénétré dans la poudrière ; il frémit en apercevant une chandelle fichée dans un baril de poudre ; cette chandelle presque consumée brûlait rapidement ; elle ne pouvait plus durer que quelques minutes ; une fumerolle, une étincelle tombant sur la poudre, suffisait pour produire une effroyable détonation, faire sauter le fort, et avec lui ensevelir sous ses décombres, non seulement les malheureux prisonniers renfermés dans les cachots et casemates, mais encore détruire l'armée assiégeante, et renverser, de fond en comble, la ville de la Basse-Terre, qui est si rapprochée de la forteresse.

Le capitaine de Chantenoy, sans songer une seconde au danger terrible auquel il s'exposait, s'élança bravement en avant ; d'un bond, il enleva la chandelle et l'écrasa sous ses pieds.

Tout danger avait disparu.

Le fort était sauvé, et avec lui un nombre considérable de malheureux que cet effroyable sinistre aurait pulvérisés.

Mais l'émotion éprouvée par le capitaine de Chatenoy avait été si forte, sa terreur si grande, que cet homme, brave jusqu'à la plus extrême témérité, dont le dévouement et l'abnégation avaient méprisé tout calcul, et qui, par ce trait inouï d'audace, avait sauvé une population tout entière, succombant un instant sous le poids d'une épouvante pour ainsi dire rétrospective, fut contraint de s'appuyer contre la muraille, pour ne pas s'affaisser et rouler sur lui-même.

Mais cette prostration n'eut que la durée d'un éclair ; presque aussitôt le sentiment du devoir rendit au capitaine son énergie première, il se redressa fièrement et sortit dans la cour en criant d'une voix retentissante :

— Courage, enfants ! vous êtes sauvés !

Des cris joyeux lui répondirent.

M. Losach, le jeune aspirant de marine, avait ponctuellement exécuté les ordres que lui avait donnés le capitaine ; tous les prisonniers étaient libres, bien armés et rangés en bataille dans la principale cour de la forteresse.

Le capitaine, après avoir, par quelques mots chaleureux, encouragé les prisonniers à bien faire leur devoir, et avoir complimenté les noirs qui n'avaient pas voulu demeurer plus longtemps sous le drapeau de l'insurrection, s'occupa, sans perdre un instant, de la sûreté de la place.

Au cas où la pensée serait venue aux révoltés de rentrer dans la forteresse s'ils ne parvenaient pas, ainsi qu'ils se le promettaient, à franchir les lignes françaises, le capitaine de Chatenoy fit lever le pont-levis du passage par lequel ils avaient opéré leur évasion et plaça des sentinelles à toutes les issues qui auraient pu donner accès dans la place.

Ce devoir accompli, le capitaine confia provisoirement le commandement du fort Saint-Charles à M. Losach, auquel il recommanda la plus minutieuse vigilance, et il sortit du fort pour se rendre dans les lignes de l'armée française afin d'avertir le général en chef de ce qui venait de se passer.

Le général Richepance était dans l'ignorance la plus complète des événements qui, en si peu de temps, s'étaient accomplis dans l'intérieur de la forteresse ; ainsi qu'il l'avait arrêté, il se préparait à donner l'ordre de recommencer le bombardement, les colonnes d'attaque étaient formées et prêtes à s'élancer sur la brèche, lorsque le capitaine de Chatenoy fut amené en sa présence.

D'abord, le général trouva ce que lui racontait le capitaine si incroyable et si impossible, qu'il ne voulut pas y ajouter foi ; il lui semblait, avec raison, matériellement impossible que, d'après les ordres qu'il avait donnés quelques heures seulement auparavant, les noirs eussent réussi, en si grand nombre, à se glisser inaperçus à travers les lignes françaises, qui de tous côtés devaient cerner le fort...

Mais Richepance fut bientôt contraint, malgré lui, de se rendre à l'évidence.

Ses ordres, mal compris, avaient été mal exécutés. Delgrès, bien servi par ses espions et parfaitement informé, avait habilement profité de cette faute, pour lui providentielle, pour opérer sûrement, et sans être inquiété, son incroyable et audacieuse retraite.

Le général en chef embrassa cordialement le capitaine de Chatenoy.

Pour le récompenser de sa belle conduite, il le nomma, séance tenante, chef de bataillon, et, sans perdre un instant, il fit occuper le fort Saint-Charles.

Au point du jour, les troupes françaises se mettaient à la poursuite de Delgrès et des noirs qu'il commandait.

XIII

POURQUOI DELGRÈS ENVOYA LE CAPITAINE IGNACE EN PARLEMENTAIRE.

Le lendemain, le général en chef fut informé d'une manière certaine, par ses espions, que Delgrès, à la tête d'une partie des révoltés qui avaient avec lui abandonnés le fort Saint-Charles, après avoir habilement dérobé sa marche, avait pris une route détournée pour gagner les hauteurs du Matouba.

Le général se mit aussitôt en devoir de l'y poursuivre avec des forces considérables.

Quelques jours s'écoulèrent après lesquels Richepance reçut, par un aide de camp du général Gobert, le rapport détaillé de l'expédition dont ce général avait été chargé par lui et qu'il avait heusement terminée.

Le capitaine Ignace, ainsi que Richepance l'avait prévu, s'était mis en marche sur la Pointe-à-Pitre dans le dessein de surprendre cette ville et de la détruire.

L'exécution de ce projet paraissait au capitaine Ignace le seul moyen de rétablir les affaires de l'insurrection, et de relever les espérances de ses adhérents, que tant de défaites successives commençaient à sérieusement inquiéter sur l'issue de la guerre.

Le général Gobert n'avait pas tardé à atteindre l'arrière-garde du capitaine Ignace au poste du *Dolé*, que le mulâtre avait fortifié pour arrêter les troupes dont il se savait poursuivi de près.

Ce poste fut emporté à la baïonnette ; on y prit deux pièces de canon.

Puis, le général Gobert continua de suivre la piste du lieutenant de Delgrès, qui brûlait et pillait tout ce qu'il rencontrait ; il avait déjà réduit en cendres les bourgs des *Trois Rivières*, celui de *Saint-Sauveur*, et tout le quartier de la *Capesterre*, un des plus riches de la colonie.

Ces incendies, ces massacres, ne laissaient pas un instant de repos à l'armée ; elle était continuellement contrainte à des marches et à des contre-marches, pour se porter partout où les révoltés, qui ne semblaient plus suivre aucun plan arrêté dans leurs mouvements, brûlaient et massacraient, tantôt d'un côté, tantôt d'un autre ; puis, ramenés par le désespoir dans les mêmes lieux où ils avaient déjà signalé leur fureur, ils y venaient pour brûler et massacrer ce qui leur avait échappé la première fois.

On comprend combien, sous ce ciel de feu, l'armée devait être excédée de fatigues, mille fois plus pé-nibles à supporter que celles dont en Europe elle aurait eu à souffrir.

Mais l'espoir de mettre bientôt un terme à tant de désastres horribles, soutenait l'ardeur des chefs et des soldats et redoublait leur dévouement.

Après avoir campé à la Capesterre, au Petit-Bourg, et dispersé sur sa route divers détachements de révoltés, le général Gobert s'était rendu par mer à la Pointe-à-Pitre, afin de s'assurer par lui-même de la situation dans laquelle se trouvait cette ville, où il n'y avait qu'une assez faible garnison.

Il recommanda la plus grande vigilance jusqu'à ce qu'il pût y faire entrer des secours, puis il retourna à son camp du Petit-Bourg.

A peine y fut-il arrivé, qu'il eut à combattre un parti nombreux d'insurgés qui, pour arrêter la marche de ses troupes, s'étaient établis sur l'habitation Paul ; il en furent délogés. Le général Pélage fut chargé de les poursuivre l'épée dans les reins, jusqu'aux *Palétuviers* qui bordent la rivière Salée, mission que cet officier accomplit avec sa vigueur ordinaire.

Sur la fin de cette action, un courrier expédié par le commandant de la Pointe-à-Pitre, avait annoncé, au général Gobert que cette ville était menacée, que le capitaine Ignace avait paru dans les environs à la tête de quatre cents hommes bien disciplinés et d'une multitude de nègres armés de piques ; qu'il insurgeait les ateliers et qu'il brûlait en même temps toutes les habitations qui se trouvaient sur son passage.

Le commandant ajoutait dans sa lettre qu'il s'attendait à être attaqué la nuit suivante et que la Pointe-à-Pitre courait le plus sérieux danger ; cette ville, ouverte de toutes parts, n'avait, ainsi que nous l'avons dit, qu'une très faible garnison.

Le général Gobert aurait voulu voler sur-le-champ au secours de la place, mais ses troupes étaient épuisées de fatigue, harassées ; il expédia en toute hâte le général Pélage, dont la conduite ne se démentit pas une seule fois pendant cette guerre fratricide ; sa présence seule suffit pour contenir les noirs.

Pélage composa ses forces, des garnisons partie du fort Fleur-d'Épée, partie du fort Union, où il ne laissa qu'un petit nombre d'hommes, partie des gardes nationaux sédentaires, et surtout des dragons et des jeunes conscrits.

Avec les moyens qu'il venait pour ainsi dire d'improviser, le général Pélage tint toute la nuit les révoltés en échec ; pour empêcher le capitaine Ignace d'attaquer la ville, il lui fit craindre d'être attaqué lui-même, en l'inquiétant par des vedettes et des patrouilles continuelles.

Le lendemain, 5 prairial, dès que le jour parut, les noirs virent toutes les hauteurs qui les environ-

L'habitation de la Brunerie où, depuis trois jours... (page 78).

nait occupées par des détachements que le général Pélage y avait placés; il le crurent alors à la tête de forces considérables; ils abandonnèrent aussitôt la plaine de Stiwenson, pour se renfermer dans le fort Brimbridge, avantageusement situé au sommet d'un morne, à mille toises, c'est-à-dire environ deux mille mètres, de la Pointe-à-Pitre; mais ils ne trouvèrent dans ce fort que deux pièces de canon sans affûts; bien faibles moyens de défense dans la situation critique où ils étaient réduits.

Le général Pélage profita habilement de cette faute commise par le capitaine Ignace; après avoir cerné complètement le fort, le général fit venir plusieurs pièces de campagne et un obusier qu'il plaça sur un morne voisin; un feu terrible commença aussitôt contre les révoltés; ceux-ci ne répondaient que faiblement avec leurs deux canons sans affûts

qu'ils avaient montés, tant bien que mal, sur des chariots.

Le capitaine Ignace ne tarda pas à s'apercevoir du danger de sa position; il tenta d'évacuer le fort pour se répandre dans la campagne, mais toutes les issues lui étaient fermées; plusieurs fois il fut repoussé avec des pertes sérieuses.

Dans ces différents chocs, Gaston de Foissac, qui faisait son apprentissage du métier de soldat à la tête des jeunes conscrits et des créoles volontaires, fit des prodiges de valeur; il perdit même plusieurs des siens qui se firent bravement tuer plutôt que de reculer; quant à lui, il ne reçut pas une égratignure.

Cependant Pélage était assez inquiet; il avait expédié courriers sur courriers au général Gobert pour l'instruire de l'état des choses et lui demander des secours.

Le général était parti de bonne heure du Petit-Bourg avec sa colonne ; lorsqu'il rejoignit Pélage, après l'avoir félicité sur ses heureuses dispositions, il se mit en mesure de pousser vigoureusement l'attaque de Brimbridge ; tous les postes furent doublés ; le général fit jouer de nouvelles pièces qui causèrent un ravage affreux parmi les noirs, rassemblés comme des moutons sur la plate-forme du fort, et ne trouvant plus le moindre abri contre les boulets et la mitraille.

A six heures du soir, l'ordre de l'assaut général fut donné par Gobert ; les troupes s'élancèrent aussitôt au pas de course ; après avoir abattu les portes à coups de hache, malgré la mousqueterie des insurgés, les soldats se ruèrent sur les noirs qui les attendaient bravement de pied ferme ; les noirs furent culbutés par un élan irrésistible ; on en fit un carnage horrible.

Ceux qui voulaient tenter de s'échapper en se précipitant du haut des murailles, étaient reçus sur la pointe des baïonnettes.

Enfin, après une résistance désespérée, qui ne dura pas moins d'une heure, le fort Brimbridge demeura définitivement au pouvoir des Français ; les révoltés, perdirent à cette sanglante affaire, deux cent cinquante prisonniers et huit cents hommes tués.

Les restes désormais impuissants des révoltés, parmi lesquels se trouvait le capitaine Ignace, que d'abord on avait cru reconnaître parmi les morts, se dispersèrent dans la campagne à la faveur des ténèbres (1) ; mais de promptes mesures furent prises pour les empêcher de se rallier et de commettre de nouvelles dévastations sur la Grande-Terre ; d'ailleurs, Ignace n'y songeait pas ; atterré par sa défaite, il parvint cependant à réunir autour de lui deux ou trois cents hommes démoralisés, réussit à dérober ses traces et à traverser la rivière Salée.

Ignace n'avait plus qu'un seul but, un désir, rejoindre Delgrès et mourir avec lui.

Ce fut ainsi que d'un seul coup la Pointe-à-Pitre fut sauvée, en même temps que toute la Grande-Terre, la partie la plus considérable de la colonie.

Trois cantons les plus voisins de la ville : les Abymes, le Gozier et le Morne-à-l'Eau, eurent seuls à souffrir des premiers effets de la terrible invasion du capitaine Ignace.

Le général Gobert, assuré par les rapports de ses espions que le lieutenant de Delgrès se retirait définitivement sur le Matouba où il espérait rejoindre son chef, et fort satisfait des résultats glorieux qu'il avait obtenus en si peu de temps, se rembarqua avec ses troupes pour la Basse-Terre, où il arriva au moment où le général en chef prenait toutes les mesures nécessaires que lui suggérait son talent militaire allié à la plus haute prudence, pour en finir par une affaire décisive avec Delgrès, le premier et le plus redoutable de tous ses adversaires.

Le lecteur se rappellera qu'après l'évacuation du fort Saint-Charles, Delgrès, comptant sur une sérieuse diversion de la part du capitaine Ignace, s'était retiré au Matouba.

Là, il attendait que les succès de son lieutenant lui permissent de prendre l'offensive.

Ainsi que le Chasseur de rats l'avait prévu longtemps auparavant, le mulâtre s'était retranché sur l'habitation d'Anglemont, appartenant à la famille de la Brunerie, particularité complètement ignorée de Delgrès ; le mulâtre avait ajouté aux superbes défenses dont la nature avait entouré cette magnifique habitation toutes celles que son expérience de l'art militaire pouvait lui fournir.

Il avait sous ses ordres de nombreux adhérents fanatiquement dévoués à sa personne et commandés par Kirwand, Dauphin, Jacquet, Codou, Palème et Noël Corbet ; c'est-à-dire ses officiers les plus braves, les plus résolus et les plus intelligents.

Cette position avait de très grands avantages pour les insurgés.

Ils s'y trouvaient, par la disposition même des lieux, maîtres d'accepter le combat ou de le refuser contre des troupes supérieures ; de plus, ils pouvaient se répandre à volonté, par des expéditions soudaines, dans toutes les parties de la Basse-Terre ; en même temps qu'ils établissaient, par les bois, avec le capitaine Ignace, une correspondance prompte et facile ; surtout pour des noirs accoutumés à courir sur le sommet des montagnes et à franchir tous les obstacles comme en se jouant.

Voilà quelle était la situation de Delgrès.

Cette situation était loin d'être désespérée ; un coup de main hardi, une rencontre heureuse, suffisaient non pas à faire réussir la révolte, mais à lui rendre toute sa force première ; de plus, si le succès couronnait la tentative du capitaine Ignace sur la Grande-Terre, la guerre pouvait, longtemps encore, être traînée en longueur et permettre aux noirs, s'ils étaient contraints de se soumettre, de ne le faire qu'à des conditions avantageuses.

Nous avons rendu compte des résultats de la tentative faite par Ignace.

Les choses étaient en cet état ; Delgrès, prenant ses rêves pour des réalités, se berçait des plus riantes chimères, lorsqu'il fut tout à coup réveillé de son extase par un coup de foudre.

Un matin, un peu avant le lever du soleil, le chef

(1) Nous commettons ici, de parti pris, un anachronisme de quelques jours ; nous savons très-bien que le capitaine Ignace fut tué au fort Brimbridge. G. A.

des révoltés vit soudain arriver à son quartier général d'Anglemont une troupe peu nombreuse, mais hurlante, effarée, les vêtements en lambeaux et couverts de sang, au milieu de laquelle se trouvait Ignace, honteux, désespéré, presque fou de douleur.

L'arrivée si peu prévue de cette troupe à d'Anglemont, produisit l'effet le plus déplorable sur les défenseurs de l'habitation.

Les nouvelles qu'elle apportait étaient terribles.

Delgrès écouta froidement, sans témoigner la moindre émotion, le rapport de son lieutenant; cependant il avait la mort dans le cœur; mais il comprenait de quelle importance il était pour lui de ne pas laisser voir à ceux qui l'entouraient les divers sentiments dont il était agité.

Le mulâtre, brutalement renversé du haut de ses rêves, envisagea sa situation telle qu'elle était en réalité; elle était des plus critiques, presque sans remède.

A part quelques bandes peu nombreuses et mal organisées qui guerroyaient encore dans les mornes, et se livraient plutôt au meurtre et au pillage, qu'elles ne faisaient une guerre en règle contre les Français, toutes les forces vives des noirs se trouvaient maintenant concentrées sur le même point, l'habitation d'Anglemont.

Si redoutable que fût la position qu'ils occupaient, les révoltés connaissaient trop bien les Français, ils les avaient vus de trop près à l'œuvre pour conserver la moindre illusion sur le sort qui les attendait.

Ils savaient que le général en chef Richepance était un de ces inflexibles soldats que les difficultés loin de les décourager, excitent au contraire à vaincre; qu'il franchirait, n'importe à quel prix, tous les obstacles, mais qu'il viendrait sans hésiter les attaquer dans leur dernier refuge; ce qu'ils lui avaient vu accomplir de miracles d'audace et de patience, lors du siège du fort Saint-Charles, leur avait donné la mesure de ce dont il était capable, et, malgré les minutieuses précautions qu'ils avaient prises, à chaque instant ils redoutaient, tant leur terreur était grande, de le voir arriver à la tête de ces invincibles soldats qui, débarqués depuis moins d'un mois dans la colonie, escaladaient déjà les mornes les plus inaccessibles d'un pas aussi assuré que le plus intrépide et le plus adroit nègre marron.

Sur la prière de ses officiers qui voyaient avec crainte l'effet produit sur les troupes de l'habitation par l'arrivée des hommes du capitaine Ignace, Delgrès se résolut à réunir un conseil de guerre.

La réunion fut tumultueuse, désordonnée.

Pendant longtemps, Delgrès fit de vains efforts pour ramener un peu d'ordre, rétablir le silence nécessaire pour que la délibération fût calme, raisonnée; pendant longtemps il ne réussit qu'à grand'peine à se faire entendre et écouter.

Les avis du conseil étaient fort partagés; les uns voulaient mettre bas les armes sans plus attendre et implorer la clémence du général en chef; d'autres parlaient de se réfugier à la Dominique ou même aux Saintes; sans réfléchir que le chemin de la mer leur était coupé et que, de plus, ils n'avaient pas à leur disposition une seule pirogue. Quelques-uns, plus résolus, voulaient fondre à l'improviste sur les Français, les attaquer à la baïonnette et se faire tuer bravement, les armes à la main, s'ils ne réussissaient pas à les vaincre par cette attaque désespérée; d'autres enfin en plus grand nombre, plus sages et surtout plus logiques, proposaient de demander une entrevue au général en chef de l'armée française, de lui faire des propositions qui sauvegarderaient surtout leur honneur et leur liberté, ajoutant, avec infiniment de raison, que si ces propositions très peu exagérées, étaient repoussées, il serait toujours temps d'en venir à des moyens extrêmes et de se faire bravement tuer les armes à la main.

Delgrès, dès qu'il avait vu la discussion entrer dans une voie anormale, s'était tenu à l'écart et n'y avait plus pris aucune part; silencieux, pensif, il écoutait, sans s'émouvoir, les diverses opinions qui, tour à tour, étaient émises; enfin, lorsque les membres du conseil se furent à peu près mis d'accord entre eux et qu'ils se tournèrent vers lui pour lui demander de sanctionner ce qu'ils avaient arrêté, un sourire amer plissa ses lèvres, il se leva et prit la parole :

—Citoyens, dit-il, j'ai suivi avec la plus sérieuse attention la marche de la longue discussion qui vient d'avoir lieu devant moi; vous me demandez mon opinion, il est de mon devoir de vous la donner avec franchise et surtout avec loyauté, c'est ce que je vais faire. A mon avis, l'intention que vous émettez de demander une entrevue au général Richepance, afin de lui faire des propositions, me semble de tous points une folie. Nous avons nous-mêmes refusé, il y a quelques jours à peine, de recevoir des parlementaires en les menaçant de les pendre comme espions; les deux seuls qui sont parvenus jusqu'à nous au fort Saint-Charles, vous m'avez contraint, malgré ma volonté expresse, à les retenir prisonniers et à manquer ainsi, moi soldat, aux lois de la guerre. Pourquoi le général Richepance n'agirait-il pas envers nos parlementaires de la même façon que nous avons agi envers les siens? Nous l'y avons autorisé par notre exemple, et il ne ferait ainsi que nous imposer la loi du talion.

Plusieurs dénégations interrompirent le commandant; celui-ci sourit avec dédain, et aussitôt que le bruit se fut un peu calmé, il reprit :

— J'admets comme vous, pour un instant, que le général en chef, militaire honorable s'il en fut, dédaigne d'employer de tels moyens et consente à recevoir notre parlementaire. Qu'arrivera-t-il ? Supposez-vous que le général Richepance ne connaisse pas aussi bien que nous la situation critique dans laquelle nous nous trouvons ? Si vous pensiez ainsi, vous commettriez une grave erreur ; le général en chef nous considère comme perdus ; notre soumission n'est plus pour lui qu'une question de temps ; on ne traite pas avec des ennemis vaincus ; on ne perd pas son temps à discuter les propositions qu'ils sont assez niais pour faire ; on leur impose les siennes. Voilà de quelle façon agira le général Richepance avec votre parlementaire, et il aura raison, parce que la démarche que vous voulez tenter lui enlèvera les derniers doutes que peut-être, il conserve encore sur la situation précaire dans laquelle nous nous trouvons réduits ; réfléchissez donc mûrement, dans votre intérêt même, je vous en prie, avant de mettre votre projet à exécution, et de tenter auprès de notre ennemi la démarche hasardeuse et imprudente que vous voulez faire.

Il y eut un court silence, mais bientôt l'effet produit par ces sages paroles s'évanouit ; la discussion recommença plus vive et plus acerbe que jamais.

— C'est notre dernière ressouce, dit Codou.

— Le général Richepance n'est pas cruel, il aura pitié de nous, ajouta Palème.

— D'autant plus, dit Noël Corbet, que ses instructions lui recommandent surtout la clémence.

— D'ailleurs, interrompit le capitaine Ignace, nous serons toujours à même de nous faire tuer en braves gens les armes à la main, si nos propositions sont repoussées.

— Cela ne fait pas le moindre doute ; mais il serait préférable qu'elles ne le fussent pas ; dit Dauphin d'un air assez piteux.

Malgré la gravité des circonstances, la naïveté de Dauphin souleva une hilarité générale.

— Ainsi, vous êtes bien résolus à faire cette démarche auprès du général en chef ? demanda Delgrès.

— Oui ! répondirent-ils tous à la fois.

— C'est bien, reprit le commandant d'une voix brève ; puisque vous l'exigez il en sera ainsi.

— Nous n'exigeons rien, commandant, s'écria vivement Noël Corbet, nous vous prions.

— Oui, dit Delgrès avec un sourire amer ; mais vos prières, citoyens, ressemblent assez à des menaces ; la pression morale que vous exercez sur moi, me contraint à céder à votre volonté.

— Commandant ! s'écrièrent plusieurs officiers avec prière.

— Soit, vous dis-je, je consens ; ne discutons donc pas sur les mots, cela est inutile et nous fait perdre un temps précieux ; je demanderai une entrevue au général Richepance. Qui de vous, citoyens, osera se présenter aux avant-postes français ?

— J'irai, moi, commandant ! si vous n'y voyez pas d'inconvénient, répondit aussitôt le capitaine Ignace.

— Ce sera donc vous, capitaine ; préparez-vous à partir dans une heure ; je vous chargerai d'une lettre pour le général en chef. Maintenant, citoyens, vous êtes satisfaits, vous avez obtenu ce que vous désiriez ; bientôt nous saurons qui, de vous ou de moi, avait raison ; si la démarche à laquelle vous me contraignez obtiendra les résultats que vous vous en promettez. Le conseil est levé ; veuillez faire réunir les troupes et leur annoncer la résolution importante qui a été prise ; profitez de cette circonstance pour rétablir la discipline parmi les soldats et surtout les rappeler à leur devoir.

Les officiers saluèrent leur chef et se retirèrent.

Demeuré seul, Delgrès se laissa tomber avec accablement sur un siège.

Tous ses projets avaient avorté ; il se sentait perdu, les pensées les plus sinistres traversaient son cerveau bourrelé par la douleur. Cependant cet état de prostration ne persévéra point ; le mulâtre dompta l'émotion qui lui étreignait le cœur, il se leva, alla se placer devant un bureau et d'une main fébrile il écrivit la lettre dont le capitaine Ignace devait être le porteur.

En pliant ce papier fatal qui semblait lui brûler les doigts, un sourire vague et triste éclaira, comme un rayon de lune dans une nuit sombre, le visage de Delgrès ; une douce et chère apparition passa peut-être devant ses yeux ; il soupira, mais se redressant tout à coup :

— Soyons homme, murmura-t-il ; j'ai joué une partie terrible, j'ai perdu ; je saurai payer ma dette.

Il jeta négligemment la lettre sur la table, se leva, alluma un cigare et commença à se promener de long en large dans le salon dans lequel il se tenait et dont il avait fait son cabinet de travail.

Une demi-heure plus tard, lorsque le capitaine Ignace se présenta, en proie, il faut l'avouer, à une certaine appréhension secrète, il trouva son chef calme, souriant, comme si rien d'extraordinaire ne s'était passé.

Le capitaine Ignace avait fait toilette.

Les vêtements déchirés et souillés de boue et de sang avaient disparu pour faire place à d'autres, taillés à la dernière mode, qui lui donnaient une tournure singulière, mais qui cependant n'avaient rien de prétentieux ni de ridicule.

Le mulâtre avait eu le bon goût, sans que personne le lui eût conseillé, d'adopter pour son ambassade l'habit bourgeois au lieu de l'uniforme militaire français que depuis sa révolte il n'avait naturellement plus le droit de porter, et sur lequel se trouvaient des insignes militaires dont, selon toutes probabilités, le général Richepance n'aurait pas souffert qu'il fît parade devant lui.

— Par une coïncidence singulière, les troupes françaises étaient, depuis ce jour-là même, campées dans une immense savane, presque aux pieds des premiers plateaux du Matouba leurs grande gardes atteignaient, pour ainsi dire, les contre forts des mornes.

Delgrès donna à son lieutenant les instructions les plus détaillées sur la façon dont il devait agir en présence du général en chef, lui remit la lettre qui devait lui servir d'introduction ; puis il lui souhaita bonne chance avec un sourire railleur, le congédia en deux mots et lui tourna le dos sans cérémonie, le laissant tout penaud d'une telle façon de le recevoir.

Le capitaine quitta aussitôt l'habitation.

Le mulâtre, rendons-lui cette justice, ne se faisait aucune illusion sur le respect que devait inspirer aux Français sa personnalité, qu'il savait, de longue date, leur être des moins sympathiques ; ils avaient, du reste, de fortes raisons pour qu'il en fût ainsi ; les excès dont il s'était rendu depuis si longtemps coupable l'avaient fait exécrer de la population entière de la Guadeloupe ; il n'espérait rien de bon du résultat de la mission dont il s'était chargé ; il croyait marcher à la mort ; jugeant les officiers français d'après lui-même, il était convaincu qu'ils saisiraient avec empressement l'occasion qu'il leur offrait de tirer une éclatante vengeance du mal qu'il leur avait fait, et qu'il serait immédiatement fusillé ; mais cette sombre perspective ne l'effrayait nullement ; son parti était pris ; après la défaite qu'il avait subie, défaite qui entraînait la perte de son chef et devait inévitablement amener l'extinction de la révolte, il n'aspirait plus qu'à mourir bravement, comme il avait vécu, en regardant la mort en face.

Un trompette et un soldat portant un drapeau blanc, soigneusement roulé, accompagnaient le capitaine et marchaient à quelques pas derrière lui.

Après une course de près de trois quarts d'heure, les trois hommes atteignirent enfin un plateau élevé d'où on apercevait distinctement les bivouacs de l'armée française établie à environ une lieue et demie de l'endroit où ils se trouvaient ; les grand'gardes et les avant-postes étaient de beaucoup plus rapprochés.

Le capitaine Ignace fit alors sonner un appel de trompette, tandis que, par ses ordres, le drapeau parlementaire était déployé.

La réponse ne se fit pas longtemps attendre.

Le capitaine descendit alors, suivi de ses deux compagnons, et il se présenta aux avant-postes.

Là, après lui avoir bandé les yeux avec soin, on le hissa sur un cheval, et tandis que le trompette et le porte-drapeau attendaient le retour de leur chef en dehors de la ligne des grand'gardes, une patrouille de grenadiers conduisit le capitaine au quartier général.

Le trajet fut assez long, il dura une demi-heure ; enfin on s'arrêta ; le capitaine fut descendu de cheval, conduit sous une tente et le bandeau qui lui couvrait les yeux tomba.

Le premier soin du mulâtre en recouvrant la vue fut de regarder curieusement autour de lui.

Il se trouvait en présence des généraux français.

Une carte de la Guadeloupe était dépliée sur des tambours posés les uns sur les autres et recouverts d'une large planche formant table.

Le commandant en chef de l'armée, Richepance, facile à reconnaître à cause de sa haute et noble stature, causait dans un groupe d'officiers supérieurs parmi lesquels se trouvaient les généraux Gobert et Pélage, qui quelques jours auparavait avait infligé une si rude défaite au capitaine.

Cependant celui-ci ne perdit pas contenance ; il se tint immobile et respectueux, prêt à répondre aux questions qui lui seraient adressées, sans que rien dans son maintien prêtât à la raillerie ou excitât le mépris.

Le général Richepance se tourna brusquement vers le mulâtre, et après l'avoir un instant examiné :

— Qui êtes-vous ? lui demanda-t-il d'une voix brève.

— Général, répondit le mulâtre en s'inclinant, je suis le capitaine Ignace.

— Ah ! ah ! murmura le général en le regardant curieusement. C'est vous qui commandiez à Brimbridge ?

— Et que le général Gobert a si rudement frotté, oui, mon général.

— Allons, le drôle n'est pas sot ! dit en riant le général Gobert.

Richepance sourit.

— Que demandez-vous ? reprit-il.

— Mon général, je viens en parlementaire.

— En parlementaire ? Vous reconnaissez donc les lois de la guerre, maintenant ?

— Vous nous avez donné de trop bonnes leçons pour que nous ne les connaissions pas, général.

— Oui, lorsque vous avez intérêt à le faire, n'est-ce pas ?

— L'intérêt n'est-il pas la loi suprême ? mon général.

— Je ne m'en dédis pas, reprit le général Gobert ; le drôle est loin d'être sot.

— Ainsi vous avez renoncé à pendre comme espions ou à retenir prisonniers les parlementaires? continua Richepance.

— Oui, mon général; d'ailleurs, nous n'en avons pendu aucun.

— C'est vrai; mais vous en avez fait deux prisonniers.

— En effet, mon général; mais c'est grâce à cette mesure... équivoque que le fort Saint-Charles n'a pas sauté.

— Le drôle a vraiment réponse à tout, fit le général Gobert en s'approchant, il a une façon charmante de toujours se donner raison.

— Qui vous envoie? demanda le général en chef.

— Le commandant Delgrès.

— Delgrès n'est plus commandant, dit sèchement le général.

— Pour vous, général, en effet, pas plus que je ne suis capitaine, mais pour nous il a toujours conservé son grade, puisqu'il est notre chef.

— Que vous a chargé de me dire M. Delgrès? reprit le général en se mordant les lèvres.

— Rien, mon général, mais il m'a remis une lettre.

— Où est cette lettre?

— La voici, mon général, répondit Ignace en présentant la missive de Delgrès.

Le général prit la lettre, l'ouvrit et, après l'avoir rapidement parcourue des yeux, il reprit en s'adressant à Ignace qui attendait, immobile:

— Votre chef, lui dit-il, me demande pour demain une entrevue à l'habitation Carol; il met à cette entrevue certaines conditions de peu d'importance que j'accepte; voici ma réponse, vous la lui répéterez textuellement.

— Textuellement, oui, mon général.

— Demain à dix heures du matin, je me rendrai avec une escorte de vingt dragons à l'habitation Carol, lieu choisi pour l'entrevue; Delgrès et moi, nous pénétrerons seuls dans l'intérieur de l'habitation; son escorte et la mienne, toutes deux en nombre égal, demeureront en dehors; elles devront se tenir hors de la portée de la voix. Vous m'avez compris?

— Parfaitement, oui, mon général.

— Dieu veuille que cette entrevue, quoique tardive, réussisse à arrêter l'effusion du sang! Allez. Lieutenant, reconduisez cet homme aux avant-postes.

Le capitaine Ignace salua le général Richepance, qui lui tourna le dos sans même lui rendre son salut.

On banda de nouveau les yeux au mulâtre et on le fit sortir de la tente.

Trois heures plus tard, le capitaine Ignace était de retour à l'habitation d'Anglemont où il rendait compte de sa mission au commandant Delgrès, sans omettre un seul mot.

En somme, les nouvelles que le capitaine apportait étaient plutôt bonnes que mauvaises; les révoltés, avec cette facilité qui caractérise la race nègre, se crurent sauvés; ils sentirent l'espoir rentrer dans leurs cœurs.

Seul, Delgrès n'espérait pas.

C'est que, seul, il savait que toute capitulation était impossible.

XIV

OU RENÉE DE LA BRUNERIE VOIT MONTER UN NUAGE A L'HORIZON DE SON BONHEUR

Il était environ huit heures du soir.

Le dîner s'achevait à l'habitation de la Brunerie où, depuis trois jours déjà, le planteur et sa fille étaient de retour.

Renée de la Brunerie, à laquelle le séjour de la Basse-Terre déplaisait, surtout depuis que le général en chef avait quitté la ville pour se mettre, en personne, à la poursuite des noirs, avait obtenu de son père de revenir à la plantation; prière que M. de la Brunerie avait immédiatement exaucée.

Sans être avare, le planteur savait par expérience qu'il n'y a rien de tel que l'œil du maître, et dans les circonstances difficiles où la colonie était plongée, il n'était pas fâché de veiller par lui-même sur ses biens.

Donc, le dîner s'achevait; les convives beaucoup plus nombreux encore qu'ils ne l'étaient huit ou dix jours auparavant, car les déprédations commises par les troupes noires qui tenaient la campagne, avaient obligé tous les blancs disséminés çà et là dans leurs exploitations à chercher provisoirement un refuge chez les riches propriétaires, plus en état de se défendre contre les attaques des révoltés; les convives, disons-nous, fumaient et causaient tout en savourant leur café.

La conversation était très animée.

Elle roulait exclusivement sur la guerre, sujet palpitant et qui, naturellement, intéressait au plus haut point la plupart des personnes présentes.

Les nouvelles de la guerre étaient meilleures; on avait appris par le sergent Kerbrock, sorti de l'ambulance et de retour depuis l'après-dîner à l'habitation, que le capitaine Ignace avait été mis en déroute et son détachement complètement détruit à Brimbridge; que lui-même avait été contraint de fuir presque seul et de se réfugier en toute hâte dans les mornes, d'où on espérait qu'il ne sortirait plus.

Les hôtes de M. de la Brunerie savaient de plus,

— comment le savaient-ils? nul n'auraient pu le dire, puisque le sergent Kerbrock, le seul étranger qui eût paru ce jour-là à la Brunerie, l'ignorait lui-même, — que, le matin, les noirs retranchés à l'habitation d'Anglemont avaient envoyé un parlementaire au général en chef, à son quartier général; que ce parlementaire avait été reçu par Richepance et traité avec les plus grands égards.

Là s'arrêtaient les renseignements.

Mais les dignes planteurs en savaient assez pour étayer sur ces renseignements les théories les plus saugrenues.

Avec l'insouciance native qui distingue les créoles, les braves planteurs, à peu près ruinés pour la plupart, avaient déjà oublié leurs malheurs particuliers pour ne plus songer qu'aux évènements dont leur île était le théâtre; les commenter et les discuter avec ce feu et cette animation, qu'ils mettent même dans les discussions les plus futiles, et qui font souvent supporter qu'ils se querellent, aux étrangers peu au fait de leur caractère, lorsqu'ils ne font, au contraire, que causer de la manière la plus amicale, mais avec force cris et gestes.

M. de la Brunerie, comme de coutume, présidait une des tables, et M. David, le majordome, présidait la seconde.

Renée de la Brunerie, un peu souffrante, n'assistait pas au dîner; elle s'était fait servir chez elle.

Retirée dans son appartement, assise à une table où se trouvaient deux couverts, Renée dînait en tête à tête avec une belle jeune fille à peu près de son âge, douce, gracieuse, et dont les grands yeux noirs pétillaient de malice et de gaieté. Cette jeune fille était mademoiselle Hélène de Foissac, la sœur de Gaston, la compagne d'enfance de Renée et surtout son amie de cœur.

Les deux jeunes filles dînaient, avons-nous dit; nous nous sommes trompé, nous avons voulu dire picoraient comme des bengalis capricieux, et surtout rassasiés; en effet, c'est à peine si elles touchaient ou mordillaient du bout de leurs lèvres roses, les mets appétissants et variés que tour à tour leur présentaient d'un air câlin leurs ménines, admises seules à les servir à table.

Une indéfinissable appréhension se laissait voir sur leurs charmants visages.

Renée était préoccupée, triste, pensive; Hélène, elle-même, peut-être par sympathie, semblait avoir perdu une partie de sa gaieté ordinaire.

Leur conversation, à bâtons rompus, ne procédait que par bonds et par saccades, tantôt vive, fébrile même, tantôt froide, languissante; elle effleurait tous les sujets et souvent elle était interrompue par de longs silences.

Le matin de ce jour, M. de la Brunerie avait eu avec sa fille une longue et sérieuse conversation qui avait causé à la jeune fille une impression tout à la fois si vive et si forte, que, bien que plusieurs heures se fussent écoulées depuis cet entretien, cette impression durait encore.

Le planteur, à la vérité en termes très vagues et sans vouloir rien préciser positivement, avait fait sentir à sa fille, qu'il était résolu à mettre un terme à ses hésitations continuelles sur son mariage.

Que le bruit fâcheux d'une rupture entre elle et son fiancé Gaston de Foissac s'était répandu dans la colonie et surtout à la Basse-Terre; que les commentaires allaient grand train comme toujours en pareil cas; que ces commentaires étaient loin d'être obligeants pour elle, qu'il était temps de les faire cesser et de les arrêter complètement, en fermant la bouche aux bavards par son mariage avec son cousin Gaston de Foissac; mariage convenu depuis tant d'années et qu'il voulait absolument conclure aussitôt après la défaite des rebelles, ce qui, ajoutait-il, ne pouvait pas manquer d'avoir lieu bientôt.

M. de la Brunerie, qui, en commençant cette conversation avec sa fille, s'était intérieurement promis de rester dans les généralités et de ne rien dire de trop positif ou de trop direct, n'avait pas manqué cette fois de faire comme il faisait toujours, c'est-à-dire qu'il s'était laissé aller trop loin et avait ainsi obtenu un résultat diamétralement opposé à celui qu'il se proposait d'obtenir.

La même chose arriva à Renée, mais de la part de la jeune fille, ce fut avec intention, de parti pris.

Au lieu de suivre, ainsi qu'elle devait le faire, l'excellent conseil que son ami le Chasseur de rats lui avait donné, de ne répondre ni oui ni non à son père, et d'essayer, ainsi de gagner du temps, la fière jeune fille, dont le noble caractère répugnait surtout au mensonge et que son organisation essentiellement loyale rendait très peu apte à ces discussions dont la ruse et la finesse doivent faire tous les frais, avait répondu de telle sorte à M. de la Brunerie, sans cependant pour cela sortir des bornes du respect qu'elle professait pour lui, que le planteur en était d'abord demeuré abasourdi; puis au bout de quelques instants, aussitôt que son sang-froid était revenu ou à peu près, il était sorti en déclarant à sa fille qu'avant quinze jours, elle épouserait son cousin Gaston de Foissac.

Jamais son père, dont elle se savait tendrement aimée, ne lui avait parlé avec cette rudesse; aussi Renée avait-elle été douloureusement frappée; non pas peut-être autant de la décision de M. de la Brunerie que du ton blessant dont ces paroles avaient été prononcées par lui.

Il est vrai que la réponse faite par la jeune fille avait été si nette, si claire, si précise que, jusqu'à un certain point elle justifiait la grande colère du vieillard.

— Mon père, avait-elle dit, tout en rendant la plus entière justice aux belles et nobles qualités de mon cousin Gaston de Foissac, jamais je ne l'aimerai ; j'en aime un autre auquel j'ai, depuis longtemps déjà, engagé ma foi ; je serai sa femme ou je mourrai vieille fille.

— Fadaises que tout cela, mademoiselle ; j'ai entendu parler de cet amour romanesque ; j'ai refusé d'y ajouter foi, sans même me soucier de prendre la peine de demander le nom de ce beau ténébreux.

— Vous avez eu grand tort, mon père, de ne pas ajouter foi à cet amour ; il est sincère et profond. Quant au nom de ce beau ténébreux que vous avez refusé de connaître, je n'ai aucun motif de le cacher ; je vais vous le dire, mon père : c'est le général Antoine Richepance, commandant en chef le corps expéditionnaire français.

— Ah ! ah ! c'est donc lui ! s'écria M. de la Brunerie, je m'en doutais. Eh bien ! j'en suis fâché pour le général Richepance, mais vous ne l'épouserez pas, mademoiselle.

— Soit, mon père ; à mon tour je vous déclare aussi que je n'épouserai personne, dussé-je en mourir ! avait-elle répondu avec une fermeté qui avait causé au vieillard l'émotion dont nous avons parlé.

C'est alors que M. de la Brunerie avait dit à sa fille les paroles que nous avons rapportées plus haut, et avait quitté sa chambre à coucher où cette scène se passait, en proie à une si grande animation.

Renée avait passé la journée tout entière à pleurer, sans que son amie, mademoiselle Hélène de Foissac, avec ses douces caresses, réussît à tarir ses larmes. D'ailleurs, Hélène aussi avait ses peines, mélangées de joie, il est vrai, mais cuisantes cependant.

La conduite héroïque du capitaine Paul de Chatenoy lors de l'évacuation du fort Saint-Charles par les noirs et la distinction éclatante qui en avait été la récompense l'avaient, à la vérité, comblée de joie ; car, on le sait, Hélène aimait le jeune officier, dont elle était adorée, leur mariage était convenu et devait être célébré très prochainement ; mais, d'un autre côté, Hélène avait été excessivement peinée par la résolution prise si à l'improviste par son frère Gaston, résolution dont elle avait aussitôt deviné les motifs secrets ; elle ne pouvait en vouloir à son amie de ne pas aimer Gaston, quelles que fussent d'ailleurs ses qualités personnelles ; mais si elle plaignait Renée, son amie, elle plaignait bien plus encore Gaston, son frère, si digne d'être aimé et si malheureux de ne l'être pas.

Les jeunes filles avaient terminé leur repas ; depuis quelques minutes elles s'étaient levées de table et étaient passées dans un boudoir, lorsque M. de la Brunerie, après s'être fait annoncer, en-

tra une lettre à la main, en compagnie du Chasseur de rats que suivait à ses talons, comme de coutume, son inséparable meute de chiens ratiers.

En apercevant son père, la jeune fille se sentit pâlir malgré elle ; cependant, se remettant aussitôt, elle se leva, fit une profonde révérence, baissa les yeux et attendit.

— Ma chère enfant, dit le planteur d'un ton qu'il essayait de rendre enjoué, sans doute afin de donner le change au Chasseur, dont la perspicacité l'inquiétait toujours, je reçois à l'instant une lettre du général Richepance.

— Ah ! fit-elle, avec un tressaillement nerveux, en levant sur son père ses grands yeux pleins de larmes.

M. de la Brunerie détourna la tête pour ne pas voir l'émotion de sa fille et il continua en feignant de plus en plus la bonne humeur.

— Oui, cette lettre m'a été remise à l'instant par notre ami le Chasseur, qui me l'a apportée en personne. Le général, paraît-il, a véritablement accordé une entrevue à ce misérable Delgrès ; cette entrevue, dont, entre nous, je n'augure rien de bon au reste, doit, paraît-il avoir lieu demain, à dix heures du matin, à l'habitation Carol, sur la première pente du Matouba.

— Que me fait cela, mon père ? demanda Renée avec un accent glacial.

— Attends donc, chère enfant, continua imperturbablement le planteur. Il paraît que ce Delgrès exige que tu tiennes la promesse que tu as faite, prétend-il, et que tu assistes à cette entrevue.

— Le commandant Delgrès ne prétend rien qui ne soit exact, mon père ; je lui ai, en effet, promis d'assister à l'entrevue qu'il demanderait au général Richepance ; cette promesse a été faite devant témoin.

— Je l'affirme, dit le Chasseur de rats, cela a eu lieu en ma présence au fort Saint-Charles.

— Soit ; c'est possible, se hâta de dire le planteur, bien que je ne me doute nullement pourquoi ; mais ces hommes de couleur sont tellement maniaques que, quoi qu'on fasse, on ne sait jamais à quoi s'en tenir avec eux.

— Mon père, répondit la jeune fille, je ne puis ni ne veux essayer de pénétrer les motifs secrets que pouvait avoir le commandant Delgrès, lorsqu'il me pria de lui faire cette promesse ; je me bornerai à vous dire qu'il venait de me rendre un service immense, vous le savez déjà depuis mon retour à la Basse-Terre ; je n'insisterai donc pas sur ce sujet ; je ne devais pas refuser à cet homme une aussi légère satisfaction. Cette promesse, je la lui fis volontairement ; il me la rappelle aujourd'hui, c'est son droit ; je la tiendrai de même que j'ai toujours tenu et que toujours je tiendrai les

Le planteur avait fait enlever tout ce qui pouvait se transporter (page 84).

promesses que j'ai faites ou que je ferai, ajouta-t-elle d'une voix ferme avec un accent incisif.

— Hum! fit le planteur avec embarras en entendant articuler si nettement par sa fille cette menace voilée.

Mais se remettant presque aussitôt, il reprit en souriant :

— Voilà qui est bien ; quand partons-nous pour le camp, ma mignonne?

— Cela m'est complètement indifférent, mon père, répondit-elle nonchalamment; cela dépend de vous, nous partirons quand il vous plaira.

— Merci, chère enfant. Vous nous accompagnerez, n'est-ce pas, Chasseur?

— Oui, répondit laconiquement le vieillard, dont le regard scrutateur, était depuis quelques instants opiniâtrément fixé sur le pâle visage de la jeune fille.

— A quelle heure pensez-vous que nous devions partir?

— A huit heures du matin, au plus tard. Bien que la route ne soit pas longue, cependant il faut tenir compte de l'état des chemins; ils sont mauvais, difficiles, obstrués et même coupés en plusieurs endroits.

— C'est parfaitement exact. Nous partirons donc

à huit heures du matin, c'est convenu ; je donnerai les ordres nécessaires pour que l'escorte soit prête.

— Quelle escorte? demanda le Chasseur.

— Pardieu! celle que nous emmènerons avec nous pour nous défendre en cas de besoin.

— C'est inutile, monsieur; il y a une suspension d'armes entre les Français et les rebelles; d'ailleurs, mademoiselle de la Brunerie ne possède-t-elle pas la meilleure escorte possible, un sauf-conduit signé par Delgrès lui-même?

— Je possède en effet ce sauf-conduit, dit la jeune fille.

— C'est possible; mais, franchement, croyez-vous bien sérieusement que ce misérable Delgrès...

— Le commandant Delgrès n'est pas un misérable, monsieur, interrompit durement le Chasseur; c'est un homme d'honneur comme vous, qui combat pour une cause qu'il croit juste et qui l'est effectivement à ses yeux et à ceux de bien d'autres encore ; son seul tort vis-à-vis de vous, est d'être votre adversaire.

— Permettez, vieux Chasseur; mon opinion sur cet homme est faite depuis longtemps, je n'en changerai pas; il est donc inutile de discuter à ce sujet; puisque vous êtes convaincu que ce sauf conduit sera respecté et qu'il suffira pour protéger ma fille, nous ne prendrons pas d'escorte. Ainsi n'oublions pas, mon enfant, demain, à huit heures précises du matin.

— Je serai prête, mon père, dit Renée.

— Et moi aussi ! s'écria vivement Hélène.

— Comment, vous aussi, petite cousine ?

— Certes, cher monsieur de la Brunerie, je désire beaucoup, depuis longtemps, visiter le camp français; l'occasion s'en présente, j'en profite; quoi de plus simple ? A moins pourtant, mon cousin, que ma compagnie ne vous paraisse ennuyeuse et désagréable, auquel cas je m'abstiendrai.

— Vous ne pouvez le supposer, chère cousine ; je serai au contraire, très heureux que cette promenade, — car ce n'est pas autre chose, — soit honorée de votre charmante présence.

— On n'est pas plus aimable ; puisque vous ôtes si gracieux, mon cousin, c'est entendu, je pars avec vous.

— C'est entendu; bonsoir Renée, dors bien, ma chère enfant.

— Bonsoir, mon père, répondit froidement la jeune fille en tendant, d'un air distrait, son front au planteur qui y mit un baiser.

M. de la Brunerie se retira alors, suivi du Chasseur qui, avant de sortir, échangea un regard triste avec Renée.

Les jeunes filles se trouvèrent seules dans le boudoir.

— Courage, chère Renée ! s'écria joyeusement Hélène, qui sait si demain ne sera pas pour toi un jour de bonheur !

— Charmante folle que tu es, répondit tristement son amie, pourquoi veux-tu qu'il en soit ainsi ?

— Que sais-je ? J'ignore pourquoi, un pressentiment peut-être ! On en a parfois comme cela, c'est indépendant de la volonté. Il me semble que demain il nous arrivera quelque chose d'heureux. Sèche tes beaux yeux et sois gaie, ma mignonne, et surtout espère. L'espérance est le diamant le plus pur que Dieu ait déposé dans le cœur de ses créatures pour leur donner le courage et la force de vivre ; sans l'espérance, ma chérie, la vie deviendrait impossible.

Malgré sa tristesse, Renée ne put s'empêcher de sourire.

— A la bonne heure, reprit mademoiselle de Foissac ; voilà comme je t'aime, cher ange ; ne pleure pas, si tu veux toujours être belle ; cela rend très laide les larmes, je t'en avertis. Bah ! attendons demain... Veux-tu m'embrasser ?

— Oh ! de grand cœur, ma chère Hélène.

Les deux jeunes filles tombèrent en souriant dans les bras l'une de l'autre.

Le lendemain à huit heures du matin, ainsi que cela avait été convenu la veille, tout était prêt pour le départ.

Une dizaine de chevaux fringants et richement harnachés piaffaient, en blanchissant leur mors d'écume, au bas du perron de l'esplanade.

Car, bien que M. de la Brunerie eût, d'après l'avis du Chasseur, complètement renoncé à son projet d'escorte, il ne pouvait cependant marcher sans cette suite de serviteurs, cortège obligé, qui sans cesse accompagne les planteurs lorsqu'ils sortent de leur habitation pour faire une excursion, si courte qu'elle soit.

Les commentaires ne tarissaient pas parmi les hôtes de M. de la Brunerie sur l'imprudence que commettait le planteur en se hasardant ainsi en rase campagne, sans emmener seulement un homme armé avec lui.

Mais M. de la Brunerie ne répondait que par des sourires de bonne humeur aux observations qui lui étaient faites par ces officieux importuns, bien qu'animés des meilleures intentions ; le Chasseur de rats, immobile auprès des chevaux, les deux mains croisées appuyées sur l'extrémité du canon de son fusil et ses chiens couchés à ses pieds, haussait dédaigneusement les épaules, en les regardant d'un air goguenard, tout en murmurant à demi-voix ce mot si désagréable et si malsonnant pour les oreilles auxquelles il serait parvenu :

— Imbéciles :

Les deux dames parurent enfin, suivies de leurs ménines et de deux ou trois servantes chacune, pas davantage : c'était modeste pour des créoles ; il n'y avait, certes, pas à se plaindre.

Elles montèrent à cheval. Puis M. de la Brunerie, après avoir, à voix basse, adressé quelques recommandations à M. David, se mit en selle à son tour, et, le Chasseur ayant pris la tête de la petite troupe, on partit.

Le spectacle qui s'offrait aux regards des voyageurs le long de leur route, et aussi loin que leur vue pouvait s'étendre dans toutes les directions, était des plus tristes et des plus désolés.

Partout c'étaient des décombres, des ruines, dont quelques-unes fumaient encore ; des débris tachés de sang, des cadavres enfouis pêle-mêle sous des monceaux de poutres à demi brûlées, et au-dessus desquels planaient en larges cercles avec des cris rauques et stridents les immondes gypaètes.

Partout c'était l'aspect le plus hideux des désastres de la guerre, avec toutes les horreurs qu'elle entraîne à sa suite.

Les jeunes filles se sentaient frémir malgré elles à la vue de cette campagne si belle, si riante, dont la végétation était, quelques semaines auparavant, si puissante et si plantureusement exubérante ; et maintenant, semblait avoir été bouleversée de fond en comble par un cataclysme horrible, et ne présentait plus aux regards affligés, qu'un chaos confus, immonde, repoussant, d'objets sans nom, sans couleur, foulés aux pieds, brisés comme par la rage insensée des bêtes sauvages, et dont la vue seule faisait horreur.

Vers neuf heures et demie, c'est-à-dire une heure et demie après son départ de la plantation, la petite troupe, qui avait été contrainte de marcher très lentement au milieu de cet effrayant dédale où elle ne parvenait que fort difficilement à s'ouvrir un passage, aperçut enfin, à environ deux portées de fusil devant elle, les grand'gardes de l'armée française; et, plus loin en arrière, les feux de bivouac du camp, dont la fumée montait vers le ciel en longues spirales bleuâtres.

Le commandant Paul de Chatenoy, car déjà le jeune officier portait les insignes de son nouveau grade, attendait aux avant-postes l'arrivée des voyageurs, avec une escorte de dix dragons, que le général en chef avait envoyés pour leur faire les honneurs à leur entrée dans le camp.

La vue du commandant de Chatenoy causa une joyeuse surprise à mademoiselle Hélène de Foissac; la jeune fille était loin de s'attendre à rencontrer si promptement, et surtout si à l'improviste, celui qu'elle aimait.

La réception faite par M. de la Brunerie et sa fille au nouveau chef de bataillon, fut des plus affectueuses.

Paul de Chatenoy leur souhaita la bienvenue de la part du général en chef, et rangeant son cheval auprès des leurs, après avoir donné à ses dragons l'ordre de prendre la tête de la troupe, il guida les nouveaux venus à travers les rues du camp, jusqu'au quartier général, au milieu duquel s'élevait la tente du commandant en chef, surmontée d'un large drapeau tricolore.

Le général Richepance était à cheval; il attendait au milieu d'un nombreux et brillant état-major.

En apercevant M. de la Brunerie, le général poussa vivement son cheval à sa rencontre, mit le chapeau à la main pour le saluer, et s'inclinant devant les dames avec cette exquise courtoisie dont il possédait si bien le secret, après les premiers compliments, il dit, en s'adressant à Renée de la Brunerie, qui n'avait pas encore prononcé une seule parole, mais qui fixait sur lui un regard d'une expression singulière :

— Mademoiselle, avant tout, permettez-moi de vous adresser mes excuses les plus humbles et les plus profondes; je suis aux regrets, croyez-le bien, de vous avoir occasionné un aussi désagréable dérangement, surtout à une heure si matinale, et de vous avoir ainsi contrainte à vous rendre dans mon camp; soyez bien convaincue, je vous en conjure, qu'il n'a pas dépendu de moi qu'il en fût autrement.

— Général, répondit doucement la jeune fille avec un pâle sourire, il n'est besoin de m'adresser aucune excuse; je viens accomplir un devoir en m'acquittant de la promesse que j'avais faite au commandant Delgrès; il est donc, je vous le répète inutile de vous excuser près de moi d'une chose qui n'est en réalité que le fait de ma propre volonté. Me voici à vos ordres et prête à vous accompagner où vous jugerez convenable de me conduire.

— Je suis réellement confus, mademoiselle; heureusement que le but de notre excursion est assez rapproché.

— A l'habitation Carol, je crois, général? dit alors le planteur.

— Oui, monsieur, à deux pas d'ici; c'est le lieu choisi par le chef des rebelles lui-même, pour notre entrevue.

— Allez donc, général; je vous confie mademoiselle de la Brunerie.

— Honneur dont je saurai être digne, monsieur, répondit Richepance.

— Général, demanda Renée, est-ce que mademoiselle de Foissac ne peut pas m'accompagner?

— Si cela lui plaît, mademoiselle, rien ne s'y oppose.

— Oh! quel bonheur! s'écria la jeune fille en battant des mains; c'est charmant! Je vais enfin voir ce féroce rebelle. Est-ce qu'il est bien laid, général?

— Mais pas trop, mademoiselle; répondit Richepance, je le crois du moins, car je ne le connais pas. Excusez-moi de donner l'ordre du départ, mademoiselle, le temps nous presse. M. de la Brunerie, à bientôt et mille remercîments.

— Vous ne me devez rien, général, je n'ai fait qu'accomplir un devoir, répondit courtoisement le planteur.

— Commandant, demanda Richepance à Paul de Chatenoy, l'escorte est-elle prête?

— Oui, mon général.

— Alors, en marche... Messieurs, ajouta Richepance en saluant la la ronde, au revoir!

— A bientôt, général! répondirent respectueusement les assistants.

Le commandant en chef sortit alors du camp, en compagnie des deux jeunes filles et sous l'escorte du commandant de Chatenoy et de vingt dragons.

Il était dix heures moins un quart du matin.

XV

DEUX LIONS FACE A FACE.

L'habitation Carol, plusieurs fois pillée depuis l'insurrection des nègres et le commencement des hostilités entre les blancs et les noirs, et définitivement incendiée, quelques jours avant les faits dont nous nous occupons maintenant, par une des nombreuses troupes de révoltés échappés du fort Saint Charles qui battaient sans cesse la campagne dans tous les sens, était avant les évènements malheureux qui bouleversaient si cruellement la colonie, une très agréable habitation, non pas très grande, mais, grâce à sa position, une des plus productives de toute l'île.

Cette plantation était située sur un des premiers mamelons du Matouba, dans une position extrêmement pittoresque.

La maison de maître, ou corps de logis principal, construite en bois curieusement fouillé et découpé, était coquettement perchée sur le sommet formant plate-forme d'une large éminence, du haut de laquelle la vue s'étendait sans obstacles dans toutes les directions jusqu'à des distances considérables ; de riches champs de cannes à sucre et de caféières en plein rapport l'enserraient de toutes parts et lui formaient ainsi une verdoyante ceinture sur une assez grande étendue.

M. Carol, propriétaire de cette habitation, était un vieux planteur sagace et rusé, doué d'une extrême prudence ; il connaissait à fond le caractère des nègres et le degré de confiance qu'on devait leur accorder ; aussi, dès le premier jour du débarquement du corps expéditionnaire français à la Pointe-à-Pitre, prévoyant déjà sans doute ce qui, en effet, ne tarda pas à arriver, c'est-à-dire la levée générale des noirs contre leurs anciens maîtres et surtout contre l'armée française ; reconnaissant, à certains indices qui ne le pouvaient tromper, que ses nègres n'éprouvaient qu'une médiocre sympathie pour lui et qu'il régnait une sourde agitation dans ses ateliers, il commença aussitôt à opérer à petit bruit son déménagement.

La façon dont il procéda fut à la fois très simple et très expéditive ; il fit d'abord, et avant tout, partir sa famille pour la Basse-Terre, où elle s'installa dans une maison à lui, située sur la place Nolivos ; cette première et importante précaution prise, M. Carol dirigea par petits détachements séparés, tous les nègres dont il croyait devoir surtout se méfier, sur une plantation qu'il possédait à la Grande-Terre, aux environs de la Pointe-à-Pitre, où ils arrivèrent tous, et furent si rigoureusement surveillés, qu'aucun d'eux ne se mêla à la révolte.

Demeuré au Matouba avec une trentaine de noirs seulement, après avoir fait ainsi évacuer ses ateliers, le planteur sans perdre un instant, fit enlever tout ce qui pouvait se transporter, c'est-à-dire qu'il ne laissa à l'habitation que les quatre murs nus et dégarnis ; les meubles, le linge, etc., étaient en sûreté à la Basse-Terre.

Ce déménagement effectué, M. Carol avait soigneusement fermé les portes, et il était parti à son tour, avec ses derniers noirs ; si bien que lorsque les bandes de pillards arrivèrent quelques jours plus tard, ils ne trouvèrent rien à prendre et furent très penauds de cette déconvenue ; mais à défaut des richesses sur lesquelles ils comptaient, et que le planteur n'avait eu garde de leur laisser, restaient les champs qui n'avaient pu être enlevés.

Les bandes, furieuses d'avoir été prises pour dupes, se rejetèrent sur les plantations et y causèrent par dépit des dégâts matériels considérables ; puis, non contentes de cela et afin de laisser des traces indélébiles de leur passage, elles revinrent quelques jours après ; tout ce qui avait échappé lors de la première visite, fut cette fois impitoyablement sacrifié, et le feu mis à l'habitation.

Delgrès avait choisi cette plantation pour être le lieu de son entrevue avec le commandant en chef ; d'abord à cause de la situation, presque à égale distance de son campement et de celui des Français, bien qu'elle fût un peu plus rapprochée de ces derniers ; ensuite parce que de cet endroit, la vue planait sur une immense étendue de terrain dépouillée d'arbres et même de la moindre végétation depuis les ravages qui précédemment y avaient été exercés ; de sorte qu'une surprise ou une trahison étaient également impossibles.

La veille, quelques instants après le départ du capitaine Ignace pour le camp français, par les ordres de Delgrès, des chaises, trois ou quatre fauteuils, une ou deux tables et quelques autres menus objets avaient été transportés en ce lieu ; disposés sous une vaste tente dressée à quelques centaines de mètres des ruines de l'habitation et sous laquelle, à cause de la chaleur des ardents rayons du soleil, l'entrevue devait avoir lieu.

La marche des parlementaires avait été si adroitement combinée, que les deux troupes parurent à la fois sur le mamelon, chacune d'un côté différent et à une distance égale des ruines de l'habitation.

Le drapeau blanc fut arboré de chaque côté, et un double appel de trompette se fit entendre.

Les deux troupes étaient à cheval ; il fallait des chevaux créoles de la Guadeloupe, pour qu'un pareil tour de force fût possible.

Delgrès galopait à une quinzaine de pas en avant de son escorte, composée, ainsi que celle du commandant en chef, de vingt cavaliers sous la direction d'un officier supérieur ; cet officier était le capitaine Ignace, en grand uniforme, cette fois.

Les deux détachements firent halte en même temps ; le commandant de Chatenoy se détacha alors de l'escorte du général et s'avança entre les deux troupes, à la rencontre du capitaine Ignace qui, de son côté, venait au-devant de lui.

— Que demandez-vous ? s'écria brusquement Ignace.

— Je ne demande rien, répondit l'officier français ; je suis seulement chargé de vous dire que mademoiselle Renée de la Brunerie a daigné condescendre à se rendre au désir de votre chef et à assister à l'entrevue qu'il a demandée au général en chef, mais je dois ajouter que mademoiselle de la Brunerie a exigé que son amie, mademoiselle de Foissac, l'accompagnât dans cette démarche assez extraordinaire de la part d'une jeune fille, et que mademoiselle de Foissac ne se séparera point d'elle pendant l'entrevue ; double condition imposée par mademoiselle de la Brunerie et à laquelle le général a cru devoir se soumettre. Avertissez donc sans retard votre chef du désir de mademoiselle de la Brunerie.

— Vous n'avez rien autre chose à ajouter ?

— Rien.

— Alors, attendez-moi là où vous êtes. Dans un instant je vous ferai connaître la réponse du commandant Delgrès.

Le capitaine Ignace, sans même attendre la réplique du commandant de Chatenoy, tourna bride et partit au galop.

L'officier français haussa les épaules et demeura immobile.

Le capitaine, rejoignit Delgrès, avec lequel il échangea quelques mots ; presque aussitôt il revint auprès de M. de Chatenoy, qui le regardait venir d'un air railleur.

— Eh bien ? demanda le jeune officier.

— Le commandant Delgrès consent à ce que mademoiselle de Foissac accompagne son amie et assiste à l'entrevue, répondit Ignace avec emphase.

— Naturellement, l'un est la conséquence de l'autre, fit l'officier français d'un air goguenard. Passons maintenant aux conditions de l'entrevue.

— Soit.

— Les deux escortes demeureront à la place qu'elles occupent en ce moment, en arrière du drapeau parlementaire ; les cavaliers mettront pied à terre et se tiendront, la bride passée dans le bras, auprès du drapeau qui sera planté en terre. Consentez-vous à cela ?

— Oui, répondit le mulâtre.

— Les deux chefs descendront de cheval à la place même, où ils sont maintenant ; ils se rendront à pied jusqu'à la tente désignée pour l'entrevue ; les dames seules s'y rendront à cheval, par politesse d'abord et ensuite à cause des difficultés du terrain. Cela vous convient-il ainsi ?

— Parfaitement, commandant.

— Alors voilà qui est entendu, n'est-ce pas ?

— Oui.

— Au revoir.

— Au revoir.

Ils se saluèrent légèrement, puis ils tournèrent bride, et chacun des deux officiers rejoignit sa troupe respective.

Chacun rendit compte de sa mission à son chef.

Quelques instants plus tard, les conditions stipulées étaient rigoureusement exécutées ; le général et le commandant mettaient pied à terre, abandonnaient la bride à un soldat et se dirigeaient lentement vers la tente.

A une quinzaine de pas de cette tente, les deux jeunes filles firent halte près d'un bouquet de trois ou quatre troncs d'arbres noircis par le feu, sombres squelettes qui avaient été, quelques jours à peine auparavant, de majestueux tamariniers, et qui, maintenant brûlés et tristes, demeuraient seuls debout après l'incendie de la plantation.

Le général Richepance aida les deux dames à mettre pied à terre, puis il leur offrit son bras qu'elles refusèrent d'accepter, et, suivi de ses deux compagnes qui, marchaient un peu en arrière, il s'avança vers la tente où Delgrès, arrivé avant lui, l'attendait.

Le mulâtre était en grand uniforme de chef de bataillon ; il fit quelques pas au-devant du général et des deux dames, se découvrit et les salua respectueusement.

Le commandant en chef et ses compagnes lui rendirent son salut, et tous les quatre de compagnie ils pénétrèrent sous la tente.

C'était, on le sait, la première fois que le général Richepance voyait le redoutable chef des insurgés de la Guadeloupe ; de son côté, le commandant Delgrès, ne connaissait pas le commandant en chef de l'armée française.

Les deux hommes s'examinèrent ou plutôt s'étudièrent un instant en silence avec la plus sérieuse attention ; chacun d'eux essayait sans doute de deviner à quel homme il allait avoir affaire ; mais tous deux, après ce rapide examen, convaincus probablement qu'il se trouvaient en face d'une puissante organisation et d'une intelligente nature, s'inclinèrent comme d'un commun accord l'un devant l'autre, avec un sourire d'une expression indéfinissable.

Les dames avaient été conduites par le général à des fauteuils à disques, les seuls à peu près employés par les indolents créoles et dans lesquels elles s'étaient assises ; depuis leur entrée, elles n'avaient point prononcé un mot.

Les deux hommes avaient pris des chaises et s'étaient placés, face à face, chacun d'un côté d'une table.

Le silence commençait à devenir embarrassant ; ce fut le général Richepance qui se décida enfin à le rompre.

— Monsieur, dit-il, vous êtes bien, n'est-ce pas, l'ex-chef de bataillon Delgrès, actuellement chef avoué des révoltés de l'île de la Guadeloupe ?

— Oui, général, répondit le mulâtre en s'inclinant avec un sourire amer ; car le *ex* placé par Richepance devant son titre de commandant avait intérieurement blessé son orgueil ; je suis le chef de bataillon Delgrès. Je me permettrai de vous faire observer que le mot de révolté employé par vous n'est pas juste ; mais avant tout, j'ai l'honneur de parler au commandant en chef du corps expéditionnaire français, le général Antoine Richepance?

— Oui, monsieur : je suis le général de division Richepance, chargé, par le premier consul de la République française, du commandement en chef du corps expéditionnaire de la Guadeloupe.

Delgrès s'inclina sans répondre.

— Pour quel motif, monsieur, m'avez-vous fait demander cette entrevue ? continua le général Richepance.

Le mulâtre jeta à la dérobée un regard sur Renée de la Brunerie, qui semblait prêter une attention soutenue à cet entretien.

— Général, répondit-il, cette entrevue je vous l'ai fait demander, afin de tenir une promesse sacrée faite par moi à mademoiselle de la Brunerie.

— Je ne comprends pas, monsieur, permettez-moi de vous le faire observer, ce que mademoiselle de la Brunerie, qui est, je le reconnais hautement, une jeune personne digne à tous les titres du respect de tous ceux qui ont le bonheur de la connaître, mais qui jamais ne s'est occupée, j'en suis convaincu, des questions ardues et ennuyeuses de la politique, peut avoir à faire dans tout cela ?

— Nous différons complètement d'opinion, général ; je trouve, au contraire, que mademoiselle de la Brunerie a beaucoup à voir dans cette affaire, puisque c'est à sa seule considération que je me suis résolu, après bien des hésitations, à vous demander cette entrevue.

— Dans le but, monsieur, de faire cesser la guerre, dit doucement la jeune fille.

— Certes, mademoiselle, répondit Delgrès avec effort, en détournant la tête.

— Monsieur, je n'ai consenti à cette entrevue avec le chef des rebelles, dit le général Richepance avec hauteur en appuyant sur le mot, que parce que j'ai un ferme désir d'arrêter le plus tôt possible l'effusion du sang français et de faire cesser une guerre fratricide dans laquelle le sang coule à flots des deux côtés ; si vous avez comme moi, ce que je suppose d'après la démarche faite par vous, l'intention de mettre un terme à cet état de choses déplorable, soyez franc avec moi comme je le serai avec vous et nous nous entendrons bientôt, j'en ai la conviction, pour ramener enfin la paix dans cette colonie.

— C'est mon ferme désir, général, répondit Delgrès d'une voix sourde.

— Voyons alors ; jouons cartes sur table comme de braves soldats que nous sommes. Que demandez-vous ?

— Général, vous ne l'avez pas oublié sans doute, au mois de pluviôse an II de la République française, la Convention nationale a décrété l'abolition de l'esclavage dans toute l'étendue du territoire français ; nous demandons simplement le maintien de cette loi.

— Continuez, dit le général d'un air pensif.

— Nous demandons, en outre, que le capitaine de vaisseau Lacrosse, ancien capitaine général et gouverneur de l'île de la Guadeloupe, ne puisse jamais, pour quelque raison que ce soit, remettre le pied dans la colonie, où il a, pendant tout le temps que sa gestion a duré, accompli des dilapidations affreuses et des exactions que rien ne saurait justifier.

— Est-ce tout, monsieur ?

— Encore quelques mots seulement si vous me le voulez permettre, général ?

— Je vous écoute, monsieur.

— Nous désirons, général, qu'une amnistie complète, sans limites, soit octroyée par vous à toutes les personnes, quelles qu'elles soient, qui, n'importe sous quel prétexte et à quelque titre que ce soit, ont été mêlées aux évènements qui ont eu lieu dans ces derniers temps ; que nul ne puisse être inquiété, soit pour le rôle qu'il aura joué pendant la guerre, soit pour ses opinions politiques. Voici quelles sont nos conditions, général ; je les crois, permettez-moi de vous le dire, non seulement d'une justice indiscutable, mais encore d'une excessive modération.

Il y eut un assez long silence ; le général Richepance semblait réfléchir profondément.

— Monsieur, répondit il enfin, je serai franc avec vous : vos conditions sont beaucoup plus modérées que je ne le supposais ; de plus je les crois, jusqu'à un certain point, assez justes ; malheureusement je ne suis qu'un chef militaire chargé de trancher par l'épée des questions qui, peut-être, le seraient beaucoup plus avantageusement d'une autre façon ; mes instructions ne vont pas au delà des choses de la guerre qui sont essentiellement de ma compétence ; quant aux autres, elles appartiennent aux diplomates et doivent être traitées diplomatiquement par eux. Je suis donc dans l'impossibilité complète de vous adresser aucune réponse claire et catégorique sur les demandes que vous me faites ; les promesses que je vous ferais en dehors de mes attributions militaires, je ne pourrais les tenir ; par conséquent je vous tromperais, ce que je ne veux pas.

— Cette réponse, général, est celle d'un homme loyal ; je l'attendais ainsi de vous ; je vous remercie sincèrement de me l'avoir faite avec cette franchise.

— Elle m'était impérieusement commandée par ma conscience, répondit le général.

— Mais, reprit le chef des rebelles, puisque ces questions, ainsi que vous le reconnaissez vous-même, ne peuvent être résolues par vous, général, il est inutile, je le crois, de prolonger plus longtemps un entretien qui ne saurait avoir de but sérieux ni pour vous, ni pour moi.

— Je vous demande pardon, monsieur ; je ne partage pas votre sentiment à cet égard.

— Je vous écoute, général.

— Il m'est impossible, et je vous en ai donné la raison, de résoudre les questions que vous me posez, ni faire droit à vos demandes ; je ne puis que vous promettre de les appuyer de toute mon influence auprès du premier consul. Le nouveau chef du gouvernement français est un homme qui veut sincèrement le bien et cherche à le faire autant que cela lui est possible ; je suis convaincu qu'il m'écoutera favorablement, qu'il prendra mes observations en considération, et qu'il fera droit sinon à toutes, du moins à la plus grande partie de vos demandes et de vos réclamations qui, je vous le répète, me semblent justes.

— Permettez-moi de vous le dire, général, cette promesse est bien précaire, pour des hommes placés dans notre situation, répondit Delgrès avec tristesse. La France est bien loin et le danger est bien proche.

— C'est vrai, monsieur, je le reconnais avec vous ; mais il y a cependant certaines questions, je vous l'ai dit, que je reste le maître de traiter à ma guise.

— Et ces questions sont, général ?

— Naturellement, monsieur, toutes celles qui se rapportent essentiellement à la guerre.

— C'est juste, je l'avais oublié, général, excusez-moi, répondit Delgrès avec amertume. Vous avez donc des conditions à nous offrir ?

— Oui, monsieur.

— Je vous écoute, général.

— Laissez-moi d'abord, monsieur, vous faire envisager, ce que peut-être vous n'avez pas songé à faire encore, votre position sous son véritable jour.

— Pardon, général, cette position nous la connaissons au contraire parfaitement, je vous l'assure.

— Peut-être pas aussi bien que vous le supposez.

— Alors, parlez, général.

— Lorsque, à la Basse-Terre, vous vous êtes mis en rébellion ouverte contre le gouvernement de la République française, dit le général, vous disposiez de forces considérables, montant à plus de 25,000 hommes ; vous étiez maîtres de la Basse-Terre ; vous occupiez des positions formidables que vous avez été contraints d'abandonner les unes après les autres, non sans avoir, je dois en convenir, opposé aux troupes dirigées contre vous la résistance la plus acharnée. Je rends, vous le voyez, pleine justice à un courage que, cependant, vous auriez pu mieux employer.

— Notre cause est juste, général.

— Vous la croyez telle, mais ici je ne discute pas, je constate ; votre dernière position, la plus solide de toutes, le fort Saint-Charles, vous avez été contraints de l'évacuer au bout de quelques jours, en reconnaissant qu'il vous était impossible de vous y maintenir plus longtemps ; vous vous êtes jetés dans les mornes où vous occupez, paraît-il, une position très redoutable.

— Inexpugnable, général.

— Je ne le crois pas, mon cher monsieur, répondit Richepance en souriant avec bonhomie ; le premier consul qui est passé maître en ces matières, a dit un jour, que les forteresses n'étaient faites que pour être prises ; je partage, je vous l'avoue, entièrement cette opinion ; j'ajouterai de plus ceci : non seulement les forteresses sont faites pour être prises, mais leur seule utilité consiste à arrêter et retarder les opérations de l'ennemi assez longtemps pour permettre d'organiser de puissants moyens de résistance et parfois une offensive redoutable ; mais ici, malheureusement pour vous, cher monsieur, ce n'est point le cas.

— Comment cela, général ?

— Par une raison toute simple et que vous connaissez aussi bien que moi, c'est qu'il vous est aujourd'hui, je ne dirai pas non-seulement impossible de reprendre l'offensive, mais seulement possible d'opposer une résistance sérieuse aux troupes que j'ai l'honneur de commander.

— Général !

— Ce que je dis je le prouve, monsieur, reprit Richepance avec une certaine animation. Votre plan était habilement conçu en quittant le fort Saint-Charles ; malheureusement pour vous, il a complètement échoué ; la diversion tentée sur la Grande-Terre par votre plus habile lieutenant n'a pas réussi ; cet officier s'est laissé battre de la façon la plus honteuse, par les généraux Gobert et Pélage ; ses troupes ont été tuées ou dispersées sans espoir de se réunir jamais, et lui-même n'a réussi que par miracle à s'échapper.

— Si nous ne pouvons pas vaincre, général, nous pouvons toujours mourir.

— Triste, bien triste ressource, monsieur, répondit le général avec émotion, et qui, convenez-en, n'avancera en aucune façon vos affaires.

— Oui, mais nous mourrons libres, général.

— En laissant derrière vous vos malheureux adhérents esclaves, et en butte à la vengeance générale à cause de l'appui qu'ils vous auront donné ; la réaction sera terrible contre eux ; vous seul, par un point d'honneur mal entendu, vous les aurez entraînés à leur perte.

Il y eut un silence de quelques secondes.

Delgrès réfléchissait ; enfin il reprit :

— Quelles conditions mettez-vous à notre soumission, général ? demanda-t-il d'une voix étranglée.

— Celles-ci : vous déposerez immédiatement les armes ; vos soldats seront libres de se retirer où bon leur semblera, sans craindre d'être poursuivis ou recherchés pour faits de guerre quelconques ; les noirs appartenant aux habitations rentreront immédiatement dans leurs ateliers, où aucuns mauvais traitements ne seront exercés contre eux. Quant aux chefs de la rébellion, ils devront quitter à l'instant la Guadeloupe et seront embarqués sur des bâtiments qui les conduiront en tel lieu qu'ils le désireront, mais avec défense expresse de mettre le pied dans aucune partie du territoire français en Amérique, en Afrique, ou dans l'Inde, et de rentrer jamais dans la colonie de la Guadeloupe. Les biens des chefs de la rébellion ne seront pas confisqués, ils seront libres de les vendre et d'en toucher l'argent pour en faire l'usage qui leur plaira. De plus, je m'engage à appuyer personnellement vos demandes auprès du premier consul et à les lui faire agréer, si cela m'est possible.

— Voilà tout ce que vous nous offrez, général ?

— Tout ce que je puis vous offrir, monsieur.

— Il m'est impossible, général, de vous donner une réponse définitive avant d'avoir consulté mes officiers et mes soldats, tous aussi intéressés que moi dans cette affaire. Quel délai m'accordez-vous ?

— Votre observation est juste, monsieur ; je vous accorde jusqu'à demain au lever du soleil pour me donner votre réponse ; mais je dois vous avertir que passé ce délai, qui vous est plus que suffisant, je marcherai en avant, et je ne consentirai plus qu'à une seule condition, si vous me renvoyez un nouveau parlementaire.

— Laquelle, général ?

— Mettre bas les armes et vous rendre à discrétion.

— Cette dernière condition, général, jamais, quoi qu'il advienne de nous, nous ne consentirons à l'accepter.

— Ceci vous regarde, monsieur. Maintenant, je crois qu'il est inutile d'insister davantage.

— En effet, général, nous n'avons plus rien à nous dire.

Les deux hommes se levèrent.

L'entretien était fini.

Les dames quittèrent leurs sièges.

Renée de la Brunerie s'approcha doucement de Delgrès, qui était demeuré sombre, immobile, la tête penchée sur la poitrine, près de la table sur laquelle sa main droite était encore machinalement appuyée.

— Monsieur, murmura-t-elle avec un accent de doux et timide reproche, est-ce donc là ce que vous m'aviez promis au fort Saint-Charles ?

— J'ai tenu plus que je ne vous ai promis, mademoiselle, répondit-il avec amertume, puisque j'ai consenti à écouter froidement, et sans laisser éclater ma colère des conditions honteuses auxquelles je ne consentirai jamais à souscrire.

— Mais il me semble à moi, monsieur, pardonnez-moi de ne point partager votre opinion, que ces conditions sont douces, humaines et surtout fort acceptables, elles sauvegardent votre honneur militaire et les intérêts de vos adhérents. Que pouviez-vous exiger davantage ? Je vous en supplie, monsieur, réfléchissez-y sérieusement, songez que vous jouez en ce moment la vie de milliers d'individus, qu'il dépend de vous seul de sauver, et dont votre détermination cruelle sera l'arrêt de mort.

— Ni eux, ni moi, nous ne tenons plus à la vie, mademoiselle ; une seule personne aurait pu peut-être me sauver et sauver ainsi mes compagnons, en laissant tomber un mot de ses lèvres ; elle ne l'a pas voulu, elle n'a pas daigné me comprendre ; mon sort est fixé désormais d'une façon irrévocable ; il ne me reste plus qu'à mourir, et à tomber bravement à mon poste, les armes à la main.

— Vos paroles me font peur, monsieur, répondit Renée en rougissant jusqu'aux yeux ; je ne vous comprends pas ; au nom du ciel, expliquez-vous !

— A quoi bon, mademoiselle ? vous ne me comprendriez pas davantage ; reprit-il avec un sourire navré.

— Parlez, je vous en prie ! Que voulez-vous dire ?

— Rien, mademoiselle, répondit-il d'une voix ferme, mais avec un accent d'amertume inexprimable ; j'ai fait un rêve insensé, mais le réveil a été terrible. Soyez bénie, mademoiselle, pour avoir daigné si loyalement tenir la promesse que vous m'aviez faite, et m'avoir ainsi causé cette joie suprême de vous voir une fois encore.

— Monsieur ! s'écria-t-elle.

— Mademoiselle, celui qui va mourir vous salue, dit-il avec un sourire triste et résigné.

Le vieux Chasseur.

Et après avoir porté à ses lèvres la main que la jeune fille lui abandonna, plutôt qu'elle ne la lui tendit, il se redressa et, se tournant fièrement vers le général Richepance qui causait à demi-voix avec mademoiselle de Foissac :

— Général, lui dit-il d'une voix sourde et menaçante, vous trouverez demain la réponse à vos conditions derrière mes retranchements ; venez l'y chercher.

— Non, monsieur, répondit le général Richepance d'une voix ironique, j'irai l'y prendre.

— Il lui tourna le dos et continua sa conversation avec mademoiselle de Foissac.

Delgrès fit un profond salut aux dames, s'inclina légèrement devant le général, puis il sortit d'un pas rapide et saccadé, en étouffant un sanglot qui ressemblait à un rugissement de fauve.

L'escorte s'approcha alors, on monta à cheval.

Une heure plus tard, le général Richepance avait regagné son camp en compagnie des deux jeunes filles.

Il était plus de midi ; l'entrevue avait duré une heure sans qu'il en fût résulté aucun avantage pour les Français ou les rebelles.

XVI

COMMENT LE CHASSEUR DE RATS APPARUT TOUT A COUP, ENTRE LE GÉNÉRAL RICHEPANCE ET M. DE LA BRUNERIE.

Le retour de l'habitation Carol au camp, bien qu'en réalité il dura assez longtemps, sembla au général Richepance s'être écoulé avec la rapidité d'un rêve ; pourtant, pendant toute la route ce fut lui qui fit à peu près seul les frais de la conversation.

Hélène de Foissac lui tenait vaillamment tête et lui répondait par des réparties d'une gaieté entraînante.

Renée demeura constamment triste, préoccupée; elle ne se mêla que rarement à la conversation et simplement par des monosyllabes, que la politesse lui arrachait, quand Hélène ou le général lui adressaient une question directe, à laquelle elle était contrainte de répondre.

Le temps était magnifique, mais la chaleur étouffante.

Par les soins du général Richepance, deux tentes avaient été disposées près de la sienne, au quartier général, et garnies de tous les meubles nécessaires.

Ces tentes, devant lesquelles des sentinelles avaient été placées, étaient destinées, la première à M. de la Brunerie, la seconde à mesdemoiselles Renée de la Brunerie et Hélène de Foissac.

Les deux jeunes filles, un peu fatiguées de leur double course matinale, malgré le repos qui leur avait été accordé à l'habitation Carol, avaient été charmées de cette délicate galanterie du général en chef, galanterie qui leur permettait non seulement de prendre quelques instants de repos nécessaire, mais encore de réparer les désordres causés dans leurs fraîches toilettes par les difficultés de la route; légers désagréments auxquels les femmes, même les moins coquettes, sont cependant toujours très sensibles.

Elles profitèrent donc avec empressement du répit qui leur fut laissé avant le déjeuner auquel les avait conviées le général en chef, non pas pour se faire belles, il leur aurait été complètement impossible d'ajouter quelque chose à leurs séduisants attraits mais pour rétablir l'harmonie de leur coiffure et changer leurs robes, un peu fripées, contre d'autres qu'elles avaient eu grand soin de faire emporter par leurs servantes, pour le temps que durerait leur excursion.

On ne sait jamais ce qui peut arriver en voyage; il est bon de tout prévoir; les coquettes jeunes filles avaient tout prévu; cela ne pouvait être autrement.

Sous la tente même du général en chef, une longue table avait été dressée.

Cette table, chargée à profusion des mets les plus recherchés, des fruits les plus savoureux, des vins les plus exquis et des liqueurs les plus rares, avait un aspect réellement féerique, très réjouissant surtout pour des appétits mis en éveil par une longue promenade faite à cheval, à travers des chemins exécrables.

Le général reçut ses convives sur le seuil même de sa tente et il les conduisit avec un engageant sourire aux places qu'il leur avait réservées.

Outre le planteur, sa fille et mademoiselle Hélène de Foissac, le général en chef avait invité à sa table les principaux officiers de son armée.

Le général Richepance avait placé mademoiselle Renée de la Brunerie à sa droite, mademoiselle Hélène de Foissac à sa gauche, et et M. de la Brunerie en face de lui,

MM. les généraux Gobert, Sériziat, Dumoutier, Pélage; le commandant Paul de Chatenoy, les capitaines Prud'homme, Gaston de Foissac et plusieurs autres encore qu'il est inutile de nommer, puisqu'ils ne figurent pas dans cette histoire, s'étaient placés par rang d'ancienneté de grade, selon l'étiquette militaire.

A une petite table, dressée exprès pour lui dans un enfoncement de la tente, était assis le Chasseur de rats.

Le vieux Chasseur, malgré l'estime et la considération dont tout le monde l'entourait, n'avait pas voulu céder aux prières du général en chef; il avait exigé qu'on le servît à part, il avait fallu céder à ce caprice.

Il est vrai que cet acte d'humilité, si c'en était réellement un, car personne ne pouvait préjuger les raisons secrètes d'un tel homme, n'avait porté au Chasseur aucun préjudice au point de vue gastronomique: chaque plat servi sur la grande table passait ensuite sur la sienne, où il trônait majestueusement, ses chiens ratiers couchés à ses pieds et auxquels de temps en temps il donnait de bons morceaux.

Tous les convives mangeaient de bon appétit; la faim avait été aiguisée par une longue abstinence; les premiers moments du repas furent donc silencieux ou à peu près, ainsi que cela arrive toujours en semblable circonstance; mais, lorsque la faim fut un peu calmée, les conversations particulières commencèrent à s'engager entre voisins de table; peu à peu on éleva la voix, et bientôt la conversation devint générale.

La première chose dont il fut d'abord question, ce fut tout naturellement l'entrevue de la matinée à l'habitation Carol avec Delgrès.

Chacun émettait son avis, les opinions étaient partagées sur le résultat probable de l'entrevue; quelques-uns des convives supposaient que les rebelles n'attendraient point qu'on les vînt forcer dans leur dernier refuge, qu'ils profiteraient avec empressement des bonnes intentions que leur avait manifestées le général pour se rendre, et user ainsi de l'amnistie qui leur était offerte; les autres soutenaient au contraire que, rassurés par la force de leurs retranchements qu'ils croyaient inexpugnables, les rebelles se défendraient avec acharnement, et que l'on serait contraint de les exterminer jusqu'au dernier pour en avoir raison.

—Ce Delgrès est, certes, un homme remarquable,

dit Richepance ; il a produit sur moi, qui ne m'étonne cependant pas facilement une forte impression ; il est malheureux que cet homme soit ainsi jeté hors de sa voie ; il m'a paru doué d'une vaste intelligence et d'une habileté extraordinaire ; il est fin, délié, prompt à la réplique ; il a la répartie vive, le coup d'œil juste : il était évidemment né pour accomplir de grandes choses. Je regrette de l'avoir pour adversaire et d'être contraint de le combattre.

— Oui, dit le général Gobert, placé sur un autre théâtre et dans des conditions plus favorables, peut-être serait-il devenu un grand homme.

— Au lieu que ce n'est qu'un grand scélérat, ponctua M. de la Brunerie.

— On ne fait pas sa vie, dit le général Sériziat. L'homme s'agite et Dieu le mène, cette vérité, vieille comme le monde, sera toujours de circonstance ; j'ai vu cet homme dans certains moments se conduire très bien ; son ambition l'a perdu.

— Ou son orgueil, fit le planteur.

— Tous les deux probablement, dit Gobert.

— Si nous en revenions dit Richepance, à l'objet principal de la question qui nous préoccupe : quelle résolution probable prendra Delgrès ?

— C'est vrai ! s'écrièrent les convives.

— Je ne vois qu'un moyen de sortir de l'impasse dans laquelle nous sommes.

Et se penchant vers Renée de la Brunerie :

— Quelle est votre opinion, mademoiselle ? lui demanda-t-il.

— Moi, monsieur ? fit-elle en rougissant.

— Oui, mademoiselle, vous seule pouvez nous venir en aide dans cette grave circonstance. En votre qualité de femme, vous avez une sûreté de regard que nous autres hommes nous sommes malheureusement bien loin de posséder ; lorsque vous ne vous laissez pas dominer par un sentiment quelconque, vous voyez juste, ou du moins vous ne vous trompez que rarement dans les jugements que vous portez sur les hommes ou sur les choses.

— Vous faites beaucoup trop d'honneur à notre esprit et à notre pénétration, général ; nous n'avons nullement, croyez-le bien, la prétention d'être infaillibles.

— Je vois avec peine, mademoiselle, que vous me refusez le léger service que je vous demande.

— En aucune façon, général, et la preuve c'est que, dussé-je être accusée de présomption, je n'hésiterai pas davantage à vous donner cette réponse que vous semblez désirer.

— Parlez, mademoiselle, nous vous écoutons, dit Richepance.

— Eh bien général, le commandant Delgrès s'est, à mon avis, condamné lui-même à mort ; quoi qu'il arrive, vous ne le prendrez pas vivant.

— Oh ! oh ! vous croyez ?

— J'en suis convaincue.

— Ainsi sa réponse sera négative ?

— Il ne daignera même pas répondre, général ; le commandant Delgrès a pu, contraint de céder à la volonté des siens ou poussé par un mouvement de vanité, vous demander une entrevue ; mais soyez bien persuadé que sa résolution de ne pas se rendre était depuis longtemps déjà arrêtée irrévocablement dans son esprit.

— Eh bien, s'écria le général Richepance, je me sens, je l'avoue, assez disposé à me ranger à l'opinion de mademoiselle de la Brunerie ; pendant tout le temps qu'a duré notre entrevue, j'ai examiné cet homme étrange avec la plus sérieuse attention ; j'ai étudié, pour ainsi dire, son caractère ; maintenant plus j'y réfléchis et plus je suis convaincu que, pour des motifs que nous ignorons et que, selon toutes probabilités nous ignorerons toujours, mais qui ne doivent avoir aucun rapport avec la politique, cet homme a joué une partie suprême, insensée, irréalisable, dans laquelle sa tête servait d'enjeu. Il a perdu, il payera bravement.

— Je me range complétement à l'opinion de mademoiselle de la Brunerie, dit le général Gobert ; Delgrès ne se rendra pas, il faudra le forcer comme un sanglier dans sa bauge ou un tigre dans sa tanière ; mais je pense que tu vas trop loin, mon cher Richepance, en attribuant à Delgrès des sentiments qu'il est incapable d'éprouver.

— Les sentiments dont parle le général en chef, dit alors le général Pélage, ne sont autre chose et tout simplement qu'un manque complet de sens moral, joint à une vanité poussée à l'excès ; Delgrès ne rêvait pas moins que l'empire, il prétendait jouer à la Guadeloupe le rôle que remplit en ce moment avec tant d'éclat Toussaint Louverture à Saint-Domingue.

— Ce doit être cela, dit Gobert.

— Je crois, mon cher général, reprit Richepance en s'adressant à Pélage, que vous avez mis le doigt sur la plaie, et avez trouvé juste le point réel de la question. Oui, en effet, à mon avis, Delgrès ne pouvait rêver autre chose ; il voulait d'abord se faire proclamer chef des noirs et hommes de couleur de la Guadeloupe, quitte plus tard, lorsqu'il aurait réussi à nous chasser de l'île, à prendre un autre titre.

— Comme Roi ou Empereur ? fit en riant le général Gobert.

— Ou Protecteur, c'est très bien porté, ajouta le commandant de Chatenoy sur le même ton.

— Oui, messieurs, dit le général Sériziat, tel est évidemment le but de cet homme ; la ruine de ses projets doit l'avoir rendu fou de rage ; je crains qu'il ne nous donne fort à faire encore, avant que nous réussissions à le réduire.

— Mon cousin le général Gobert l'a dit avec infiniment de raison, fit le planteur, c'est un sanglier qu'il faut forcer dans sa bauge; il essaye vainement de faire tête aux chasseurs, il sera vaincu, les chiens l'ont coiffé déjà.

— Bien parlé, et en véritable chasseur ! s'écria en riant le général Gobert; quoi qu'il fasse, il sera bientôt aux abois, je vous en réponds, mon cousin.

— Cela ne fait certainement aucun doute, messieurs, mais que de sang précieux pour obtenir ce résultat! dit Richepance en hochant tristement la tête. Bah! laissons ce pénible sujet, quant à présent, et parlons de choses plus gaies; il ne manque pas de joyeux propos.

Cette ouverture fut accueillie favorablement par tous les convives, et la conversation, sans cesser d'être animée, prit aussitôt un autre tour.

Le déjeuner continua dans les plus agréables conditions.

Le général Richepance possédait au plus haut degré cette qualité des véritables amphitryons, qui consiste à mettre tous les convives à l'aise et à les faire briller en choisissant à propos et selon les circonstances l'occasion de mettre leur esprit en relief.

Un seul visage faisait tache dans cette joyeuse réunion; ce visage était celui de Gaston de Foissac; malgré tous ses efforts, le malheureux jeune homme ne parvenait que difficilement ou plutôt ne réussissait pas à cacher complètement la noire mélancolie qui le dominait; sa tristesse était écrite dans ses yeux brûlés de fièvre et sur la pâleur mate de son front; ce n'était qu'au prix d'efforts presque surhumains qu'il parvenait parfois à se mêler à la conversation par quelques mots jetés çà et là et comme à l'aventure.

Peu de personnes, à la vérité, excepté celles qui s'y trouvaient directement intéressées, remarquèrent son silence et sa contenance embarrassée.

Le général Richepance eut pitié du supplice que le malheureux jeune homme endurait depuis si longtemps; vers la fin du repas, il l'appela par un signe presque imperceptible.

Gaston se leva aussitôt et se rendit auprès du général.

— Monsieur de Foissac, lui dit Richepance, n'êtes-vous pas de grand'garde?

— En effet, général, répondit-il.

— Veuillez donc, je vous prie, prendre une centaine de grenadiers avec vous et pousser une reconnaissance du côté du Matouba; il est de la plus haute importance que les rebelles ne puissent pas communiquer avec leurs adhérents des mornes; vous aurez soin surtout de surveiller attentivement leurs mouvements; peut-être essayeront-ils d'ici à demain de tromper notre vigilance et de nous échapper encore, il ne faut pas que cela arrive; je compte sur vous.

— Je pars à l'instant, général.

— Je regrette de ne pas vous conserver plus longtemps, monsieur, mais le service commande, ajouta-t-il avec intention.

— Je vous remercie sincèrement au contraire, mon général, répondit M. de Foissac, avec un sourire, de me procurer ainsi l'occasion d'être utile à l'armée.

— Allez donc, monsieur, je ne vous retiens plus, dit Richepance, que le temps strictement nécessaire pour prendre congé de mademoiselle votre sœur ainsi que de vos parents.

— Je vous obéis, mon général.

Le jeune homme embrassa affectueusement sa sœur; il salua Renée, avec laquelle il n'échangea que quelques mots indifférents et de simple politesse, puis il serra la main de M. de la Brunerie, et il quitta aussitôt la tente.

— Charmant garçon ! dit M. de la Brunerie en le suivant des yeux.

— Rempli de bravoure, dit le général Gobert; il a le cœur d'un lion. Pendant notre dernière expédition à la Grande-Terre, et particulièrement à la prise du fort Brimbridge, je lui ai vu accomplir des traits d'une témérité inouïe.

— La charge qu'il a exécutée à la tête des conscrits créoles à l'assaut du fort Brimbridge, dit vivement le général Pélage, est ce que j'ai vu de plus audacieux; il marchait littéralement au milieu d'une fournaise. Il faut, ajouta-t-il en riant, que ce jeune homme possède un charme qui le protège contre la mort; ses soldats tombaient autour de lui comme les blés mûrs sous la faucille, il n'a pas même reçu une égratignure.

— C'est prodigieux! s'écria le planteur.

— Ajoutez, dit Richepance, que M. de Foissac est doué de talents militaires réels; s'il veut suivre la carrière des armes, un avenir magnifique s'ouvre devant lui.

Les deux jeunes filles échangèrent un regard à la dérobée; Renée soupira.

Le Chasseur de rats n'avait jusqu'à ce moment pris aucune part à la conversation.

Depuis quelque temps, le vieux philosophe devenait plus sombre et plus morose; son mutisme habituel avait pris des proportions véritablement exagérées; ce n'était qu'à la dernière extrémité, poussé jusqu'au pied du mur qu'il se résignait enfin à prononcer quelques mots; mais ces mots étaient toujours amers et railleurs.

Depuis le commencement de la révolte, l'Œil Gris, à cause de sa connaissance approfondie de tous les lieux de refuge des noirs dans les mornes et surtout par sa finesse et son adresse à déjouer les pièges diaboliques que les insurgés tendaient avec une incroyable astuce aux soldats, avait rendu d'immenses services à l'armée; aussi était-il fort aimé et apprécié de tous les officiers; le général Richepance particulièrement éprouvait pour lui une amitié singulière; en toutes circonstances, il semblait avoir une grande déférence pour ses conseils et lui témoignait une considération qui souvent étonnait les autres généraux, pour lesquels il n'était qu'un batteur d'estrade, peut-être plus intelligent et plus dévoué à la cause de la France que les autres, mais en somme rien de plus.

Le Chasseur ne semblait faire que très peu de cas de la déférence qu'on lui marquait; il n'en tenait aucun compte et n'agissait jamais qu'à sa guise.

Sans se préoccuper de l'effet que produirait sur les convives cette grave infraction à l'étiquette, peut-être même sans y songer, l'Œil Gris avait allumé sa courte pipe : les épaules appuyées sur le dossier de sa chaise, le coude du bras qui tenait sa pipe posé sur la table, une jambe passée sur l'autre, il regardait d'un air narquois ce brillant état-major, tout en battant nonchalamment une marche sur son genou, avec les doigts de la main gauche.

Ses yeux pétillaient de malice, presque de méchanceté, lorsque parfois ils se fixaient à la dérobée sur M. de la Brunerie; celui-ci, tout à la conversation, était loin de se douter qu'un regard aussi puissant et surtout aussi sournoisement interrogateur pesait sur lui.

On se leva enfin de table; le général Gobert et le général Richepance offrirent le bras aux dames, et les convives quittèrent la tente.

Le général en chef fit galamment les honneurs du camp aux dames, puis après une assez longue promenade pendant laquelle elles parurent prendre un vif intérêt à ce qu'elles voyaient, il les reconduisit jusqu'au seuil de la tente préparée pour elles.

Pendant ce temps, M. de la Brunerie était en grande discussion avec les généraux et les officiers supérieurs de l'état-major.

Tout en admirant le magnifique paysage qui se déroulait devant lui, il examinait avec attention les hauteurs pittoresques du Matouba, s'entêtant de plus en plus dans la persuasion que la position choisie par Delgrès était inexpugnable, que ce serait commettre une insigne folie que d'essayer de faire gravir aux soldats les pentes abruptes des mornes dont les noirs avaient dû, selon toute probabilité, augmenter par des travaux de terrassement les fortifications naturelles.

Les généraux riaient de bon cœur des observations de M. de la Brunerie qui, de même que toutes les personnes étrangères aux choses de la guerre, et prétendant discuter sur des sujets qu'elles ignorent, émettait avec le plus remarquable sang-froid les théories les plus renversantes.

Le général Richepance, après avoir pris congé

des deux dames, rejoignait en ce moment le groupe de causeurs; il s'informa du sujet de la discussion.

— Cher monsieur de la Brunerie, dit-il après avoir été en deux mots mis au courant de la conversation, il y a un moyen bien simple de vous convaincre de la vérité de ce que ces messieurs avancent.

— Je ne demande pas mieux que d'être convaincu, je vous l'assure, mon cher général, répondit le planteur; mais je vous avoue que cela me semble malheureusement bien difficile.

—Parce que vous ne vous rendez pas bien exactement compte de la situation, cher monsieur de la Brunerie. Faites une chose?

— Laquelle, général?

— Vous n'êtes point autrement pressé de retourner à votre habitation, n'est-ce pas?

— Rien ne me presse, en effet, général.

— Eh bien, puisqu'il en est ainsi, demeurez avec nous jusqu'à demain; je vous donne ma parole de soldat de vous faire assister au spectacle à la fois le plus curieux, le plus intéressant et le plus grandiose que jamais dans votre vie entière, il vous sera donné d'admirer.

— Quel spectacle?

— Celui de la prise d'Anglemont.

—Oh ! oh !

— Vous consentez?

— Ma foi, cela est bien tentant et j'avoue que si j'étais seul...

— Que cela ne vous arrête pas; ces dames et vous vous ne courrez aucun danger; le général Sériziat demeurera au camp avec toute sa division; ainsi vous serez bien gardé.

— S'il en est ainsi?

— Vous acceptez?

— Il le faut bien mon cher général, vous êtes irrésistible, fit-il en riant.

— Dieu veuille que vous disiez vrai.

—Pourquoi donc?

— Parce que j'ai une autre demande à vous adresser.

— Parlez, général.

— Pas ici, si vous me le permettez, sous ma tente; la demande que j'ai à vous faire est trop grave.

— Je suis à vos ordres. Ainsi vous croyez que d'ici?...

— Vous verrez ou plutôt vous assisterez à la prise d'Anglemont; oui monsieur, parfaitement. Prenez cette longue-vue, je vous prie; bien; maintenant voyez-vous ce large point blanc qui semble être d'ici suspendu entre le ciel et la terre ?

— Parfaitement, général.

— Eh bien, ce point blanc, c'est d'Anglemont.

— Comment, c'est là mon habitation, fit-il avec

surprise; je ne m'en serais jamais douté ; enfin, puisque vous me l'assurez, général; je dois vous croire : nous serons en effet très bien placés ici pour tout voir. C'est convenu, général, j'accepte votre proposition.

— Vous me comblez, monsieur.

— Maintenant je suis à vos ordres.

— Alors veuillez me suivre, s'il vous plaît?

— Comment donc, général, avec plaisir.

Ils pénétrèrent dans la tente.

La table avait été enlevée déjà et tout remis en ordre.

Seul, le vieux Chasseur fumait toujours, assis dans un coin ; il ne semblait attacher aucune importance à ce qui se passait autour de lui.

Mais aussitôt que le général et le planteur eurent pénétré dans un compartiment intérieur de la tente, le Chasseur se leva vivement, prit la chaise et alla s'asseoir tout auprès de la portière qui servait de porte de communication et il prêta attentivement l'oreille à la conversation de deux hommes.

Le général Richepance offrit un siége au planteur, et se tenant debout devant lui :

— Monsieur, lui dit-il, je vous ai annoncé que j'ai une demande à vous adresser; de cette demande dépend le bonheur de ma vie entière, mais les convenances exigent que je la fasse précéder d'un aveu.

— Parlez, général, mais veuillez avant tout vous asseoir, je vous prie.

— Je préfère demeurer debout si vous me le permettez, monsieur.

— Soit; expliquez-vous, général.

— Monsieur, je serai bref et franc. J'ai eu l'honneur de rencontrer à plusieurs reprises mademoiselle Renée de la Brunerie, votre fille, à Paris, chez une de ses proches parentes, madame de Brévannes. Je n'ai pu voir mademoiselle de la Brunerie sans l'aimer...

— Général...

— Je ne me suis jamais écarté du respect que je dois à votre fille, monsieur; elle m'aime et je l'aime.

— Général, ce que vous me dites...

— Est l'exacte vérité. Je vous demande encore une fois pardon de vous parler avec autant de franchise et même de brusquerie; mais je suis soldat et accoutumé à aller droit au but.

— Vous dites que ma fille vous aime, général?

— J'en ai la certitude, monsieur. C'est l'amour profond et sincère que j'éprouve pour mademoiselle de la Brunerie qui m'a engagé à demander au premier consul le commandement de l'expédition française à la Guadeloupe ; je voulais me rapprocher de votre fille, entrer en relations avec vous, monsieur, et vous mettre ainsi à même de me juger.

— Général...

— Maintenant je viens à la demande que je désire vous adresser : Monsieur, j'ai l'honneur de vous demander la main de mademoiselle de la Brunerie, votre fille.

Le planteur se leva ; il était très pâle et semblait en proie à une vive émotion intérieure.

— Général, répondit-il, la demande que vous m'adressez, bien que faite un peu à l'improviste et pour ainsi dire presque à brûle-pourpoint, m'honore plus que je ne saurais vous l'exprimer, mais je dois à mon grand regret vous avertir que...

En ce moment la portière fut soulevée et l'Œil Gris parut.

— Pardon, messieurs, si je vous interromps, dit-il froidement, veuillez m'excuser, j'ai à m'entretenir avec M. de la Brunerie de certaines choses qui n'admettent pas de retard.

— Cependant? objecta le général.

— Il le faut, reprit nettement le Chasseur, en lui lançant un regard d'une expression singulière.

— Je ne comprends rien à cette interruption, vieux Chasseur, dit le planteur avec une certaine vivacité.

— Vous la comprendrez bientôt, monsieur. Quant à vous, général, je vous prie de me laisser quelques instants seul avec M. de la Brunerie; j'ai, sans le vouloir, entendu votre conversation; c'est à propos même de cette demande que vous avez adressée à M. de la Brunerie, que je désire l'entretenir.

— Je n'ai rien, que je sache, à traiter avec vous à ce sujet, répondit le planteur, et je ne vous reconnais aucunement le droit de vous immiscer...

— Pardon, monsieur, nous discuterons ce point dans un instant, interrompit le Chasseur. Général, voulez-vous m'accorder la grâce que j'attends de vous?

— Je me retire, puisqu'il le faut; mais je ne m'éloignerai pas.

L'Œil Gris semblait transfiguré; la métamorphose était complète ; ce n'était plus le même homme; le ton, les manières, la voix, l'expression du visage, tout était changé en lui.

— Soit, général, ne vous éloignez pas, et rassurez-vous, je ne mettrai pas votre patience à une longue épreuve.

Le général sortit fort intrigué par cette étrange interruption et surtout très curieux de connaître le résultat de l'entretien que les deux hommes allaient avoir ensemble.

Quant à écouter cet entretien, la pensée ne lui en vint même pas.

XVII

COMMENT L'ŒIL GRIS CAUSA UNE DÉSAGRÉABLE SUR-
PRISE A M. DE LA BRUNERIE

Lorsque le général en chef se fut retiré, les deux hommes demeurèrent un instant immobiles et silencieux l'un devant l'autre.

Leur contenance était significative.

Une lutte sérieuse allait avoir lieu entre eux.

Chacun d'eux le savait.

Le Chasseur de rats se préparait à l'attaque, M. de la Brunerie à la défense.

Le planteur avait enfin compris que cet homme qui toujours lui avait témoigné malgré toutes les avances qu'il lui avait faites, une si grande froideur, était un ennemi, et que l'heure était venue où cet ennemi se décidait à laisser tomber définitivement son masque.

Mais quel était cet ennemi? pourquoi avait-il tardé si longtemps à se déclarer?

Voilà ce que le planteur essayait vainement de comprendre.

M. de la Brunerie, gentilhomme de race, malgré ou peut-être à cause des maximes philosophiques qu'il professait, était profondément imbu des préjugés de sa caste; hautain et orgueilleux, il se sentait blessé dans son amour-propre et froissé au plus haut degré de l'inqualifiable outrecuidance de ce misérable Chasseur sans nom, sans feu ni lieu, qui, de propos délibéré, osait ainsi intervenir dans ses affaires intimes, s'immiscer dans des intérêts qui ne le regardaient en aucune façon et auxquels il n'avait, sous aucun prétexte, le droit de se mêler.

De son côté le Chasseur, les deux mains croisées sur le canon de son long fusil de boucanier, les jambes écartées, le corps un peu penché en avant, ses chiens couchés à ses pieds, fixait sur le planteur ses yeux perçants qui avaient une expression étrange, et semblaient lire ses pensées les plus secrètes au fond de son cœur.

La physionomie ordinairement calme, froide et légèrement ironique du Chasseur avait complètement changé; maintenant elle respirait une résolution implacable mêlée à une certaine et fugitive expression de pitié douce et presque bienveillante.

Pendant quelques secondes, les deux hommes s'examinèrent ainsi sans prononcer une parole; on eût dit que chacun d'eux craignait instinctivement d'engager cet entretien dont la portée leur était à tous deux également inconnue, mais qu'ils savaient cependant devoir amener de graves conséquences.

Enfin, M. de la Brunerie, voyant que le Chas-seur s'obstinait dans son mutisme et furieux d'être ainsi tenu en échec par un pareil personnage; fatigué en sus de ce silence qui commençait à lui paraître pesant et à le gêner, se décida tout à coup à le rompre.

— Eh bien! vieux Chasseur, lui dit-il avec un accent de condescendance, vous avez désiré être seul avec moi; le général Richepance a daigné, je ne sais par quelle considération, céder à ce désir; nous voici face à face, vous êtes seul avec moi comme vous le vouliez; je suppose qu'un intérêt très important vous a engagé à tenter une démarche aussi singulière et aussi en dehors de toutes les convenances. Que puis-je pour vous? Parlez sans crainte; mais faites vite, mon ami, je suis très pressé.

— Je vous demande pardon, monsieur, répondit placidement le Chasseur, mais je ne vous comprend pas.

— Je veux dire, mon ami, que je suis très bien disposé en votre faveur, à cause de quelques services que vous avez rendus à ma famille.

— Quelques services, monsieur? fit le Chasseur en fronçant légèrement les sourcils.

— De grands services, si vous le préférez; mon Dieu, je ne discuterai pas pour si peu; mon intention n'est nullement de nier ou même de rabaisser les obligations que je puis vous avoir; et la preuve, c'est que si, ainsi que je le suppose, vous avez besoin de moi, je suis prêt à vous venir en aide.

— Je vous remercie humblement, monsieur.

— Seulement, je vous prie, à l'avenir, de prendre mieux votre temps pour m'adresser vos demandes.

— Soyez persuadé, monsieur, que ce n'est pas ma faute si je suis intervenu si brusquement dans votre conversation avec M. le général Richepance; ce n'était aucunement mon intention; des circonstances impérieuses et indépendantes de ma volonté ont seules pu m'y contraindre.

— J'admets parfaitement cette excuse, mon ami, à la condition, bien entendu, que pareille chose ne se représentera plus à l'avenir.

— Je l'espère, monsieur.

— Eh bien, voyons parlez sans crainte; vous savez que je m'intéresse à vous.

— Je vous remercie de tant de bienveillance, monsieur, et puisque vous êtes assez bon pour m'y autoriser, j'userai de cet intérêt que vous daignez me témoigner.

— Usez, mon ami, usez, abusez même si cela peut vous être agréable; je suis réellement charmé que vous me procuriez enfin l'occasion que je cherche depuis si longtemps de vous être utile. Ma bourse vous est ouverte, vous pouvez y puiser tout à votre aise.

— Ah! monsieur, que de bonté!

— De quelle somme avez-vous besoin? Dites un chiffre rond.

— Vous m'y autorisez bien positivement, monsieur?

— Certes, puisque je vous l'ai dit.

M. de la Brunerie était intérieurement charmé du tour que la conversation avait pris; de reconnaître qu'il s'était trompé, et que tout allait finir par une demande d'argent. D'après la façon dont le Chasseur lui avait demandé un entretien, il était à cent lieues d'espérer un pareil résultat.

— Vous ne dites rien? reprit-il en souriant.

— C'est que...

— Parlez donc, un peu de courage, que diable!

— Eh bien! M. de la Brunerie, j'ai besoin...

Il sembla hésiter un instant.

— Allez donc! Ne vous arrêtez pas en si beau chemin. De combien avez-vous besoin?

— De quatorze millions, répondit froidement l'Œil Gris avec un grand salut.

M. de la Brunerie recula comme s'il avait été subitement mordu par un serpent.

Cette colossale plaisanterie dépassait tout ce qu'il aurait pu imaginer.

Il regarda autour de lui comme s'il cherchait une issue.

Il croyait avoir affaire à un insensé.

— Quatorze millions! murmura-t-il.

— Oui, monsieur, répondit le Chasseur avec son plus fin sourire; j'ai provisoirement laissé les fractions de côté; d'après votre conseil, je vous ai dit un chiffre rond... Mais, vous n'êtes pas bien, il me semble; donnez-vous donc, je vous prie, la peine de vous asseoir.

Et il lui approcha complaisamment un fauteuil dans lequel le planteur se laissa tomber machinalement.

— Ne m'avez-vous pas recommandé, monsieur, de ne pas me gêner avec vous? reprit-il d'une voix doucereuse; eh bien, vous le voyez, je vous obéis; j'ai besoin de quatorze millions, je vous les demande.

— Vous êtes fou! s'écria le planteur en haussant les épaules avec mépris.

Il commençait à reprendre son sang-froid; la secousse avait été rude; il s'en ressentait encore.

— Fou! moi? reprit le Chasseur. Pas le moins du monde, monsieur, et je ne me suis, au contraire, jamais mieux senti dans mon bon sens. Vous ne sauriez vous imaginer combien cette misérable somme me fait faute.

— Soyez sérieux, monsieur; cessez cette ridicule plaisanterie.

— Monsieur de la Brunerie, reprit froidement le Chasseur, je ne plaisante pas plus en ce moment que j'étais fou tout à l'heure.

— Ainsi, c'est véritablement que vous osez me demander cette somme?

— Parfaitement, monsieur.

— Et vous supposez que je serai assez niais pour vous la donner?

— Je ne le suppose en aucune façon, monsieur; j'en suis certain.

— C'est absurde!

— Peut-être.

— Ignorez-vous donc que ma fortune se monte à...

— Quatorze millions sept cent soixante-dix-huit mille, six cent quatre-vingt-trois francs et quelques fractions infimes, je le sais très-bien, ainsi que vous le voyez, monsieur, interrompit l'Œil Gris avec une froideur glaciale.

— Et sachant cela, vous me demandez...

— Quatorze millions, sept cent soixante-dix...

— Allons donc! interrompit à son tour le planteur avec un rire nerveux; vous ne plaisantez que très rarement; cela est véritablement malheureux, car vous êtes, sur ma parole, réellement impayable!

— Est-ce à propos des quatorze millions que vous me dites cela, monsieur?

— Peut-être! vous dirai-je à mon tour.

— Parce que?

— Parce que je les garde.

— Vous vous trompez, monsieur.

— Hein?

— Vous me les payerez.

— Quand cela, s'il vous plaît? fit le planteur en ricanant.

— Avant dix minutes, répondit froidement son interlocuteur.

— Je ne m'en dédis pas: vous êtes impayable!

— C'est ce que nous allons voir.

— Permettez, monsieur, toute plaisanterie, si bonne qu'elle soit, doit avoir un terme; la vôtre est ravissante, sans doute, j'en conviens; mais vous m'excuserez de ne pas vous donner plus longtemps la réplique; j'ai fort à faire en ce moment, vous le savez, et puisque vous vous obstinez à demeurer ici, je prendrai la liberté de vous céder la place.

La vérité était que M. de la Brunerie avait intérieurement une peur effroyable; il était, de bonne foi, persuadé qu'il se trouvait en présence d'un fou; il ne voulait pas demeurer plus longtemps seul avec lui, de crainte de l'exaspérer, et que, dans un moment de crise, il ne se portât à quelque violence sur sa personne.

Au fond du cœur, rendons-lui cette justice, M. de la Brunerie était désespéré de voir l'homme auquel sa famille avait de si grandes et de si nombreuses obligations, réduit à cet état malheureux; il se promettait de ne pas l'abandonner, mais provisoirement il éprouvait un vif désir de s'éloigner au plus vite.

Le Chasseur de rats l'examinait d'un regard

Le troisième bataillon du 65ᵐᵉ s'engageait sur les pointes abruptes (page 103).

narquois; il semblait lire sur son visage les diverses pensées qui agitaient le planteur, et venaient tour à tour se refléter sur ses traits comme sur un miroir.

— Pardon, monsieur, lui dit-il en l'arrêtant d'un geste, vous avez fort à faire, je le sais et je le comprends; mais moi aussi je suis très pressé, je vous l'avoue, et, comme peut-être une occasion aussi favorable que celle-ci ne se représentera pas avant longtemps pour moi, veuillez m'excuser si j'en profite pour terminer cette affaire qui, vous en conviendrez, ne manque pas d'une certaine importance.

— Mais, monsieur, cette demande n'a pas le sens commun.

— Je vous arrête là, monsieur. Cette demande est fort autorisée, au contraire; je n'ai point l'air d'un mendiant, que je sache, et je n'ai pas pour habitude de demander l'aumône, ajouta-t-il en redressant sa haute taille.

— Peste! je le crois bien, fit le planteur avec ironie; une aumône de quatorze millions!

— Et des fractions. Aussi, je vous le répète, n'en est-ce pas une.

— Qu'est-ce donc, alors?

— Une restitution.

— De moi à vous?

— Non, monsieur; de votre père au mien.

Cette froide parole résonna comme un glas funèbre aux oreilles du planteur.

Il pâlit et fit un pas en arrière.

M. de la Brunerie commençait à comprendre que peut-être cet homme n'était pas aussi insensé qu'il l'avait supposé d'abord; que derrière ces tergiversations apparentes, ces mots à double entente, il y avait, en effet, quelque chose de sérieux, une terrible menace, peut-être!

Il y avait une sombre et ténébreuse histoire dans la famille de la Brunerie.

Quatre-vingts ans avaient, à la vérité, passé sur cette histoire; le silence s'était fait sur elle à cause de la haute position occupée par la famille de la Brunerie et de ses immenses richesses; mais le souvenir des faits étranges qui s'étaient accomplis, la disparition inexpliquée du chef de cette famille, l'entrée de la branche cadette en jouissance de tous ses biens, branche qui, disait-on tout bas, avait odieusement dépouillé son chef après l'avoir réduit au désespoir et contraint à fuir; tous ces faits étaient encore présents dans le souvenir des habitants de l'île.

Les hommes puissants qui avaient joué un rôle honteux dans cette sinistre tragédie, et dont la vénalité cynique avait autorisé et justifié les actes odieux qui s'étaient commis, ces hommes étaient morts; leurs familles renversées de la haute position qu'elles occupaient alors; la Révolution avait passé son terrible niveau sur tous les abus; la justice était égale pour tous maintenant.

Et qui sait?

M. de la Brunerie, bien qu'il fût innocent des crimes de ses ascendants, en avait profité, il en profitait encore; les biens immenses qu'il possédait et dont le vieux Chasseur connaissait si bien le chiffre, il savait à quel prix terrible ils avaient été acquis.

Sans se rendre parfaitement compte encore du danger qui le menaçait, sans même en calculer la portée, M. de la Brunerie avait peur; non pour lui, mais pour son enfant, sa fille qu'il chérissait et pour le bonheur de laquelle il était prêt à accomplir tous les sacrifices.

M. de la Brunerie était honnête homme dans toute la belle et grande acception du mot; s'il avait joui sans remords des immenses richesses qui lui avaient été léguées par son père, c'est qu'il était convaincu que leur propriétaire légitime, celui à qui on les avait si lâchement volées, disons le mot, avait disparu sans laisser de traces, que tout portait à supposer qu'après un temps si long, ni lui, ni aucun de ses descendants, ne reviendrait jamais revendiquer cet héritage.

Mais si, contre toutes les prévisions, cet héritier, quel qu'il fût, se présentait un jour, le parti de M. de la Brunerie était pris à l'avance, sa résolution irrévocable : il lui rendrait tous ses biens à la première sommation, et réhabiliterait ainsi la réputation flétrie de son père, dût-il, après avoir accompli cet acte de loyauté et de haute justice, demeurer non seulement pauvre, mais encore complètement ruiné.

Ce que nous avons employé tant de temps à rapporter et à écrire, avait traversé l'esprit du planteur avec la rapidité fulgurante d'un éclair.

Un changement complet s'était aussitôt opéré dans toute sa personne; il était subitement devenu un autre homme; son droit ou pour mieux dire sa loyauté, le rendait fort.

— Pardon, monsieur, dit-il au Chasseur qui se tenait sombre et pensif en face de lui, je crois que vous et moi nous nous sommes trompés

jusqu'à présent sur le compte l'un de l'autre.

— C'est probable, monsieur, répondit le Chasseur avec une ironie froide.

— Je le regrette bien vivement pour ma part, monsieur; bientôt, je l'espère, vous en aurez une preuve irrécusable.

— Ah ! fit le Chasseur en souriant, avec un ton de raillerie.

— Ne raillez pas, monsieur; cette fois je suis aussi sérieux et peut-être plus que vous ne l'êtes vous-mêmes cette conversation que nous avons aujourd'hui seulement, comment se fait-il que depuis de si longues années que vous avez vécu près de moi; presque dans ma maison et faisant pour ainsi dire partie de ma famille, la pensée ne vous soit jamais venue de me demander à l'avoir, afin de terminer avec moi cette affaire?

— Souvent cette pensée m'est venue au contraire, monsieur. Après avoir rendu à mon père, expirant désespéré dans mes bras, les derniers devoirs, je suis arrivé à la Guadeloupe dans le but, non de vous redemander mes biens, ma fortune, que votre père avait si indignement volés au mien, mais afin de me venger de vous d'une manière éclatante...

— Ainsi vous êtes réellement le fils de M. de...

— Silence, monsieur; ne prononcez pas le nom de l'homme que les vôtres ont si odieusement déshonoré et dépouillé. Lisez ceci.

Le vieillard retira alors de sa poitrine un sachet en peau de daim pendu à une chaîne d'acier; il l'ouvrit et en sortit plusieurs papiers jaunis par le temps qu'il présenta au planteur.

Celui-ci s'en saisit d'une main fébrile, les parcourut rapidement des yeux, puis il les rendit au Chasseur sans que la plus fugitive émotion se reflétât sur son visage qui semblait être de marbre.

— Ces papiers sont parfaitement en règle, dit-il; l'acte qui les accompagne, et dont on avait nié l'existence, prouve vos droits incontestables et imprescriptibles à la fortune que vous réclamez.

— Ainsi vous me reconnaissez, monsieur? dit l'Œil Gris.

— Je le reconnais, oui, mon cousin, répondit le planteur avec noblesse; je le reconnais non-seulement devant vous, mais si vous l'exigez, je ferai publiquement cette déclaration.

Le Chasseur regarda un instant M. de la Brunerie avec une surprise extrême.

— Cela vous étonne, n'est-ce pas, monsieur, de m'entendre parler ainsi? reprit le planteur avec mélancolie.

— Je vous l'avoue, monsieur.

— Ah! c'est que, ainsi que déjà je vous l'ai dit, tous deux nous nous sommes trompés sur le compte l'un de l'autre.

— Je commence à le croire, en effet, répondit le Chasseur d'une voix profonde.

Il y eut une courte pause.

Les deux hommes qui déjà n'étaient plus enne-mis, réfléchissaient profondément.

— Pourquoi donc, reprit le planteur au bout d'un instant, puisque vous professiez contre moi et les miens une haine si implacable; car souvent je me suis aperçu, sans parvenir à en comprendre les motifs cachés, de la répulsion que vous éprou-viez pour moi; j'ai même remarqué que jamais, depuis que nous nous connaissions, et voilà long-temps! jamais vous n'avez accepté de serrer dans la vôtre la main que si souvent je vous ai tendue?

—C'est vrai, murmura le Chasseur.

— Pourquoi, dis-je, continua M. de la Brunerie, n'avez-vous pas mis à exécution vos projets de vengeance contre moi? Ce ne sont cependant pas, il me semble, les occasions qui vous ont manqué pour cela?

— Pourquoi?

— Oui, je vous le demande.

— Parce que vous avez près de vous un ange, et que cet ange vous a sauvegardé.

— Ma fille?

— Oui, votre fille Renée; Renée qui a fait pénétrer dans mon âme un sentiment dont j'igno-rais l'existence, dont je niais la possibilité; Renée que j'aime plus que si elle était ma fille! cette douce et belle créature qui m'a révélé le bonheur suprême que l'on éprouve à faire le bien.

— Ah! je le vois, vous l'aimez! fit le planteur avec entraînement.

— Si je l'aime! s'écria le vieillard avec une émotion qui faisait trembler sa voix; pauvre chère enfant, si je l'aime! Elle qui m'a presque amené à vous aimer, vous le fils du bourreau de mon père!

Il cacha sa tête dans ses mains; un sanglot dé-chirant souleva sa puissante poitrine, et, pour la première fois, dans sa vie entière, cette âme de bronze, cédant à l'entraînement de la passion, se fit presque humaine et se fondit en larmes géné-reuses.

Le planteur considérait cet homme, si fort tou-jours et maintenant si faible, avec une admiration respectueuse.

Il comprenait la lutte terrible que ce cœur de lion devait avoir soutenue contre lui-même avant de se laisser ainsi dompter par une enfant; lui aussi il se sentait ému, des larmes roulaient dans ses yeux et coulaient lentement sur ses joues brunies sans qu'il songeât à les retenir.

— Je vous remercie d'aimer ainsi ma fille, mon cousin, lui dit-il doucement, elle a trouvé en vous un second père.

— Oui, un père! répondit le vieillard en rele-vant brusquement la tête, car elle possédait mon secret; elle savait quelle haine terrible grondait contre vous dans mon cœur, et cependant elle

m'aimait, elle aussi! elle me consolait dans ma douleur; elle m'a presque fait consentir à vivre, lorsqu'à sa prière j'ai renoncé à mes projets de vengeance contre vous. Oh! bénissez votre en-fant, bénissez-la, monsieur, chérissez-la, comme on chérit son ange gardien, car elle a été le bou-clier qui toujours s'est placé, barrière infranchis-sable, entre vous et ma haine!

— Mon cousin, répondit le planteur avec no-blesse, les crimes comme les fautes sont per-sonnels; aucune haine ne doit désormais exister entre vous et moi; un lien trop fort nous unit maintenant, l'amour de ma fille ou plutôt de la nôtre.

— Mon cousin, s'écria le Chasseur avec élan en donnant pour la première fois ce titre à M. de la Brunerie, vous dites vrai; votre fille doit être un trait d'union entre nous! elle nous force à nous estimer, ne la vouons pas à un malheur éternel.

— Que voulez-vous dire?

— Elle aime le général Richepance, ne la con-traignez pas à en épouser un autre.

— Hélas! maintenant, murmura le planteur avec une tristesse navrante, je n'ai plus le droit de lui imposer ma volonté; qui sait même si...

— Arrêtez, monsieur! s'écria le Chasseur avec une généreuse émotion; votre fille doit être heu-reuse, mais par le fait seul de votre volonté; re-prenez tous vos droits sur elle; ces papiers, les seules armes que je possède contre vous, les voilà; je vous les donne; Renée de la Brunerie est tou-jours la plus riche héritière de l'île de la Guade-loupe.

Il tendit alors au planteur les papiers que jus-qu'à ce moment il avait machinalement conservés à la main.

M. de la Brunerie repoussa doucement les pa-piers.

— Non, mon cousin, dit-il, avec un accent qui venait réellement du cœur; conservez ces papiers, ces titres qui sont les vôtres; je ne vous dépouil-lerai pas une seconde fois de ce qui vous appar-tient si légitimement; j'ai été par orgueil, par entêtement, sur le point de faire le malheur de ma fille; vous m'avez sauvé de moi-même en me montrant le gouffre dans lequel j'étais sur le point de tomber, je vous en remercie; c'est une dette de plus à ajouter à toutes les autres que j'ai con-tractées envers vous. Nous voulons que Renée soit heureuse, elle le sera, si cela dépend de moi. Gardez votre fortune, je n'en veux pas; elle me brûlerait les doigts maintenant, mon cousin. Le général Richepance aime ma fille, dites-vous; si cela est vrai, il l'acceptera sans do', j'en suis convaincu, c'est un noble cœur.

— Ah! vous refusez d'accepter cette fortune

que je vous donne, monsieur? s'écria le Chasseur.

— Je la refuse parce qu'elle est à vous et non à moi, mon cousin.

— Je saurai vous contraindre à l'accepter malgré vous, cette fortune...

— Au nom du ciel, que voulez-vous faire?

— Je la donne en dot à notre fille.

Saisissant alors les papiers, il les déchira, et, en quelques minutes, les réduisit en parcelles imperceptibles.

— Et maintenant, mon cousin, ajouta-il avec un sourire, en tendant la main au planteur, muet de surprise et d'émotion, prenez ma main, c'est franchement que je vous la donne cette fois!

Les deux hommes tombèrent dans les bras l'un de l'autre, et, pendant quelques instants, ils confondirent leurs larmes, pressés dans une chaleureuse étreinte.

Le Chasseur fut le premier à reprendre son sang-froid.

— Tout est fini, dit-il d'une voix dans laquelle tremblait encore une dernière émotion; remettons nos masques et soyons chacun à notre rôle véritable; aux yeux des indifférents, je continuerai d'être le pauvre vieux Chasseur de rats; pour vous, dans l'intimité, si vous y consentez, eh bien, je serai...

— Mon frère, mon ami... O mon cher Hector, pourquoi ne nous sommes-nous pas connus plus tôt!

— Chut, ami, répondit le vieillard tout souriant, Dieu ne l'a pas voulu ainsi; inclinons-nous devant sa volonté. Mais, silence, j'entends des pas qui se rapprochent. N'oubliez pas nos conventions.

— Vous l'exigez, mon ami?

— Je vous en prie.

— Je serais si heureux cependant...

— Non, il faut qu'il en soit ainsi; pour l'enfant, pour vous et pour moi évitons les commentaires. Que nous importe d'ailleurs, puisque nous pourrons nous aimer.

— C'est vrai, vous avez raison comme toujours, et pourtant...

— Voici le général, fit le vieillard à voix basse.

— Ah! dit Richepance, en passant sa tête souriante par l'entre-bâillement de la portière, il paraît que le vieux Chasseur a raison.

— Ma foi, oui, général, répondit gaîment le planteur.

— Suis-je de trop?

— Non pas, général, vous arrivez, au contraire, au bon moment.

— Alors, puisqu'il en est ainsi, me voilà. Maintenant, veuillez me dire pourquoi mon vieux camarade l'Œil Gris, a raison, comme toujours; je vous avoue que je suis très curieux de l'apprendre.

— Je le sais, général, répondit en riant le planteur; aussi je m'empresse de vous satisfaire.

— Ah! ah! voyons cela?

— Oh! c'est bien simple, général.

— J'en suis convaincu; donc...

— Donc, je disais à mon... à notre ami le Chasseur, veux-je dire, qu'il valait beaucoup mieux attendre que la guerre fût terminée, avant que d'annoncer publiquement votre mariage avec ma fille.

— Vous m'accordez donc la main de mademoiselle de la Brunerie, monsieur? s'écria le général avec une émotion remplie de joie et de surprise.

— Il le faut bien, général, répondit le planteur, puisque, paraît-il, ma fille vous aime et que vous l'aimez.

— Oh! oui je l'aime, monsieur, de toutes les forces de mon âme! s'écria le général avec ravissement.

— Eh bien, voilà précisément ce que m'a répondu notre ami : ils s'aiment, mieux vaut ne pas différer leur bonheur et annoncer leur mariage aujourd'hui même en célébrant leurs fiançailles. C'est peut-être aller un peu vite en besogne, aussi je résistais; mais vous autres militaires, ajouta-t-il avec un fin sourire, vous êtes accoutumés à mener tout tambour battant, et je cède.

— Ah! pardieu oui, il a toujours raison le vieux Chasseur, et aujourd'hui plus que jamais! s'écria joyeusement Richepance, qui était ivre de bonheur...

— Alors, fit le Chasseur en souriant, puisqu'il en est ainsi, voilà qui va bien, comme dit parfois M. de la Brunerie.

Et, sur cette boutade du vieillard, les trois hommes éclatèrent d'un franc et joyeux rire.

XVIII

L'ASSAUT D'ANGLEMONT

Les choses se passèrent ainsi qu'elles avaient été réglées et convenues à l'avance.

Le général Richepance, sans leur en faire connaître le motif, réunit le soir même ses principaux officiers à sa table; vers la fin du dîner, lorsque le dessert eut fait son apparition, le général Gobert se leva, un verre de champagne à la main, et déclara qu'en sa qualité de cousin de M. de la Brunerie et chargé par lui de le faire, il annonçait officiellement le mariage de mademoiselle de la Brunerie, sa cousine, avec le général de division Antoine Richepance, commandant en chef de l'armée française à la Guadeloupe, et qu'il buvait à la santé des fiancés et à leur prochain bonheur!

Puis, après avoir salué les deux fiancés, le général Gobert vida son verre, rubis sur l'ongle.

C'est ainsi que fut solennellement annoncée à l'armée française, l'union de la jeune fille avec celui qu'elle aimait.

Cette nouvelle fut accueillie avec les marques de la joie la plus vive, par tous les officiers français, qui s'associèrent de grand cœur au bonheur de leur général, pour lequel ils professaient une affection profonde.

Les santés se succédèrent alors avec une rapidité extrême, et les souhaits les plus chaleureux furent faits pour le bonheur des futurs époux.

Les soldats eurent aussi, comme de raison, leur part de la joie de leurs chefs, par une distribution qui leur fut faite de vin et de liqueurs.

Certes, nul n'aurait supposé, en entendant les vivats et les chants joyeux qui s'élevaient sans interruption du camp français, que le lendemain, au lever du soleil, ces braves gens livreraient une bataille terrible, acharnée, décisive, contre l'ennemi, dont ils n'étaient séparés que par deux lieues à peine.

Un feu d'artifice improvisé, suivi d'un bal, qui dura pendant la nuit tout entière, portèrent au comble la joie des soldats.

Le général Richepance, oubliant pour un moment les lourds soucis du commandement, dansa avec sa fiancée; le commandant de Chatenoy lui fit vis-à-vis avec la sienne; les autres officiers ou soldats s'arrangèrent comme ils purent, car les danseuses manquaient, mais aucune ombre ne vint obscurcir les plaisirs de cette joyeuse nuit trop rapidement écoulée pour beaucoup des assistants, dont, hélas! le lendemain devait être le dernier jour.

Ainsi que nous l'avons dit, le général Richepance avait, le matin, pendant le déjeuner, confié une mission assez importante à M. Gaston de Foissac, mission dont le jeune homme s'était acquitté avec une adresse et une intelligence remarquables; le général en chef, dont la délicatesse naturelle l'engageait à ne pas faire parade de son bonheur, aux yeux du malheureux jeune homme qui avait fait si noblement le sacrifice de son amour, s'était lui-même transporté aux avant-postes, en compagnie du Chasseur de rats.

Le vieux batteur d'estrade, auquel le succès de son intervention auprès de M. de la Brunerie semblait avoir rendu toute l'ardeur de la jeunesse, avait eu une longue conversation avec le général en chef; conversation dans laquelle il lui avait offert de diriger pendant la nuit une colonne à travers les mornes, de tourner l'habitation d'Anglemont, la principale forteresse et le quartier général des rebelles, d'occuper les hauteurs qui dominent cette habitation, et de couper ainsi aux noirs toute retraite à travers les bois.

L'expédition était périlleuse, la tentative presque désespérée; les noirs s'étaient retranchés d'une manière formidable dans l'aire d'aigle qu'ils avaient choisie; ils avaient surtout établi dans les mornes des détachements communiquant et se soutenant tous les uns les autres, et dont la mission principale consistait surtout à maintenir à tout prix les communications ouvertes avec les bois.

C'était dans le maintien de ces communications que reposait le dernier espoir des révoltés.

Il était donc de la plus haute importance d'anéantir au plus vite cet espoir des rebelles, et de leur enlever ainsi tous moyens possibles de prolonger plus longtemps une guerre sans issue, en les écrasant tous à la fois et d'un seul coup, dans l'habitation d'Anglemont.

Le général en chef avait reconnu du premier coup d'œil toute l'importance du plan que lui soumettait son compagnon; il en avait calculé toutes les chances bonnes ou mauvaises, mais il ne se dissimulait pas combien son exécution présentait de difficultés presque insurmontables.

Les troupes choisies pour tenter cet audacieux coup de main devaient tout d'abord être considérées comme à peu près sacrifiées; cependant, si, contre toutes apparences, elles réussissaient à opérer leur mouvement tournant et à s'établir solidement sur les hauteurs dominant l'habitation d'Anglemont, la victoire était assurée; les rebelles contraints à mettre bas les armes.

Après avoir longtemps pesé dans son esprit les avantages pour ou contre de cette entreprise, le général en chef se résolut enfin à l'exécuter.

En conséquence, ainsi que nous l'avons dit, il se rendit aux avant-postes, où M. Gaston de Foissac se tenait ainsi qu'il en avait reçu l'ordre de le faire aussitôt que la mission qu'il avait reçue serait exécutée.

Le général salua cordialement le jeune homme, et après, l'avoir conduit un peu à l'écart, certain de ne pas être entendu, il lui expliqua le plan qu'il avait conçu, et lui offrit franchement de prendre le commandement de la colonne destinée à l'exécuter.

Le jeune homme tressaillit à cette proposition; un pâle sourire éclaira son mâle et beau visage.

— Je vous remercie sincèrement, mon général, dit-il avec émotion; j'accepte de grand cœur la mission importante que vous daignez me confier; je comprends tout ce qu'elle a de sérieux. Comme vous, mon général, j'ai calculé toutes les chances de succès; je vous donne ma parole d'honneur que je réussirai ou que je mourrai!

— Ne parlons pas de mort, mon cher monsieur de Foissac, lui répondit affectueusement le général; à notre âge l'avenir se présente sous de trop riantes couleurs, pour que nous nous laissions envahir par ces tristes pensées; parlons de gloire et de bonheur.

— Le bonheur! la gloire! doux rêves, qui font accomplir de grandes choses, général, dit Gaston avec mélancolie; mais, hélas! ce ne sont que des plumes au vent! Mieux que moi, général, vous avez été à même d'apprécier le néant de toutes les joies humaines; prisme trompeur qui ne luit un instant à nos yeux, que pour s'évanouir pour toujours. Mais laissons cela; à quoi bon nous attrister? J'ai compris, général, tout ce qu'il y a de délicat et de réellement affectueux dans la démarche que vous faites en ce moment. Encore une fois, je vous remercie.

— Que voulez-vous dire? Je ne vous comprends pas mon cher monsieur de Foissac.

— Peut-être, mon général; mais vous le savez, le cœur a des pressentiments qui ne le trompent pas; je ne sais rien, mais je devine, je sens, j'apprécie, et voilà pourquoi du fond de l'âme je vous répète : Merci, général.

— Gaston, mon ami, ne me parlez pas ainsi, vous m'inquiétez véritablement, lui dit Richepance avec tristesse.

— Pourquoi donc cela, général? Parce que, comprenant tout ce qu'il y a de noble et de généreux en vous, je laisse franchement déborder mon cœur. Oh! vous ne me rendriez pas justice, général; que suis-je en ce moment, sinon le gladiateur saluant l'empereur dans le cirque?

Et lui prenant chaleureusement la main :

— Oui, général, ajouta-t-il avec une émotion contenue, c'est avec joie que je vous dis : Salut, César! celui qui va mourir te salue!

— Encore ce mot, mon ami? lui dit le général avec reproche.

— Vous avez raison, pardonnez-moi, mon général, je me tais, brisons là. Revenons à notre expédition, reprit-il, avec une certaine animation fébrile, je vous prie de me donner vos ordres bien exactement; il est important que je comprenne parfaitement votre pensée, afin que je puisse l'exécuter comme vous le désirez.

— Le plan général, vous le connaissez, mon ami; je suis convaincu que déjà, avec votre haute intelligence, vous avez compris toute la portée de ce coup de main; je n'ai plus, ce qui sera bientôt fait, qu'à entrer avec vous dans quelques questions de détail dont l'intérêt ne saurait être naturellement que très secondaire; mais qui, froidement exécutées, assureront la réussite de votre téméraire entreprise.

— Je vous écoute, mon général.

— La pensée première de cette expédition ne m'appartient pas; elle revient tout entière au vieux Chasseur de rats, je dois lui rendre cette justice; aussi a-t-il le droit, et il le réclame, de concourir à son exécution; c'est pour cela que je vous le laisse pour vous servir de guide au milieu des chemins infranchissables à travers lesquels vous serez obligé de passer; je vous donnerai cinq cents de mes grenadiers, ce sont tous des hommes d'élite; anciens soldats de Masséna pour la plupart, ils sont, de longue main, habitués à la guerre de montagne et ils courraient sans trébucher sur la lèvre étroite des plus profonds précipices; ils assistaient tous à cette mémorable bataille de Zurich où l'on combattit au-dessus des nuages; vous pouvez donc avoir confiance en eux, pas un ne restera en route, ils vous suivront en riant dans les sentiers les plus impraticables; avec de tels hommes le succès est certain.

— Aussi je n'en doute pas, mon général.

— Je le sais, mon cher Foissac. Vous quitterez le camp aussitôt après le coucher du soleil, votre détachement sera ici dans deux heures; vous marcherez toute la nuit sans vous arrêter, afin d'atteindre le poste que vous devez occuper une heure environ avant le lever du soleil, de manière à ce que vous puissiez solidement vous établir dans votre position; une fusée partie du camp vous instruira des mouvements de l'armée, afin que vous puissiez combiner vos manœuvres de sorte qu'elles coïncident avec les nôtres. Je calcule qu'en partant à cinq heures du matin, comme je n'ai à exécuter qu'une marche en avant de front, malgré les difficultés que je pourrai rencontrer sur ma route, je serai en mesure d'attaquer vers dix heures les positions des rebelles; c'est donc à dix heures précises que vous vous démasquerez, que vous engagerez le feu avec l'ennemi et que vous le rejetterez sur mes baïonnettes; jusque-là tenez-vous coi; il faut que les noirs ignorent votre présence, que vous tombiez tout à coup sur eux comme la foudre, sans leur laisser le temps de se reconnaître; là est le succès de la bataille. Pendant votre marche de nuit, je n'ai pas besoin d'ajouter que vous devez surtout éviter tout engagement avec les postes ennemis, les tourner sans vous occuper de les laisser derrière vous; je me charge de les empêcher de se réunir dans les mornes. Est-ce bien entendu comme cela? Est-il besoin d'ajouter quelque chose encore?

— Non, mon général; je vous ai parfaitement compris; vos ordres seront exécutés à la lettre.

— Je compte sur vous et je suis tranquille, mon ami; de plus, je vous laisse le vieux Chasseur, nul mieux que lui ne connaît les montagnes de ce pays; laissez-vous conduire par lui, il vous fera passer à travers les ennemis sans qu'ils vous aperçoivent ou soupçonnent seulement votre présence, je vous le certifie.

— Ce ne sera pas difficile, dit le Chasseur en

souriant. Je réponds que, si fins que soient ces démons de nègres, il ne verront pas; nous franchirons leurs lignes sans que seulement ils s'en doutent.

— D'ailleurs, reprit le général, l'emplacement qu'ils ont choisi pour s'y retrancher éloigne toute supposition pour eux d'une attaque sur leurs derrières; ils ne peuvent admettre que les Français les assaillent du haut des mornes et se cachent dans les nuages pour les surprendre; c'est donc une affaire de ruse et de sang-froid.

— Ainsi, général, dans deux heures, vous m'expédierez mon détachement?

— Oui, mon ami.

— Me permettez-vous une observation, mon général?

— Sans doute.

— Il me semble que peut-être, il serait préférable que les troupes ne se missent en marche pour me rejoindre ici qu'après le coucher du soleil; l'ennemi domine le camp; rien de ce qui s'y passe n'échappe à ses regards; la vue d'une troupe aussi nombreuse se dirigeant vers les avant-postes sur la fin de la journée, peut éveiller ses soupçons et lui faire crainde un mouvement offensif, chose que nous devons éviter par-dessus tout.

— Vous avez, pardieu! raison, mon ami, et sans ~~·; nous allions commettre une grave maladresse.

— Je puis, si vous le permettez, général, aller tout de suite me mettre à la tête des troupes.

— Non, c'est inutile, s'écria vivement Richepance, je préfère que vous les attendiez ici; il n'y a aucune nécessité à ce que vous rentriez au camp que vous devrez quitter immédiatement.

— Soit, général, j'attendrai donc ici, dit M. de Foissac avec un sourire mélancolique.

— Le général toussa deux ou trois fois avec embarras, et se levant du tertre de gazon sur lequel il s'était assis:

— Maintenant je vous quitte, mon cher Gaston; nous nous reverrons après la bataille, dit-il gaiement. A demain, et bonne chance!

— Votre main, général.

— Non, mon ami, embrassons-nous, je préfère cela.

— Oh! de grand cœur, général.

Après s'être tenus un moment pressés sur la poitrine l'un de l'autre, ils se serrèrent chaleureusement la main, puis le général fit un signe; une ordonnance lui amena son cheval, il se mit en selle.

— Allons, au revoir, Gaston, dit-il à M. Foissac en lui tendant une dernière fois la main.

— Adieu, mon général, répondit le jeune homme avec intention.

— Puis il recula de deux ou trois pas, et il salua le général en chef.

Richepance fit un geste de douleur, et, enfonçant les éperons dans les flancs de son cheval, il partit au galop dans la direction du camp, en murmurant avec tristesse:

— Il a tout compris, tout deviné; pauvre garçon! Il veut mourir; oh! je l'espère, Dieu ne le permettra pas, ce serait trop affreux!

Le 8 prairial, à cinq heures du matin, les troupes françaises levèrent leur camp à petit bruit, sans tambours ni trompettes, afin de ne pas donner l'éveil à l'ennemi qui probablement était aux aguets.

— Le plan du général en chef était simple et mûrement réfléchi, quoique d'une témérité extrême.

Il faisait nuit encore, l'obscurité était profonde, les soldats marchaient dans le plus complet silence:

Le deuxième bataillon du 66°, commandé par le chef de demi-brigade Cambriel et le capitaine Laporte, aide de camp du général en chef, partit de *Legret* et, par des chemins qu'il se traça avec d'énormes difficultés au milieu d'horribles précipices, il franchit les mornes *Houel* et *Colin* et atteignit enfin l'habitation *Lasalle*.

Là eut lieu un combat acharné; l'ennemi surpris à l'improviste, se rallia bravement sous le feu même des troupes françaises, et opposa une résistance vigoureuse; mais enfin il fut contraint de reculer, puis mis en déroute, chassé de la position qu'il occupait; le commandant Cambriel arriva en poursuivant les noirs, la baïonnette dans les reins, jusqu'au *Presbytère*, où il s'établit solidement.

En même temps que ce mouvement s'exécutait, le troisième bataillon du 66° s'élançait sur les pentes abruptes du morne *Louis*, qu'il gravissait au pas de course.

Bientôt ce bataillon rencontra les avant-postes ennemis, contre lesquels il se rua à la baïonnette, et qu'il mit presque aussitôt en déroute.

Ce premier succès obtenu, sans même reprendre haleine, les soldats s'élancèrent avec une ardeur indicible à l'assaut du morne *Fifi-Macieux*, défendu par une forte redoute garnie d'artillerie.

Le choc fut terrible; les noirs combattaient avec l'intrépidité de gens résolus à mourir; les boulets labouraient sans interruption les rangs des soldats et causaient des pertes énormes parmi eux; les grenadiers, s'encourageant les uns les autres, s'élancèrent contre ces retranchements qu'ils couronnèrent.

Il y eut alors une mêlée affreuse, corps à corps; nul ne demandait merci, nul ne l'accordait; les artilleurs étaient poignardés sur leurs pièces; enfin, après une lutte effroyable, qui ne dura pas moins de trois quarts d'heure, le retranchement resta au pouvoir des Français; les noirs, ou du moins quelques-uns de ceux qui avaient échappé à la mort, s'enfuirent dans toutes les directions, en poussant des cris de terreur.

Ils croyaient avoir affaire à des démons.

Ce fut à cette brillante action que le commandant Lacroix fut atteint d'un biscaïen ; le général en chef envoya aussitôt le commandant de Chatenoy pour le remplacer ; mais ce brave officier ne voulut pas, malgré sa blessure, quitter son bataillon que sa présence électrisait ; il lança ses troupes en avant, traversa la rivière des Pères, sous le feu de l'ennemi, et, au milieu de difficultés sans nombre, il réussit à faire sa jonction au Presbytère avec le deuxième bataillon, toujours poursuivant les rebelles, les refoulant devant lui et les rejetant vers leur centre, à d'Anglemont.

De son côté, Gaston de Foissac, obéissant aux ordres qu'il avait reçus du général en chef, avait pris une vigoureuse offensive.

L'apparition subite des grenadiers français en haut des mornes causa un instant de stupeur parmi les noirs ; ils comprirent instinctivement que, cette fois encore, la victoire leur échapperait.

Gaston de Foissac se mit bravement à la tête de ses troupes, et se lança à la baïonnette contre un retranchement formidable défendu par plus de six cents noirs.

Ignace était accouru en toute hâte prendre le commandement de ce poste.

Le mulâtre avait une revanche à prendre de ses terribles défaites de la Grande-Terre ; il était résolu à ne pas reculer d'un pas ; à se faire tuer sur le retranchement même, plutôt que de subir un nouvel échec.

Bientôt les ennemis se joignirent.

Gaston de Foissac se tenait à la tête des siens, suivi par le vieux Chasseur qui ne le quittait point.

Le brave Chasseur de rats faisait une rude besogne, avec son long fusil de boucanier, dont chaque coup abattait un homme.

Deux fois les grenadiers français couronnèrent le retranchement, deux fois ils furent rejetés en arrière.

Leur rage était extrême d'être si longtemps tenus en échec ; une troisième fois ils s'élancèrent dans le retranchement, où ils réussirent enfin à prendre pied.

Ignace semblait se multiplier ; il était partout à la fois, gourmandant les uns, excitant les autres, faisant passer dans l'âme de ses compagnons l'ardeur qui l'animait.

Le mulâtre accomplissait des prodiges de valeur ; il était dans son véritable élément, se jetant au plus épais de la mêlée, se délectant de carnage avec des rires de tigre à la curée !

Seul il soutenait la défense, en excitant jusqu'à la frénésie le courage de ses compagnons.

Bien que les Français eussent pris pied dans le retranchement, grâce à l'énergique initiative du capitaine Ignace, le combat se maintenait cependant avec des chances presque égales ; les grenadiers, contraints à l'immobilité, se débattaient au milieu d'une horrible mêlée corps à corps.

Il fallait à tout prix en finir ; les noirs recevaient incessamment des renforts, tandis que les Français, au contraire, malgré leurs efforts surhumains, sentaient leurs forces s'épuiser.

Tout à coup, Gaston de Foissac se lança comme un lion sur Ignace, et le souffleta du plat de son épée.

Le mulâtre poussa un rugissement de rage et se jeta à corps perdu sur le jeune homme.

Celui-ci l'attendait de pied ferme ; il y eut alors entre les deux ennemis un combat terrible de quelques minutes, pendant lequel les deux adversaires accomplirent des prodiges d'adresse et de courage.

Soudain le mulâtre jeta un cri de joie et se fendit à fond sur Gaston ; mais celui-ci, froid et calme comme dans une salle d'armes, le reçut bravement la pointe au corps.

Au même instant, Ignace roula sur le sol.

Le Chasseur de rats lui avait fracassé le crâne.

— Oh ! pourquoi avez-vous fait cela ? lui dit le jeune homme avec reproche.

— Parce que cet enragé vous aurait tué ! Et, ajouta-t-il avec intention, vous l'auriez laissé faire, et c'eût été un suicide !

Le jeune homme rougit : il ne répondit pas et se lança au plus épais de la mêlée.

— Ah ! murmura-t-il à part lui, il ne sera pas toujours là pour m'empêcher de mourir !... la bataille n'est pas finie encore !

Cependant la mort d'Ignace avait jeté une panique générale parmi les défenseurs des retranchements ; sans chefs désormais, ils n'essayèrent pas de prolonger plus longtemps une défense inutile ; ils abandonnèrent les retranchements en toute hâte, les laissèrent au pouvoir des Français, et ils se mirent en retraite sur l'habitation d'Anglemont, poursuivis de près par les grenadiers, lancés contre eux au pas de course par Gaston de Foissac qui s'était, avec une ardeur fébrile, remis à leur tête.

Sur les autres points, le combat se maintenait encore avec des avantages marqués, il est vrai, pour les Français, mais qui étaient loin d'être décisifs pour le résultat final de la bataille.

Les troupes rencontraient des difficultés bien plus grandes encore qu'elles ne l'avaient supposé ; cependant l'élan était donné, rien n'arrêtait les soldats.

La réserve des grenadiers, commandée par le capitaine Crabé, avait tenté une diversion très utile, en essayant d'arriver au poste de *Guichard*, encore au pouvoir des rebelles, par le morne *Cons-*

Les gorges d'Anglemont.

tantin ; cette tentative ne réussit pas ; le but que se proposait le capitaine Crabé était impossible à atteindre ; cet officier eut un cheval tué sous lui ; tous les soldats qui se présentèrent de ce côté furent tués sans même avoir pu tirer un seul coup de fusil.

Par ordre supérieur, les grenadiers reculèrent ; ils renoncèrent à une attaque dont le succès même n'eût point compensé les pertes énormes qu'il aurait causées.

Seulement, le général en chef acquit la certitude que l'ennemi ne tenterait pas d'effectuer sa retraite de ce côté, parce que les grenadiers étaient en mesure d'empêcher le passage aussi vigoureusement que les rebelles l'avaient défendu du bord opposé, et avec les mêmes avantages.

De plus, le général en chef, assuré que le poste de Guichard ne pourrait pas manquer d'être écrasé par les forces imposantes des deux bataillons du 66° réunis au Presbytère, dont les hauteurs atteignaient presque le niveau de l'habitation d'Anglemont, résolut de se mettre à leur tête et de brusquer l'attaque du quartier général des rebelles.

Il était onze heures du matin.

Le général Richepance accorda aux troupes un repos d'une demi-heure pour manger un morceau à la hâte, et boire un coup d'eau-de-vie.

A onze heure et demie, le rappel fut battu sur toute la ligne, les troupes se massèrent et, au cri de : En avant ! elles marchèrent en colonnes sur d'Anglemont.

La véritable bataille allait enfin commencer.

Il fallait, pour atteindre le dernier refuge des noirs, refuge considéré comme inexpugnable, passer deux ravins dont les bords s'élevaient à pic à plus de cinquante pieds, gravir des pentes abruptes, escalader des parapets garnis d'artillerie, en combattant à chaque pas des hommes qui, n'ayant plus d'autre alternative que la victoire ou la mort, déployaient pour se défendre une intrépidité qu'on ne pouvait s'empêcher d'admirer.

Depuis cinq heures du matin, les troupes françaises ne s'avançaient le long de ces mornes menaçants qu'en livrant un combat à chaque pas et franchissant des obstacles impraticables pour toutes autres que ces troupes d'élite, et pourtant, après plus de six heures de luttes désespérées, soutenues avec une fermeté et un entrain irrésistibles, tout restait à faire encore, puisque d'Anglemont n'était pas pris.

C'est que là, dans cette habitation, véritable forteresse, s'étaient concentrées toutes les forces vives de l'insurrection ; là battait réellement le cœur de la révolte.

Delgrès, fier, calme, intrépide, les regards pleins d'éclairs, la bouche railleuse, se tenait debout, immobile, menaçant, l'épée à la main, sur le faîte des retranchements, écoutant les bruits qui montaient du fond des savanes, couraient le long des pentes, et, répercutés par les échos, arrivaient enfin jusqu'à lui, comme les roulements sinistres d'un tonnerre lointain.

Pendant que le général en chef attaquait de front l'habitation d'Anglemont, Gaston de Foissac s'élançait de son côté à la tête de ses grenadiers.

Les noirs étaient enveloppés de tous les côtés à la fois.

Il leur fallait vaincre ou mourir.

Ils attendaient, froids, résolus, impatients de commencer cette lutte suprême.

Les colonnes d'attaque s'avançaient fièrement, l'arme au bras, au pas ordinaire, contre les retranchements.

Pendant plus d'un quart d'heure, un siècle dans un pareil moment, elles bravèrent une pluie de balles et de mitraille, sans pouvoir, ou plutôt sans daigner y répondre.

Rien ne les arrêtait ; elles serraient les rangs, c'était tout.

Elles atteignirent ainsi le pied des retranchements.

Sur un mot du général Richepance, souriant au milieu de la mitraille qui semblait lui former une auréole, les soldats électrisés s'élancèrent au pas de course aux cris mille fois répétés de : « Vive la République !... En avant ! En avant ! »

En quelques secondes les retranchements furent envahis et les soldats bondirent comme des tigres au milieu des noirs.

Mais ceux-ci se ruèrent sur eux, les rejetèrent en dehors et les poignardèrent à coups de baïonnette.

Les Français, refoulés, revinrent à l'assaut avec des rugissements de rage.

Il y eut alors une mêlée affreuse, une boucherie épouvantable.

Aucun des noirs ne reculait ; tous voulaient mourir !

Ils se prenaient corps à corps avec les soldats, les étreignaient comme des serpents, les déchiraient avec les ongles et les dents en poussant des cris d'hyène.

La masse des combattants vacillait sur elle-même, comme fouettée par un vent de mort, sans reculer, sans se disjoindre.

Ceux qui tombaient, étaient aussitôt remplacés par d'autres plus furieux, plus acharnés encore !

Les blessés eux-mêmes, foulés aux pieds et à demi étouffés sous les pas des combattants, essayaient de se soulever pour continuer encore cette lutte désespérée !

Le carnage était horrible, sans nom !

Tout à coup, les rebelles, décimés, à bout de forces, accablés par le nombre, firent un pas en arrière ; la victoire leur échappait.

Les retranchements étaient pris !

Les noirs firent retraite sur l'habitation.

Les Français se mirent à leur poursuite.

L'habitation d'Anglemont rayonnait, elle était ceinte d'une triple couronne d'éclairs.

Les rebelles combattaient toujours avec un courage héroïque.

On se battait à chaque porte, à chaque fenêtre, avec une rage indicible ; enfin l'habitation fut envahie de tous les côtés à la fois ; les noirs reculèrent sans cesser de combattre; les Français se précipitèrent dans l'habitation avec des hurlements de joie.

— Vive la liberté! s'écria Delgrès d'une voix stridente qui domina le fracas du combat.

— Vive la liberté! répétèrent les noirs en bondissant une dernière fois sur leurs ennemis.

Tout à coup une épouvantable détonation se fit entendre.

La terre trembla sous les pieds des combattants; une immense gerbe de feu s'élança dans les airs; un nuage horrible, formé d'une poussière sanglante, de corps humains affreusement mutilés et de débris de toutes sortes, informes et sans nom, voila pendant quelques minutes l'éclat du jour!

D'Anglemont venait de sauter!...

Delgrès avait tenu son serment.

Plutôt que de se rendre, il s'était enseveli sous les ruines de son dernier refuge!

Plus de trois cents des siens avaient sauté avec lui, mais ils n'étaient pas morts sans vengeance : près de quatre cents Français, parmi lesquels se trouvaient un grand nombre d'officiers, et notamment Gaston de Foissac, avaient été tués par l'explosion!

Cette effroyable catastrophe frappa les assistants de stupéfaction et de terreur.

Un horrible gouffre, fumant encore, s'était ouvert là où était quelques instants auparavant l'habitation d'Anglemont.

Amis et ennemis cessèrent le combat, comme d'un commun accord.

D'ailleurs la bataille était terminée; la rébellion, décapitée de ses chefs, était à jamais anéantie.

Les quelques bandes peu nombreuses, éparpillées dans les mornes, sous les ordres de Codou, de Palème et de Noël Corbet, les seuls chefs survivants, n'étaient plus considérées comme des rebelles, ni même des révoltés; c'étaient des brigands, des nègres marrons.

Il ne fallait plus d'armée pour marcher contre eux et les vaincre; quelques soldats coloniaux suffirent à cette triste besogne.

. . . .

. . . .

Le 20 prairial an X, c'est-à-dire douze jours après l'effroyable coup de tonnerre d'Anglemont, par lequel avait été si tragiquement terminée l'insurrection des noirs de la Guadeloupe, le général Richepance épousa à la Basse-Terre mademoiselle de la Brunerie.

Le général se hâtait d'être heureux ; peut-être avait-il le pressentiment que son bonheur n'aurait que la durée d'un météore, et que la mort horrible, qui, trois mois plus tard, devait l'enlever si brusquement à ses rêves de gloire et d'avenir, étendait déjà sa main glacée sur lui.

Les deux époux rayonnaient de joie et d'espoir.

Au milieu de la foule qui se pressait curieusement sur le passage, se trouvaient deux de nos anciennes connaissances : mamzelle Zénobie, la jolie mulâtresse, et maman Suméra.

— Ah! qu'elle est belle! qu'elle est heureuse! s'écriait avec admiration mamzelle Zénobie en regardant la jeune mariée.

— Eh! eh! ma mignonne, fit en ricanant maman Suméra, les apparences sont souvent trompeuses? Regarde, ajouta-t-elle en désignant la jeune femme de son doigt décharné, cette belle mamzelle-là était aimée par trois jeunes hommes beaux et riches, deux sont morts là-bas à d'Anglemont, je vois le linceul de celui-ci sur sa poitrine, il mourra bientôt, elle le tuera aussi ; pauvre monde!

La vieille poussa tout à coup un cri de douleur et de colère; la crosse d'un fusil venait de tomber lourdement sur ses gros pieds.

— Hors d'ici, sorcière maudite! s'écria le Chasseur de rats, avec un regard étincelant; va croasser plus loin, vilain corbeau!

Maman Suméra s'enfuit en hurlant et en boitant.

Cet incident passa inaperçu; cependant cette prédiction devait s'accomplir.

Le Chasseur s'éloigna d'un air pensif en hochant tristement la tête.

Renée ignorait la mort de Gaston, elle ne la connut jamais.

Richepance avait exigé que le général Pélage fût son premier témoin; le Chasseur de rats fut le second,

Une autre union fut célébrée en même temps que celle du général en chef de l'armée française; le commandant de Chatenoy épousait Hélène de Foissac.

Comme tout le monde à la Guadeloupe, la jeune fille ignorait la mort de son frère; elle le croyait parti pour l'Europe, avec une mission du général Richepance.

Arrêtons-nous à ce tableau d'un bonheur si chèrement acheté.

Laissons l'avenir, trop prochain, hélas! l'envelopper de ses sombres voiles. Devant tant de joie et d'espérance, ce serait presque un crime de les soulever!

FIN

www.ingramcontent.com/pod-product-compliance
Lightning Source LLC
Chambersburg PA
CBHW060636100426

42744CB00008B/1651